SHAFTESBURY
e a ideia de formação de um caráter moderno

Luís Fernandes dos Santos Nascimento

SHAFTESBURY
e a ideia de formação de um caráter moderno

Copyright © 2012 Luís Fernandes dos Santos Nascimento

Grafia atualizada segundo o Acordo Ortográfico da Língua Portuguesa de 1990, que entrou em vigor no Brasil em 2009.

Publishers: Joana Monteleone/ Haroldo Ceravolo Sereza/ Roberto Cosso
Edição: Joana Monteleone
Editor assistente: Vitor Rodrigo Donofrio Arruda
Assistente editorial: João Paulo Putini
Projeto gráfico, capa e diagramação: João Paulo Putini
Revisão: Rogério Chaves
Assistente de Produção: Juliana Pellegrini
Imagem da capa: John Closterman. *Retrato duplo com o Terceiro Conde de Shaftesbury.*

Este livro foi publicado com o apoio da Fapesp.

CIP-BRASIL. CATALOGAÇÃO-NA-FONTE
SINDICATO NACIONAL DOS EDITORES DE LIVROS, RJ

N196s

Nascimento, Luís Fernandes dos Santos
SHAFTESBURY E A IDEIA DE FORMAÇÃO DE UM CARÁTER MODERNO
Luís Fernandes dos Santos Nascimento.
São Paulo: Alameda, 2012.
286p.

Inclui bibliografia
ISBN 978-85-7939-130-9

1. Shaftesbury, Anthony Ashley Cooper, Earl of, 1671-1713. 2.
Filosofia moderna. I. Título.

12-1806.   CDD: 190
                   CDU: 1

                         034180

ALAMEDA CASA EDITORIAL
Rua Conselheiro Ramalho, 694 – Bela Vista
CEP 01325-000 – São Paulo – SP
Tel. (11) 3012-2400
www.alamedaeditorial.com.br

para a Ana Carolina

Abreviações para as obras de Shaftesbury

Entusiasmo – *A letter concerning enthusiasm*

Sensus communis – Sensus communis: *an essay on the freedom of wit and humor*

Solilóquio – *Soliloquy or advice to an author*

Investigação – *An Inquiry concerning virtue, or merit*

Moralistas – *The moralists*

Miscelâneas – *Miscellaneous reflections.*

Exercícios – ΆΣΚΗΜΑΤΑ (*Exercícios*)

Lulpr – *The life, unpublished letters and philosophical regimen of Anthony, Earl of Shaftesbury*

Plástica – *Plasticks, or concerning the original, power and progress of the designatory art*

Hércules – *The judgement of Hercules*

Desenho – *A letter concerning design*

Socratick – *Design of a Socratick History*

Draft – *Draft for a kind of modern portrait*

Refúgio – *Anthony Ashley Cooper, Earl of Shaftesbury (1671-1712) and Le Refuge français* – *Correspondence*

Prefácio – *Preface to the sermons of Dr. Benjamin Whichcote*

SUMÁRIO

Prefácio 11
Laurent Jaffro

Introdução 19

I. A história do caráter humano 27
A cena moral 39
O amigo entusiasmado 71

II. O exercício da identidade 93
O dialeto do solilóquio 101
A origem da liberdade 134
O olho do crítico 161

III. A composição de um caráter 183
Os frontispícios 209
A obra inacabada 219
O quadro histórico 228
A última cena 243

Conclusão: Antigo e moderno 251

Bibliografia 261

Caderno de imagens 273

Prefácio

PRECISAMOS DE LUÍS NASCIMENTO para compreender melhor a filosofia de Shaftesbury. Mas também precisamos da filosofia de Shaftesbury para compreender melhor Luís Nascimento. Pois ele põe em prática e ilustra o estilo simples que, segundo Shaftesbury, é o mais satisfatório dos estilos filosóficos. Ademais, na medida em que se trata também de um objeto de estudo, é possível resumir uma boa parte dessa obra dizendo que se trata de uma meditação a propósito da noção shaftesburiana de simplicidade redigida em estilo simples.

Vale lembrar que na poética e na retórica de Shaftesbury os três principais estilos são o sublime, o simples e o metódico. Podemos distingui-los da seguinte maneira:

	estilo sublime	estilo metódico	estilo simples
entusiasta	sim	não	sim
metódico	não	sim	sim

Um estilo é "entusiasta" quando é animado pela visada de um destinatário. Um estilo é "metódico" quando a maneira de escrever é determinada por uma ordem de razões, um método que é também susceptível de se desenvolver na forma de sistema. Pode parecer estranho que o estilo metódico não seja considerado como animado pela visada de um destinatário, já que é claro que ele pode ser empregado para fins didáticos. Mas Shaftesbury defende a tese segundo a qual o estilo metódico (que se manifesta sobretudo nos tratados que ostentam sua ordem sistemática) no lugar de se preocupar com o leitor, o bloqueia ou o torna sonolento. O estilo simples não é menos sistemático, tampouco menos metódico, do que o estilo metódico, simplesmente o método e o sistema não são exibidos (não há "show"), mas são internos; ele não é menos entusiasta do que o estilo sublime, simplesmente este entusiasmo é controlado. Podemos precisar melhor com o seguinte quadro:

	estilo sublime	estilo metódico	estilo simples
entusiasmo	Incontrolado	—	controlado
sistema, método	—	exibido, superficial	escondido, interno

Poderíamos relacionar as qualidades do entusiasmo (que compreendo como uma sensibilidade em relação ao destinatário) e as da sistematicidade ou método (ordem racional) da seguinte maneira: o entusiasmo do estilo simples é controlado, pois este estilo é dotado de um método interno; o método do estilo simples é interno, escondido, pois este estilo é entusiasta no sentido em que é animado pela preocupação ou atenção (*souci*) pelo seu destinatário. A ostentação do método seria criar um obstáculo ao endereçamento que visa o destinatário.

Eis aí o que se deve entender quando se observa que o livro de Luís Nascimento é redigido em um estilo simples. Certamente, este trabalho é ao mesmo tempo entusiasta (mas de um entusiasmo controlado) e sistemático/metódico (mas de uma maneira discreta). Ao refletir sobre a noção de simplicidade, Luís Nascimento é levado a se perguntar acerca do que há de simples no sistema shaftesburiano, mais do que nele haveria de entusiasmo – é verdade que os trabalhos que já dispomos sobre a questão do entusiasmo em Shaftesbury são muito mais numerosos. Trata-se de uma originalidade dos estudos brasileiros sobre Shaftesbury ter acentuado sua sistematicidade, traço totalmente conforme ao estilo próprio dessa escola de história da filosofia que estabelece uma ligação entre a história da filosofia britânica e a história da filosofia alemã, em particular a do pós-kantismo.

Podemos agora nos perguntar qual é o conteúdo sistemático da simplicidade shaftesburiana. Encontraremos a resposta em uma passagem das *Miscelâneas* que Luís Nascimento cita no terceiro capítulo de seu trabalho: "Embora ele [o autor das *Características*, Shaftesbury] pareça atacar outras hipóteses e esquemas, ele ainda tem algo de seu em reserva e sustenta um certo *plano* ou *sistema* que lhe é peculiar ou, ao menos, que tem poucos companheiros ou seguidores atualmente". Esta passagem está no centro da obra de Luís Nascimento. Ele nos mostra que o sistema shaftesburiano é mantido "em reserva", isto é: não é exibido, mas permanece interno; mais ainda, que este sistema não é propriamente shaftesburiano senão de maneira indireta e negativa: apenas na medida em que hoje (*at present*, como escreve o próprio autor das *Características*) ele não é comum e não é muito seguido. Shaftesbury quer dizer que seu sistema é o dos antigos, mais particularmente aquele que é oriundo do ensinamento socrático, de uma tradição intelectualista (o intelectualismo moral) que é ilustrado especialmente no estoicismo e no neoplatonismo. Vemos também que a Modernidade de Shaftesbury consiste nessa relação com a Antiguidade e que essa relação é "reservada", precisamente porque a Antiguidade, como Antiguidade, não pode ser exibida ou apresentada no mundo moderno. É na medida em que é o único ou quase o único, que tem poucos êmulos ou discípulos, que Shaftesbury se excetua da Modernidade que deve ser concebida como um "mundo", como uma comunidade. Um mundo antigo não pode estar presente em um moderno, mas a memória privada de um mundo antigo pode constituir o sistema de um filósofo do mundo moderno. Existem leituras modernistas e "antiquizantes" de Shaftesbury. As últimas vinculam Shaftesbury ao platonismo, ao neoplatonismo e, igualmente, ao estoicismo; as primeiras inscrevem Shaftesbury nas Luzes, particularmente no desenvolvimento da estética e da moderna filosofia moral. Essas leituras são falsas na medida em que permanecem unilaterais e mutuamente excludentes. Se, porém, é preciso ser unilateral, a unilateralidade da leitura "antiquizante" me parece infinitamente preferível frente à modernista, uma vez que a primeira nos dá o sistema de Shaftesbury, enquanto a segunda nos deixa com a representação de uma filosofia que não é conceitual, tampouco metódica ou técnica. Devemos nossos reconhecimentos a Luís Nascimento por ter esclarecido este ponto ao mostrar que a Modernidade de Shaftesbury consiste nesta relação com a Antiguidade ao mesmo tempo íntima e distante.

As relações entre as noções de simplicidade, de gênio e de ingenuidade esclarecem a maneira pela qual Shaftesbury toma posição na Querela dos Antigos e Modernos. A ingenuidade dos antigos consiste no fato de não se saberem antigos; o gênio que é acessível aos modernos consiste num uso do modelo antigo que não seja afetação. Estes temas são desenvolvidos por Luís Nascimento particularmente no último capítulo.

Se eu tivesse de pôr uma questão a Nascimento, ela versaria sobre a solução que, segundo ele, Shaftesbury fornece ao problema da identidade pessoal. No segundo capítulo, cujo título é notável (*O exercício da identidade*, que sugere que a identidade pessoal é de algum modo "ascético"), uma argumentação rigorosa conduz Luís Nascimento a propor resultados importantes. Resumo a maneira com que o problema da identidade pessoal se apresenta na obra de Shaftesbury. Este último parte da posição lockiana do problema da identidade pessoal considerada como um caso particular do problema da identidade numérica do indivíduo através do tempo. A passagem dos *Moralistas* que Luís Nascimento cita então é bastante clara a esse respeito: "Tudo em nós é *revolução*. Não somos mais a mesma identidade material (*the self same matter*), ou sistema de matéria, de um dia para o outro". Aplicados às pessoas, trata-se aqui exatamente dos mesmos termos do problema da identidade numérica com os quais se defronta Locke no Capítulo 27 do Livro II de seu *Ensaio*. No que se refere à questão da identidade pessoal, o ponto de partida de Shaftesbury parece idêntico ao de Locke. Luís Nascimento desenvolve de maneira bastante convincente e original a resposta de Shaftesbury à questão lockiana. Para tanto, nosso autor se apoia no exemplo da história de Sócrates a partir do manuscrito de *Design of a Socratick History*, cuja recente edição da Fromman-Holzboog temos de saudar. Creio não trair a leitura de Luís Nascimento ao dizer que, segundo ele, Shaftesbury propõe uma teoria biográfica da identidade pessoal, isto é: que uma pessoa é a mesma na medida em que sua história é suscetível de ser contada, seja por ela mesmo ou pelo testemunho de uma outra. Parece-me, entretanto, que a identidade pessoal é uma concepção moral, e não apenas biográfica. Minha identidade, de acordo com Shaftesbury, não é simplesmente a unidade do curso de minha vida, mas também o que devo fazer desta vida, o que eu devo ser. Luís Nascimento desenvolve interessantes apontamentos sobre este tema e não creio que haveria incompatibilidade entre a teoria biográfica e a teoria moral da identidade, simplesmente que a teoria moral conduz a uma melhor especificação da teoria biográfica. Segundo Shaftesbury, a identidade de uma pessoa é a identidade prática de seu caráter.

Em seu segundo capítulo, Luís Nascimento utiliza com proveito a noção de prolepse para pensar a relação entre caráter, exercício e personalidade.

Em suma, Shaftesbury partiu da posição lockiana do problema, isto é: da questão da identidade numérica de um indivíduo através do tempo. Sua resposta está na ideia ao mesmo tempo biográfica e moral da identidade de um caráter. Mas me pergunto se esta resposta é satisfatória: de fato, esta resposta não é senão a exposição da identidade numérica da pessoa pela identidade qualitativa de seu caráter. Ora, pode-se sustentar que a identidade numérica de uma pessoa não supõe de modo algum que seu caráter permaneça o mesmo.

Podemos evitar esta dificuldade ao afirmarmos que não é propriamente a identidade qualitativa do caráter que condiciona a identidade numérica da pessoa, pois atrás da identidade do caráter, que deve ser entendido como um caráter prático e não como um caráter patológico (para falar como Kant), há algo de mais profundo que é a identidade numérica do *will*, da *vontade* ou *resolução*. A identidade pessoal supõe a identidade numérica de uma vontade racional ou de uma razão prática (*proairesis* ou *logos*).

Eis então minha questão: a identidade pessoal supõe a identidade numérica de algo real, que Shaftesbury chama de *will*; mas não seria esta a concepção que o estoicismo imperial já tinha de identidade pessoal? Em que medida Shaftesbury toma de um sistema antigo sua resposta à questão de Locke? E, em Shaftesbury, o que acontece com a teologia e com a física dos estoicos, sem as quais é difícil compreender a permanência do logos, este fogo divino, através das vicissitudes universais? O que permanece escondido no estilo simples não é esta antiga cosmologia? Ela está tão escondida que os leitores de Shaftesbury não a viram, de sua primeira recepção até os comentadores de hoje. Os leitores de Luís Nascimento terão a oportunidade de vislumbrá-la. Seu estilo simples é uma maneira de fazer com que os leitores modernos percebam uma visão antiga do cosmos e do modo como nele se inscreve a psicologia humana.

Laurent Jaffro
Universidade Paris 1 Panthéon-Sorbonne

Introdução

UMA QUESTÃO BASTANTE PERTINENTE e que costuma aparecer nas introduções daqueles que buscaram comentar ou analisar as obras de grandes filósofos é aquela de saber em que medida o estudo que apresentam pode acrescentar algo à compreensão dos textos que examinam, colaborando para que a sua leitura torne-se ainda mais instigante. Assim, por exemplo, pergunta Rubens Rodrigues Torres Filho nas primeiras linhas do seu *O espírito e a letra – crítica da imaginação pura em Fichte*:

> Mas, então, para que este trabalho? O que poderá trazer que não se encontre já – e melhor dito – nos próprios textos de Fichte? É, a meu ver, que uma simples análise dos textos de Fichte, simplesmente por sua relação de exterioridade com a obra, adquire uma falta de ancoramento que é particularmente reveladora. Há um deslocamento do centro de gravidade: aquilo que era para o autor a realidade residual do texto, destinada a desaparecer diante do pensamento vivo, passa para o primeiro plano.[1]

---

1 TORRES FILHO, R. R. *O espírito e a letra – crítica da imaginação pura em Fichte*. São Paulo: Ática, 1975, p. 13.

Rubens Rodrigues apresenta-nos nessa passagem algo como um roteiro a ser percorrido pelo comentador de textos filosóficos: a exterioridade da análise viabiliza a formação de um novo "centro de gravidade" a partir do qual se pode destacar o que na obra examinada era secundário, permitindo a reconstituição de tudo aquilo que Laurent Jaffro chama de "*echafaudages*"[2] (os "andaimes" nos quais um autor se apoia para construir o seu "edifício conceitual", isto é: os manuscritos, os esboços, os projetos inacabados, as primeiras versões, as cartas etc.). Quando se trata de estudar Shaftesbury, todo esse complexo processo de análise acima descrito torna-se ainda mais premente.

Como veremos ao longo desse trabalho, o filósofo inglês exige um leitor ativo: é preciso que o seu público perscrute os sentidos de seus textos e as condições que os viabilizam, que encontre no exame e na crítica a possibilidade de apresentar uma nova chave de leitura para eles: um outro "centro de gravidade". Em 1698, ao editar os sermões de Benjamin Whichcote,[3] Shaftesbury escreve um prefácio que nos mostra que a postura que ele cobra de seu leitor não é diferente daquela que ele mesmo adotava frente aos autores que lia:

> Pode parecer estranho que em uma época como essa alguém pudesse ser tão intrometido a ponto de buscar e publicar os sermões de um homem que já morreu há tanto tempo e que (ele mesmo) nunca pretendeu publicá-los ou considerou-se tão grandioso a ponto de achar que poderia beneficiar o mundo com tal publicação.[4]

---

2   JAFFRO, L. "*Les manuscrits de Shaftesbury: typologie et théorie*". In: *Lire, copier, écrire. Les bibliothèques manuscrites et leurs usages au XVIII e siècle*. Organização de Elisabeth Décultot. Paris: CNRS Editions, 2003, p. 172.

3   Benjamin Whichcote (1609-1683), célebre platonista de Cambridge.

4   *Prefácio*, p. i.

Apenas a análise ou a apresentação de *uma* maneira de ler um escritor justifica o que, conforme o trecho citado, poderia passar por uma intromissão: a publicação de textos que o próprio autor relegou a uma circulação ou a um uso privados. Ao escrever o prefácio para os sermões de Whichcote, Shaftesbury atesta o que havia sido dito por Rubens Rodrigues: a composição de uma leitura de um determinado filósofo tem de levar em conta a "realidade residual" de sua obra e isso pode significar o estudo do que nela permaneceu inédito ou obscuro. Quando decide ser um autor (*an author*), o filósofo inglês sabe que os seus textos estarão sujeitos a variadas análises e que seus possíveis intérpretes poderão fazer uso de seus papéis privados para fundamentar o modo como entendem sua obra. "O que eu escrevo não é digno de tornar-se um mistério",[5] diz Shaftesbury. Seus livros estão abertos às críticas e o autor inglês está completamente ciente disso: "É um *tráfico* no qual eu não participo, embora forneça acidentalmente a matéria (*subject-matter* = o tema em questão)".[6] Por certo, Shaftesbury não pode prever com exatidão que tipo de leitura seus textos irão suscitar e, nesse sentido, há aqui algo de acidental. Porém, a "matéria" que o escritor fornece ao seu leitor já é um elemento que norteará todas as prováveis críticas: não haveria sentido em mudar o "centro de gravidade" de uma obra se isso não ajudasse a esclarecer aquele que o autor havia estabelecido previamente.

Nosso trabalho procura analisar a noção shaftesburiana de *caráter moderno* por via do exame de alguns temas de sua filosofia, a saber: a relação entre o gênero humano e a natureza, a formação da identidade individual e a de uma época, o vínculo entre a escritura, a pintura e a atividade filosófica. Cada um dos três capítulos de

---

5   Shaftesbury. *Solilóquio ou Conselho a um Autor*. Tradução francesa de Danielle Lories. Paris: L'Herne, 1994, p. 158.

6   Shaftesbury. *Solilóquio, ou Conselho a um Autor*. Tradução francesa de Danielle Lories. Paris: L'Herne, 1994, p. 158.

nosso estudo foi dedicado, respectivamente, a um desses assuntos. O propósito foi o de mostrar que ao discorrer sobre certas questões de sua filosofia Shaftesbury está ao mesmo tempo desenvolvendo o ponto de vista a partir do qual as observa: o olhar do filósofo moderno. Para o autor inglês, a Modernidade é algo que precisa ser formado e, por isso, tem de ser analisado e criticado. Recorrer a textos antigos ou à autoridade de um Aristóteles ou de um Horácio, examinar aspectos de obras de filósofos seiscentistas como Descartes e Locke, ater-se a tópicos que dizem respeito à vida social e cultural dos homens (como os costumes e as artes), perguntar-se sobre a relação entre moral e natureza etc. são todos eles pontos que não podem ser desvinculados do "lugar" ou "ponto de vista" que os legitima e a partir do qual são formulados. É como autor moderno que Shaftesbury os considera e é a Modernidade que ele visa formar ao considerá-los.

A Modernidade não é uma noção externa ao movimento no qual o pensamento shaftesburiano se forma, ela está intimamente vinculada à obra do filósofo inglês como um dos problemas que a incita e a promove. Nesse sentido, aos olhos de nosso autor, formar um caráter moderno não é ação que se diferencia do esforço para conferir ao seu próprio pensamento a forma mais adequada às suas pretensões. Por essa mesma perspectiva, a Modernidade não é exatamente um local ou momento preciso que se deseja alcançar ou demarcar com exatidão, tampouco um conceito que se pretende esgotar com uma rápida definição, e sim o ponto de partida que é necessário assumir para dar início ao processo em que o caráter moderno se manifesta e ganha forma. A exemplo do que veremos a propósito da concepção shaftesburiana de natureza humana, podemos dizer que a Modernidade é uma *prolepse*: uma *prenoção* que orienta, dá sentido e unidade às investigações e às críticas que a constituem. Algo que pode ser buscado justamente porque nos oferece, já de início, algum indício do que pode ser, porque se antecipa e fornece indicações acerca do trajeto que o compreende. Seguir esse caminho, avaliar e julgar os traços e pistas que se apresentam, é o modo de formar o seu caráter. Para que a Modernidade faça ou tenha sentido é preciso então que se parta dela, que a assumamos como problema e que entendamos que o caráter moderno é menos um objeto de investigação do que uma postura que deve ser exercida desde o momento em que ele é posto em questão e em que se pretende formá-lo.

O presente estudo procura mostrar em que medida o caminho percorrido pelo próprio Shaftesbury, quando se torna um *autor*, compõe uma obra e dá forma ao seu pensamento (os tópicos ou temas que o preocupam e com os quais trabalha, as diferentes maneiras que escolhe para expô-los e, sobretudo, a postura que assume diante de cada um deles), revela e expressa a Modernidade como sua condição e motor. Embora o assunto escolhido para o nosso trabalho (o caráter moderno) possa sugerir um tipo de exame que vincule e compare o filósofo inglês a seus contemporâneos ou então uma análise da influência que seus escritos exerceram em outros autores de sua época, nossa intenção foi a de nos limitar à obra de Shaftesbury e ao sentido que esse tema ganha em seu interior. Por essa razão, são raros os casos nos quais nos referimos a autores que o próprio Shaftesbury não tivesse citado. Trabalhamos com a sua obra publicada, com os manuscritos e com as cartas. Buscamos ser o mais fiel possível às passagens analisadas, com o intuito de examinar não apenas o conteúdo, mas também a forma na qual o autor se expressa. A esse respeito, talvez a maior dificuldade encontrada foi a de verter os trechos analisados para o português. Com exceção da *Carta sobre o desenho*,[7] todas as traduções aqui apresentadas são de nossa responsabilidade. O cotejo com as versões francesas

---

7   A *Carta sobre o desenho* foi traduzida para o português por Pedro Paulo Pimenta (ver: Bibliografia).

e alemãs para diferentes textos de Shaftesbury feitas por Laurent Jaffro, Claire Crignon-de Oliveira, Danielle Lories, Friedrich A. Uehlein e seus colaboradores,[8] bem como as sugestões de amigos (como Márcio Suzuki, Pedro Paulo Pimenta, Maria Lúcia Cacciola e Fernão Salles dos Santos Cruz) foram fundamentais para traduzir as passagens examinadas.

* * *

Apresentado originalmente em agosto de 2006 como tese de doutorado ao Departamento de Filosofia da Universidade de São Paulo, feito em regime de cotutela com o Departamento de Filosofia da Université Blaise Pascal – Clermont-Ferrand, este trabalho teve a orientação dos professores Márcio Suzuki e Laurent Jaffro. Na ocasião, fizeram parte da banca julgadora os professores Maria Isabel Papaterra Limongi, Luiz Fernando Franklin de Matos, Emmanuel Cattin e Laurent Jaffro. Buscamos com as modificações feitas para a presente publicação dar conta de suas observações e sugestões. A todos eles o nosso sincero agradecimento. Também gostaríamos de manifestar nossos agradecimentos ao Geraldo Carlos Nascimento, à Edna F. S. Nascimento, à Dona Lili, à Dona Anita, à Fátima Paris, à Lilia Cintra Leite, ao Emmanuel Bonnet, ao André Carvalho e ao professor e amigo Jean Briant. Aos amigos e colegas Pedro Paulo Pimenta, Maria Lúcia Cacciola, Fernão Salles dos Santos Cruz e Daniel Lago Monteiro. Aos membros do laboratório de pesquisa *Philosophies et Rationalités*, da Université Blaise Pascal – Clermont-Ferrand, aos membros do Grupo de Estudos de Filosofia Alemã Clássica e aos do Grupo de Estudos das Luzes Britânicas, ambos da Universidade de São Paulo. Aos funcionários da secretaria do Departamento de Filosofia da Universidade de São Paulo e aos colegas do Departamento de Filosofia e Metodologia

---

8   Ver: Bibliografia referente às obras de Shaftesbury.

das Ciências (DFMC), da Universidade Federal de São Carlos. Ao Laurent Jaffro e à sua família: Emmanuèle, Alice e Eva. Ao Márcio Suzuki que, desde o início, acreditou neste estudo. Este trabalho contou com o apoio da Coordenação de Aperfeiçoamento de Pessoal de Nível Superior (Capes), que nos concedeu uma bolsa de doutorado no período de 2002 a 2004 e, em seguida, uma bolsa sanduíche para a realização de pesquisa na França entre 2004 e 2005, do Conselho Nacional de Desenvolvimento Científico e Tecnológico (CNPq), que nos concedeu uma bolsa de doutorado entre 2005 e 2006, e da Fundação de Amparo à Pesquisa do Estado de São Paulo (Fapesp), que financiou a sua publicação.

I

A HISTÓRIA DO CARÁTER HUMANO

Cada indivíduo porta em si a identidade da natureza que ele modifica ativamente de modo particular, na qual se exprime a relação singular do homem com o seu gênero.

F. Schleiermacher[1]

NO INÍCIO DE *Os moralistas, uma rapsódia filosófica*, Shaftesbury nos apresenta uma conversa entre dois amigos que passeiam por um parque:[2] Palemon e Filócles. Embora já estivessem conversando há algum tempo, é apenas quando a noite adentra a cena do diálogo que Filócles começa a compreender melhor a disposição e o humor nos quais se encontrava o seu interlocutor. A lua, os planetas e as estrelas que agora podiam ser vistos davam um grande ânimo ao seu amigo. Com alegria, ele começa a exaltar a ordem celeste. Se o "verde do campo, as paisagens distantes, o horizonte dourado

---

1 SCHLEIERMACHER, F. *Friedrich Schleiermachers* Ästhetik. Berlin/Leipizig: Rudolf Oderbrecht, p. 88-89.

2 Em sua edição das *Características*, Philip Ayres sugere que esse parque pode ser o Hyde Park ou o St James's Park, "cenas de brilhantes exibições sociais e, como aqui, de atrativos femininos, especialmente durante a temporada (no verão)" (*Characteristicks of men, manners, opinions, times*, p. 295, vol. II).

e o céu purpúreo formados por um sol poente"[3] já lhe causavam uma forte impressão, suficiente para admitir a sua beleza, a luz noturna tornava a natureza ainda mais bela. Nesse momento, Filócles entende que a noite era a fase do dia que melhor se adaptava ao temperamento de seu amigo:

> Pois agora começastes a falar com muita satisfação das coisas naturais e de todas as ordens de beleza, excetuando apenas o homem. Jamais ouvi uma descrição mais fina do que a que fizestes da ordem das luminárias celestes, do ciclo dos planetas e dos *satélites* que os acompanham. Vós que nada consentistes àquelas formosas luminárias terrenas, ao redor das quais agora nos movíamos; vós, Palemon, que parecíeis desconsiderar a vaidade daquele teatro, começastes, agora, a olhar com arrebatamento para este outro e com júbilo para a nova cena filosófica de mundos desconhecidos.[4]

Palemon estava disposto a reconhecer a beleza de todas as criaturas e objetos presentes na natureza, menos a do seu próprio gênero: só essa "turbulenta raça de mortais"[5] não lhe parecia bela. Até as tormentas e tempestades poderiam ter a sua beleza, "exce-

---

3 *Moralistas*, p. 9.

4 *Op. cit.*, p. 10. A passagem "Vós que nada consentistes àquelas formosas luminárias terrenas, ao redor das quais agora nos movíamos" procura traduzir o inglês "And you who wou'd allow nothing to those fair earthly Luminarys in the Circles which just now we mov'd in", em que se faz referência às belezas ou beldades que circulam pelo parque em que os dois personagens transitam. Com exceção de algumas ocasiões para as quais chamaremos a atenção, todos os grifos e itálicos presentes nos trechos citados das obras de Shaftesbury são do próprio filósofo.

5 *Op. cit.*, p. 12.

tuando apenas aquelas que surgiram do peito humano".[6] E quando Filócles o repreende e lhe diz o quão desnaturado é para um homem ter uma tal ideia de sua própria espécie, ele sugere ao amigo que imagine um estrangeiro ou habitante de um planeta próximo que aqui chega e tenta entender o funcionamento de nosso mundo: que belas e gentis vão lhe parecer as pessoas e a ordem pública. Mas, acrescenta Palemon, conceda a esse estranho um pouco mais de tempo para examinar melhor a nossa sociedade, então ele verá o lado vil e horrendo dos homens e não lhe faltarão exemplos de corrupção e maldade: o mesmo político que há pouco parecia tão amigável e que discursava em nome do bem e da felicidade de todos, pode ser visto alguns instantes depois "tramando de modo astucioso"[7] e fomentando a desgraça de todo o seu país e conterrâneos. O estrangeiro também verá alguns homens sem ambição e que são mais dóceis, mas, acrescenta ele, "no entanto, quem, Filócles, consideraria isso?"[8] Para Palemon, as demonstrações de egoísmo, ambição e malícia são tantas que os parcos casos de amabilidade nem podem ser notados.

Como observa Filócles, embora Palemon parecesse alguém "profundamente *esplenético*" (deeply *in the spleen*),[9] na verdade seu problema advinha de um outro sentimento: ele estava enamorado. Era o excessivo amor pelo gênero humano que o fazia lastimar tanto tudo o que considerava vil e desonesto nos homens, por esse motivo ele não poupava os ataques aos costumes de seus contemporâneos e deles procurava se afastar. Mas, embora a situação de Palemon pareça similar à daquele estrangeiro ou habitante de outro

---

6   *Idem, Ibidem*, p. 12.

7   *Op. cit.*, p. 11.

8   *Idem, Ibidem*, p. 11.

9   *Op. cit.*, p. 12.

planeta que observa à distância o comportamento da humanidade, ele mesmo não deixará de constatar sua ligação íntima e afetiva com os homens – ele não era um estranho e continuava a ser um "amigo do *gênero humano*".[10] Em nome dessa amizade, Palemon lastima a ambição, a malícia, a desordem e a corrupção que vê à sua volta. É o seu forte "elo" (*chain*)[11] com a humanidade que o leva a considerar o "estado do gênero humano" como "deplorável".[12] Filócles o aconselha a ser "*um amante mais indiferente*",[13] a considerar as coisas "um pouco mais moderadamente",[14] mas Palemon era "um daqueles aventureiros a quem o perigo antes anima do que desencoraja".[15] Ele quer entender e analisar o homem, mas com um tal furor que acaba por comprometer a sua investigação. Filócles reconhece no amigo um temperamento melancólico, fruto da maneira exacerbada com a qual Palemon tratava os assuntos que lhe concerniam: "Daí *o triste mundo!* Aqui estavam aquela *corrupção* e aquelas *desordens* que ele lamentava!"[16] Como nota o mesmo Filócles, não era de admirar que em um tal humor e com uma tal visão dos homens Palemon estivesse tão afeiçoado ao mito de Prometeu:

> Era fácil responder a toda objeção por um Prometeu: "Por que o gênero humano teve *originalmente* tanta tolice e perversidade? Por que

---

10   *Moralistas*, p. 11.

11   *Idem, Ibidem*, p. 11.

12   *Op. cit.*, p. 8.

13   *Op. cit.*, p. 4.

14   *Idem, Ibidem*, p. 4.

15   *Idem, Ibidem*, p. 4.

16   *Op. cit.*, p. 12.

tanto orgulho (*pride* = vaidade), ambição e estranhos apetites? Por que tantas pragas e maldições impostas (*entail* = transmitidas) a ele e à sua posteridade?" – Prometeu era a causa. O artista plástico que tudo dissolveu com sua mão desastrada. "Esse era o seu ardil (diziam) e *ele* tinha de responder por isso." Eles o considerariam um jogo justo se pudessem ganhar um único *movimento* e afastar a má *causa*. Se as pessoas lhes pusessem uma questão, eles lhes contariam uma *historinha* (*tale*), e os despachariam satisfeitos. Ninguém, senão poucos filósofos seriam tão intrometidos (pensavam) para olhar além e pôr uma segunda questão.[17]

A história de Prometeu ilustra bem o modo como Palemon via as coisas: o homem era a causa do mal, apenas nele residia a corrupção. Toda a natureza permanecia bela, todas as criaturas e o seu criador não tinham nenhuma relação com a desordem humana. Mas como um "*filósofo* digeriria"[18] esse mito? Essa explicação da origem do homem suportaria a intromissão daqueles que estão acostumados a "olhar além e pôr uma segunda questão", como dizia o final do trecho acima citado? Disposto a dar continuidade ao exame, Filócles pergunta: os deuses poderiam ou não ter impedido o surgimento do gênero humano? Qualquer que seja a resposta a essa questão, ela porá em xeque a opinião segundo a qual a humanidade é a única responsável por sua própria desgraça. Pois se os deuses têm o poder para evitar o surgimento do homem, eles são a causa da infelicidade humana; se não, eles perdem sua "onipotência"[19] e

---

17   *Op. cit.*, p. 12-13.

18   *Op. cit.*, p. 13.

19   *Idem, Ibidem*, p. 13.

deixam de ser deuses. Assim, o uso do mito de Prometeu como explicação para o suposto estado lamentável da humanidade não passa de um simples relato (*account*) "para satisfazer o *vulgo* pagão",[20] uma *historinha* (*tale*) para "encantar pessoas que não são meras crianças",[21] algo incapaz de resistir a uma investigação mais séria.

Segundo Filócles, não temos o direito de rir daqueles filósofos indianos que ao serem indagados a respeito da maneira como o mundo se sustentava, responderam que ele estava em cima de um imenso elefante. Mais tarde, quando lhes perguntaram se havia algo sobre o qual o elefante se apoiava, disseram que era sustentado por uma tartaruga suficientemente grande para tal tarefa. A história de Prometeu seria muito parecida com a indiana, a grande diferença estaria no fato de os "mitologistas pagãos" terem sido "mais sábios a ponto de não irem além do *primeiro movimento*".[22] Os indianos, acrescenta Filócles, "deveriam se contentar com o *elefante* e não ir além",[23] tal como os "pagãos" fizeram com Prometeu, mas permitiram o surgimento de uma segunda questão e tiveram de trazer à discussão uma *tartaruga* e, assim, "o problema fica pior do que antes".[24]

Com todos esses argumentos, Filócles não quer senão fazer com que seu amigo reconheça a contradição presente em suas considerações sobre a natureza humana. Mas ao mesmo tempo em que começa a reconhecer as críticas de Filócles e a aceitar que a maneira exacerbada com a qual conduzia suas investigações as prejudicava, Palemon também não deixará de ver nos modos de seu interlocutor certa leviandade: Filócles, como ele próprio admite,

---

20   *Idem, Ibidem*, p. 13.

21   *Idem, Ibidem*, p. 13.

22   *Idem, Ibidem*, p. 13.

23   *Idem, Ibidem*, p. 13.

24   *Idem, Ibidem*, p. 13.

SHAFTESBURY E A IDEIA DE FORMAÇÃO DE UM CARÁTER MODERNO   35

jamais se preocupava "com o êxito do argumento e ria sempre, não importando a via que ele (o argumento) tomasse",[25] e mesmo quando convencia os outros, parecia não estar ele mesmo convencido. Com esse seu ar zombeteiro e displicente, Filócles busca se afastar do pretenso rigor dos "dogmáticos" (*dogmatical men*),[26] homens, ele diz, que com sua postura rígida procuram esconder o seu caráter covarde e preguiçoso. A preguiça e a covardia são aqui consideradas como as "razões para sermos tão superficiais e, consequentemente, tão dogmáticos em filosofia".[27] O dogmatismo que Filócles reconhece como estando em voga em sua época não suporta a investigação e o suspense com o qual esta trabalha. Como alguém que está prestes a se afogar na "correnteza da razão",[28] o dogmático prefere se pendurar no primeiro galho que aparece do que tentar nadar: "Aquele que se agarrou a uma *hipótese*, por mais frágil que ela seja, está satisfeito".[29] A análise e o exame o perturbam e diante desse tormento qualquer dogma, opinião ou hipótese pode lhe servir de consolo. Por trás dessa postura que chama de covarde e de preguiçosa, Filócles não vê outra coisa senão o "receio de *duvidar*"[30] – é o medo de "ousar a *dúvida*"[31] que torna os homens tão sérios e pouco propensos à zombaria que ele defende.

Porém, como Palemon sugere, o humor zombeteiro de seu amigo poderia ser visto como um exagero de ceticismo: a indiferença que demonstrava frente aos assuntos sobre os quais arguia era tão

---

25   *Op. cit.*, p. 15.

26   *Idem, Ibidem*, p. 15.

27   *Op. cit.*, p. 7.

28   *Idem, Ibidem*, p. 7.

29   *Idem, Ibidem*, p. 7.

30   *Op. cit.*, p. 8.

31   *Op. cit.*, p. 7.

radical e intensa quanto o envolvimento e o amor que ele mesmo havia condenado em Palemon. Pior ainda: sua leviandade e completa falta de seriedade seriam comparáveis ao caráter dogmático – se os "homens dogmáticos" se apressam em aderir à primeira hipótese que se apresenta e não ousam levar a investigação adiante, Filócles, por seu turno, não adere a nada e é capaz de defender num momento a mesma causa que atacou num instante anterior. Embora radicalmente oposta à dogmática, a postura de Filócles acaba por se revelar bastante similar a ela: ter uma só opinião e fixar-se a ela, evitando toda sorte de exame e análise, não é muito distinto de não assumir nenhuma hipótese. A investigação é prejudicada tanto pela rigidez dogmática, que obstrui o movimento próprio da análise e impede a formulação de uma "segunda questão", quanto pela leviandade e indiferença cética, que torna o exame completamente desregrado e sem sentido. Mas será que Filócles era alguém assim tão distante dos temas sobre os quais pensava e discursava? Será que a sua leviandade e o seu "fino ceticismo", questiona Palemon, poderiam ser aplicados indistintamente a todos os assuntos, mesmo aos morais: seria ele tão incapaz de distinguir "entre sinceridade e insinceridade *na ação*", o quanto havia sido indiferente diante da "verdade e falsidade, certo e errado, *nos argumentos*"?[32] A essa pergunta, Filócles responde:

> Não ouso perguntar o que sua questão quis insinuar. Eu temia que já conhecesse plenamente a resposta e que por esse modo (*way*) informal de falar, que aprendi em algumas conversas em voga no mundo, vos dei ocasião de suspeitar que eu pertencesse

---

32   *Op. cit.*, p. 15-16.

à pior sorte de ceticismo, aquele que nada poupa e aniquila todos os princípios *morais e divinos*.[33]

Embora tivesse um "modo informal de falar" e uma maneira zombeteira de tratar os assuntos, mesmo os considerados sérios, Filócles não queria ser confundido com alguém sem princípios. Ele pede desculpas pelo seu "mau comportamento *cético*" (my *sceptical* misbehavior)[34] e levado pela presença instigante de Palemon, começa a discursar sobre diversos temas. Ele fala dos animais, do gênero humano, da deidade, da ordem da natureza etc. Assim que o discurso termina, Palemon demonstra a sua admiração diante do belo tom que Filócles havia dado às suas palavras. Como entender a seriedade e a afeição que o amigo mostrou ao discursar, o que poderia explicar tal mudança de "caráter"?[35] Filócles explica que a razão de sua transformação foi a lembrança de uma conversa que ele teve com um outro amigo seu, alguns dias antes de encontrar Palemon no parque. Essa conversa teria lhe causado uma impressão tão forte que ele pensava ter ocorrido um "milagre".[36] "De fato", diz ele a Palemon, "pensaríeis que eu havia sido curado do meu *ceticismo* e leviandade, a ponto de nunca mais zombar de maneira selvagem de qualquer assunto, muito menos desses que são tão sérios".[37] Palemon se interessa por essa conversa e por esse amigo que teria operado uma tamanha transformação no caráter de alguém que até então se dizia cético, mas Filócles se mantém reticente e confessa ter algum receio em revelar maiores detalhes do referido encontro.

---

33   *Op. cit.*, p. 16.

34   *Idem, Ibidem*, p. 16.

35   *Op. cit.*, p. 20.

36   *Idem, Ibidem*, p. 20.

37   *Idem, Ibidem*, p. 20.

Seu medo era o de agora se encontrar em uma disposição ainda mais perigosa do que a anterior: "Pois embora eu estivesse como que perfeitamente curado do *ceticismo*", ele diz, "era por algo que pensava ser pior: um franco *entusiasmo* (downright *enthusiasm*)".[38] Esse terceiro amigo havia ensinado a Filócles a verdadeira "*paixão filosófica*",[39] ele era o mais agradável dos "entusiastas" (enthusiast).[40] Palemon não aceita que se chame esse homem por tal nome antes de ouvir "mais daquela séria conversa pela qual o acusastes de *entusiasmado (enthusiastick)*".[41] Por fim, eles decidem que Filócles escreverá para Palemon um relato da conversa que o havia influenciado em seu belo discurso.

Já era tarde quando Palemon deixa Filócles em sua pousada. No outro dia pela manhã, Filócles pensa no texto que havia prometido a Palemon. Sozinho em seu gabinete, ele busca na luz matinal a disposição ideal para iniciar sua obra. Lembra-se, então, do que havia sonhado naquela noite. O sonho se passava em uma "magnífica cena rural":[42] uma bela colina próxima ao mar. Filócles reconhece aí o local onde a conversa que o curou de seu ceticismo havia se dado. Lá, ele encontra Teócles, o amigo cujo entusiasmo causara tanta admiração nele e em Palemon. A lembrança desse sonho faz com que ele se sinta diante do amigo. Embora imaginária, a presença de Teócles é suficiente para inspirar Filócles. Entusiasmado pela figura do amigo, ele começa a escrever.

---

38 *Idem, Ibidem*, p. 20.

39 *Op. cit.*, p. 21.

40 *Op. cit.*, p. 20.

41 *Idem, Ibidem*, p. 20.

42 *Op. cit.*, p. 22.

A cena moral

Como lembra Jean-Paul Larthomas, é através de Filócles que Shaftesbury nos revela que o seu projeto em *Os moralistas* "poderia se chamar '*the natural history of Man*'".[43] Contar essa "história do homem" seria, em um primeiro momento, o objetivo do texto que Filócles escreve para Palemon, mas ele acaba por se confundir ao plano maior de *Os moralistas*. O que aqui se busca, acrescenta Larthomas, não é uma definição precisa e rigorosa para o gênero humano, mas a compreensão do processo pelo qual ele exerce e efetiva a sua humanidade.[44] De acordo com Shaftesbury, esse projeto de *Os moralistas* não é distinto do da *Investigação sobre a virtude*, os dois tratados que compõem o segundo volume das *Características* teriam nessa *natural history of man* o seu ponto em comum. A diferença entre as duas obras estaria na maneira com a qual elas expõem esse tema. O que a *Investigação* trata de um modo "sistemático, didático e preceptivo",[45] *Os moralistas* apresentam em uma outra "roupagem".[46] Para o bem do desenvolvimento do estilo da *rapsódia filosófica*, diz Shaftesbury, era preciso que o argumento principal surgisse naturalmente a partir da discussão entre dois amigos. Do embate entre duas posturas distintas, a melancolia de

---

43 LARTHOMAS, J-P. *Shaftesbury ou le moraliste contre le puritain.* In: *Shaftesbury – philosophie et politesse.* Paris: Honoré Champion Éditeur, 2000, p. 37-38.

44 Laurent Jaffro também reconhece nessa "história do homem" a ideia de uma investigação acerca do processo pelo qual o homem exerce o seu caráter humano e nos lembra que Shaftesbury teria sido um dos primeiros pensadores a utilizar a expressão *the natural history of man.* A mesma expressão aparece no título do primeiro item do primeiro capítulo do livro de Jaffro: *Le projet d'une histoire naturelle de l'homme,* ver: *Ethique de la communication et art d'écrire.* Paris: PUF, 1998, p. 53-60.

45 *Miscelâneas,* p. 265.

46 *Miscelâneas,* p. 265.

Palemon e o ceticismo zombeteiro de Filócles, o leitor é levado à figura de Teócles, personagem que representa um ponto concordante na discussão e uma melhor maneira de considerar o problema em questão, a saber: como caracterizar a natureza humana? O modo como Teócles inicia a sua análise do caráter do gênero humano é o mesmo proposto pela *Investigação sobre a virtude* – entender o homem é compreender as relações que ele estabelece com o meio onde vive, ou seja: trata-se de buscar o conhecimento do lugar que a humanidade ocupa no mundo natural. Assim, a questão do homem terá de passar necessariamente por uma outra: o que é e como entender a natureza?

O universo ou "o todo das coisas" (*the whole of things*)[47] é formado por pequenos sistemas que atuam diretamente em sua ordem e manutenção, como partes de um todo. Ao iniciar sua investigação acerca da natureza, Shaftesbury nos diz que é necessário empregar o seguinte método: uma vez que se constata a dificuldade em determinar as múltiplas relações que estabelecem os elementos que formam o universo em geral, é preciso partir da análise de suas partes.[48] Para ilustrar o que entende por essas partes ou pequenos sistemas, o filósofo inglês recorre a algumas espécies particulares de animais, tais como as formigas, as abelhas e os castores, exemplos do que ele denomina "*animais totalmente associados e confederados*".[49] A afabilidade ou a generosidade (*kindness*) que os membros dessas espécies demonstram para com os seus semelhantes acaba por nos revelar a própria ordem que reina no mundo. Embora mais visível na relação entre indivíduos de uma mesma espécie, sobretudo na-

---

47 *Investigação*, p. 193.

48 Tanto a *Investigação sobre a virtude* quanto *Os moralistas* adotam esse método, ver: *Investigação*, p. 196 e *Moralistas*, p. 53.

49 *Miscelâneas*, p. 234. O original diz: "thorowly-associating and confederate Animals".

quelas que por necessidade e conveniência são obrigadas "a uma união estrita e a um tipo de estado confederado",[50] como é o caso das acima mencionadas, essa generosidade pode ser estendida para além dos limites de uma única e determinada espécie: existe entre os seres naturais dos mais diversos gêneros e espécies algo como um acordo ou colaboração. Assim é, exemplifica Shaftesbury, a relação entre uma aranha e uma mosca:

> Por exemplo, para a existência da aranha, aquela da mosca é absolutamente necessária. O voo desatento, a estrutura frágil e o corpo tenro desse último inseto o molda (*fit*) e o determina para que seja *uma presa*, assim como o feitio rude, a vigilância e a astúcia do último, para a rapina e armadilha. A teia e a asa são adequadas uma para a outra. E na estrutura desses animais há uma relação com o outro tão evidente e perfeita quanto a relação que existe entre os membros e órgãos de nossos próprios corpos, ou como nos galhos ou folhagem de uma árvore, [onde] nós podemos ver uma relação de cada um com os outros e de todos em comum com *uma* raiz e tronco.[51]

---

50 *Miscelâneas*, p. 234. Mais uma vez Shaftesbury recorre à ideia de *confederação* para pensar a relação e a assossiação entre animais, sobretudo daqueles em que a presença de uma ordem ou regra que gere sua união parecem mais explícitas, tal como nas abelhas, nas formigas e nos castores.

51 *Investigação*, p. 198.

Existe na natureza uma "dependência mútua das coisas",[52] nela tudo está vinculado e "codepende" (*hang together*).[53] Mesmo que um historiador ou viajante, supõe Shaftesbury, nos apresentasse um relato de uma criatura completamente solitária, sem nenhum companheiro (*fellow*) ou membro da mesma espécie, ainda assim teríamos de admitir que ela estabelece algum tipo de contato com outros seres. Pois se há nela qualquer coisa que indique a mínima relação com algo que vai além dela mesma, "então esse animal será considerado indubitavelmente como *uma parte* de algum outro sistema".[54] Se, por exemplo, há nela indícios de que se trata de um macho, então houve ou pode haver uma fêmea e, nesse caso, existe uma espécie à qual essa criatura pertence. Mas mesmo que não se encontrasse nela nada que pudesse sugerir uma relação mais próxima com um membro do mesmo gênero, se ela se alimentava de algo ou poderia servir de alimento para um outro, isso já bastaria para indicar seu vínculo com a natureza. Por fim, a criatura não era tão solitária quanto parecia a princípio. Como os outros seres naturais, ela estabelece algum contato com o meio onde vive e participa de um sistema: "todas as coisas que têm *ordem*", escreve Shaftesbury, "têm *unidade de desígnio* e coincidem *em um*, [ou] são partes de um todo ou são nelas mesmas *sistemas completos*".[55]

---

52 *Moralistas*, p. 52. Essa mesma noção de mútua dependência aparece no seguinte trecho dos *Exercícios*: "Os elementos são combinados, unidos e têm uma dependência mútua uns em relação aos outros. Todas as coisas nesse mundo são unidas. (...) Veja a dependência mútua, a relação de uma coisa com as outras; o sol com a terra; a terra e os planetas com o sol; a ordem, a simetria, a regularidade, a união e a coerência do todo." (*Exercícios*, p. 16).

53 *Moralistas*, p. 80.

54 *Investigação*, p. 197.

55 *Moralistas*, p. 52.

SHAFTESBURY E A IDEIA DE FORMAÇÃO DE UM CARÁTER MODERNO   43

Como nos lembra Rubens Rodrigues Torres Filho ao comentar Fichte, "*sistema* é a palavra grega para designar algo *zusammen-gesetzt*, uma simples *com-posição* de partes".[56] Um *sistema* ou *composição* sempre pressupõe um número de elementos ou componentes que não são simplesmente colocados lado a lado ou próximos uns dos outros, mas que são unificados e postos em tal relação capaz de formar uma totalidade: há na *composição* uma ordem ou desígnio que estabelece o vínculo entre as partes e as tornam uma só coisa. Por certo, essa acepção original do termo não foi ignorada pelo grande admirador da língua e da cultura gregas que foi Shaftesbury, mas ele vai além da ideia de uma simples composição ao afirmar que o universo é um grande sistema formado por outros menores: a totalidade é feita da relação e unidade de "pequenos todos". Para explicar essa concepção de sistema ao seu amigo, Teócles pede que ele observe uma floresta de carvalhos próxima ao local onde conversavam – podemos considerar, diz ele para Filócles, a floresta como um todo e ignorar as inúmeras árvores que a compõem, mas se ao invés disso dirigimos o nosso olhar para um desses carvalhos, também teremos de admitir que se trata de uma totalidade: o carvalho observado também tem a "sua própria floresta de numerosos e extensos galhos (*que parecem tantas outras* árvores *diferentes*) e é ainda, eu suponho, *uma* única e *mesma* árvore".[57]

Cada pedaço de um sistema é um outro sistema, a determinação do que é "parte" depende exclusivamente do olhar daquele que o observa e, como vimos, a mesma árvore que era parte de uma floresta se torna um todo quando considerada em relação aos seus galhos, raízes e tronco. E da mesma maneira que a floresta participa de nosso planeta, "esse *globo* ou *terra* parece ter ele mesmo

---

56 TORRES FILHO, R. R. *O espírito e a letra – crítica da imaginação pura em Fichte*, p. 164.

57 *Moralistas*, p. 80.

uma dependência em relação a alguma coisa ainda além, como, por exemplo, o seu sol ou seus satélites, então ele é, na realidade, apenas uma *parte* de algum outro sistema".[58] Shaftesbury nos apresenta aqui uma noção *dinâmica* de sistema, uma vez que não se trata de apresentar a natureza como algo estático ou paralisado, mas de realçar o próprio movimento de sistematização pelo qual ela se forma. Essa noção de sistema pode ser estendida ou reduzida, podemos nos limitar a um pequeno galho de uma árvore ou a um membro do nosso corpo, ou então, a partir daí, nos elevarmos (*to raise*) até os céus e vislumbrar o vínculo do nosso planeta com os outros. De acordo com o filósofo inglês, só podemos reconhecer a relação entre as diversas partes de um sistema, pois existe entre elas o que ele chama de *simpatia*:

> O que é *simpatizar*? – Sentir junto ou ser unido
> em um sentido ou sentimento (*sense or feeling*).
> – As fibras de uma planta simpatizam umas com
> as outras. Os membros do animal simpatizam uns
> com os outros. E os corpos celestes, não simpatizam uns com os outros? Por que não?[59]

A simpatia descreve o movimento de interação das partes em um todo, ela é "uma franca concordância em *um fim comum*".[60] É em virtude dela que, segundo Teócles, "nossa árvore é uma árvore real; vive, floresce e ainda é *uma* e *a mesma*, mesmo quando pela vegetação e mudança de substância uma partícula nela não permanece a mesma".[61] Assim também os animais, não obstante as

---

58   *Investigação*, p. 198.

59   *Exercícios*, p. 23.

60   *Moralistas*, p. 81.

61   *Idem, Ibidem*, p. 81.

SHAFTESBURY E A IDEIA DE FORMAÇÃO DE UM CARÁTER MODERNO   45

frequentes alterações e vicissitudes, permanecem os mesmos graças à simpatia de suas partes. E tal como os membros e órgãos de um animal se unem para a constituição de seu corpo, do mesmo modo os indivíduos de uma determinada espécie se aproximam naturalmente para formar e manter o seu gênero. A mesma relação que existe entre os membros de uma mesma espécie também pode ser encontrada entre animais de diferentes gêneros,[62] tais como a mosca e a aranha. Shaftesbury chama essa aliança (*alliance*) entre os seres de *generosidade mútua* (*mutual kindness*), e acrescenta que ela é conhecida "mais particularmente pelo nome de *afecção natural* (*natural affection*)".[63] O termo *afecção* designa aqui uma relação de interação e participação: o que me *afeta* é aquilo que me envolve, com o qual estou intimamente ligado e do qual dependo para ser o que sou. "Ter afecção natural", escreve Shaftesbury nos seus *Exercícios*, "é *afetar* (*to affect* = se envolver, se relacionar) *de acordo com a natureza*, ou [de acordo] *com o desígnio e a vontade da natureza*".[64] E é justamente essa afecção que nos mostrará que não há uma oposição entre natureza e sociedade, mas uma comunidade ou sociabilidade natural:

> As afecções sociais ou naturais que nosso autor considera tão essenciais à saúde, à *totalidade* ou à integridade da criatura particular, contribuem igualmente para o bem-estar e para a prosperidade do *todo* ou da *espécie* na qual ela foi naturalmente

---

62   Shaftesbury utiliza os termos gênero (*kind*) e espécie (*specie*) de modo indistinto.

63   *Miscelâneas*, p. 235.

64   *Exercícios*, p. 13.

unida. Todas as afecções desse gênero nosso autor compreende pelo único nome de *naturais*.[65]

Não existe distinção entre afecção natural e social: o bem do indivíduo é o de sua espécie e gênero e, no limite, é também o de todo o mundo no qual ele se insere. A pior e mais desnaturada (*unnatural*) das afecções é aquela que separa a criatura (*creature*) de sua comunidade e, por oposição, a mais natural é a que "tende na direção do serviço *público* e ao interesse da sociedade *em geral*".[66] Nesse sentido, termos como *público*, *comunidade* e *sociedade* não são exclusividades do gênero humano, eles dizem respeito à relação que cada ser estabelece com o seu próprio bem-estar, com o de sua espécie e com o da natureza em geral:

> Esse é o principal *problema* que nosso autor demonstra em termos mais *filosóficos* em seu tratado (Shaftesbury refere-se aqui à *Investigação sobre a virtude*): 'que para uma criatura cujo fim é a sociedade, *operar tal como a natureza a direcionou para o bem de sua* sociedade *ou* todo é, na realidade, *buscar seu* bem *próprio e natural.*'[67]

Ao encontrar o seu próprio bem, o indivíduo se insere na ordem natural e colabora com ela. Para Shaftesbury, dizer que o bem de uma criatura é diferente ou contrário ao de sua espécie e ao da

---

65 *Miscelâneas*, p. 235. Como veremos no terceiro capítulo deste trabalho, as *Miscellaneous reflections* (*Miscelâneas*), último dos seis tratados reunidos sob o nome de *Characteristicks of men, manners, opinions, times*, analisam e comentam todos os cinco tratados precedentes. Nelas, Shaftesbury faz às vezes de crítico de si mesmo e se chama de "o autor" ou de "nosso autor", como é o caso do trecho acima citado.

66 *Idem, Ibidem*, p. 235.

67 *Idem, Ibidem*, p. 235.

SHAFTESBURY E A IDEIA DE FORMAÇÃO DE UM CARÁTER MODERNO   47

natureza é o mesmo que afirmar que uma parte desse ser (um órgão interno, uma perna, um olho etc.) possui um interesse que é distinto ou oposto àquele do seu corpo. As noções de simpatia, generosidade mútua e afecção natural[68] não fazem outra coisa senão apresentar a ideia de um mundo natural como uma comunidade cósmica, um sistema universal em um permanente movimento de autocomposição.

Quando Teócles termina de expor essa concepção de universo, Filócles nota que o seu amigo não havia recorrido a nenhuma ideia de "primeira causa", de "substância imaterial" ou de "ser primeiro" a partir dos quais a natureza teria surgido. Ao contrário das explicações correntes acerca da origem e funcionamento do mundo, Teócles havia lhe apresentado algo bastante diverso do que ele estava acostumado a ouvir: "não se tratava", ele declara, "do que era *primeiro* ou *anterior a tudo*, mas do que é *instantâneo e atual*".[69]

Para entender o funcionamento da natureza não era preciso recorrer a nada estranho ou anterior a ela: a simples análise e observação do estado atual das coisas havia sido eficaz. "O presente", acrescenta Filócles, "é suficiente"[70] para a compreensão e admissão de uma ordem e de um desígnio natural.

Mas e o homem? Qual seria o seu lugar nessa comunidade cósmica? Como notam os dois amigos (Teócles e Filócles), em princípio nenhum ser natural parece mais inábil do que o humano. Basta observamos um bebê para admitirmos o quão frágil e dependente é o homem. Seu corpo e habilidades físicas, quando comparados aos dos demais seres, são as provas de sua deficiência e fraqueza. As

---

68   A relação entre *afecção natural* e *simpatia* aparece na seguinte definição que a *Investigação sobre a virtude* dá para as afecções naturais: "aquelas que são encontradas no amor, complacência, benevolência e na simpatia com o gênero ou espécie." (*Investigação*, p. 237).

69   *Moralistas*, p. 57.

70   *Op. cit.*, p. 76.

criaturas selvagens são "vestidas e armadas pela própria natureza",[71] eis a "dureza, a robustez e o vigor delas".[72] "Por que [a natureza]", pergunta Filócles, "não fez o mesmo pelo *homem*?".[73] Em resposta a essa questão, Teócles pede ao seu amigo que repare na estrutura dos animais alados e veja como todo o seu corpo é moldado tendo em vista esse fim que lhe é tão próprio, de tal maneira que todas as suas outras partes servem a essa que é a mais importante: "De certa maneira, a anatomia da criatura se mostra como sendo *toda asa*, seu volume é composto principalmente de dois músculos exorbitantes que exaurem a força de todos os outros e absorvem (se assim posso dizer) toda a economia da estrutura *(frame)*".[74] Existe na natureza uma "admirável distribuição",[75] um ajuste perfeito pelo qual as partes menos importantes de um sistema são subservientes à principal: assim são as asas para os animais voadores e as nadadeiras para os que vivem na água.[76] É de esperar, então, que haja algo de similar no homem.

Mas em que consistiria a excelência do homem, qual seria a sua parte mais importante? Tanto Filócles quanto Teócles estão de acordo em reconhecer o pensamento e a razão como sendo o "principal" *(the principal)*[77] do gênero humano. A própria debili-

---

71 *Op. cit.*, p. 59.

72 *Idem, Ibidem*, p. 59.

73 *Idem, Ibidem*, p. 59.

74 *Idem, Ibidem*, p. 59.

75 *Op. cit.*, p. 61.

76 *Idem, Ibidem*, p. 61. A esse respeito, Teócles diz: "Tudo [na natureza] é administrado *para o melhor*, com perfeita parcimônia e justa *reserva*: pródiga para ninguém, mas generosa com todos, jamais empregando a uma coisa mais do que o suficiente, mas com exata economia diminui o supérfluo e adiciona força ao que é *principal* em cada coisa".

77 *Idem, Ibidem*, p. 61.

SHAFTESBURY E A IDEIA DE FORMAÇÃO DE UM CARÁTER MODERNO   49

dade física do homem não é senão um índice do seu caráter: suas deficiências corporais o forçam "a admitir que se tornou racional e *sociável* propositalmente e não por acidente e que não pode crescer ou subsistir de outra maneira".[78] A mesma economia e desígnio naturais que fizeram das asas a parte principal dos voadores e das nadadeiras a dos nadadores, fez da razão a do homem. Diferentemente de todos os outros gêneros naturais, o humano é o único que não encontra sua excelência no âmbito corporal, mas em uma outra instância: a racional.

"No animal", escreve Laurent Jaffro, "o impulso não é controlado racionalmente; ele é motivado por representações passivas, por afetos".[79] A afecção nos seres irracionais é, ele acrescenta, "isso que conduz ao bem, isso pelo qual se é movido em direção ao bem".[80] Os animais simplesmente seguem e obedecem os ditames estabelecidos pela economia natural. As formigas e as abelhas, exemplifica Shaftesbury, "continuam o mesmo encadeamento (*train*) e harmonia da vida".[81] Tal como todas as outras criaturas desprovidas de razão, elas nunca são inexatas ou errôneas (*false*) para com as afecções "que as movem a operar tendo em vista o seu bem público",[82] e a menos que ocorra alguma grande alteração na ordem natural, nenhum animal sairá do curso que lhe foi dado pela natureza e a formiga de amanhã continuará no mesmo *train* da de hoje. Como nos mostra Shaftesbury, a relação que o homem estabelece com a natureza não é a mesma que a dessas criaturas:

---

78   *Moralistas*, p. 62.

79   JAFFRO, L. *La question du sens moral et le lexique stoïcien*. In: *Shaftesbury – philosophie et politesse*, p. 63.

80   *Op. cit.*, p. 63.

81   *Investigação*, p. 236.

82   *Idem, Ibidem*, p. 236.

> Em uma criatura capaz de formar noções gerais
> das coisas, não apenas os seres externos que se ofe-
> recem para os sentidos são os objetos da afecção,
> mas as próprias ações nelas mesmas, e as afecções
> de piedade, generosidade, gratidão e os seus con-
> trários, sendo trazidas para o interior da mente por
> reflexão, se tornam objeto. De modo que por meio
> desse sentido refletido (*reflected sense*) surge outro
> gênero de afecção voltado para aquelas próprias
> afecções que já foram sentidas e se tornam agora o
> assunto (*subject*) de um novo prazer ou desprazer.[83]

O homem é um ser dotado de uma faculdade que Shaftesbury chama de *afecção reflexiva* (*reflex affection*), ou seja: ele não só possui afecções naturais (como a piedade, a generosidade e a gratidão que demonstra pelos membros de sua espécie e mesmo por de outras), mas também é capaz de ter a consciência dessa posse. Essa capacidade faz com que os homens possam fazer de suas próprias afecções os objetos de seu pensamento e, assim, nas palavras de Shaftesbury, "formar noções gerais das coisas". Tais ideias ou noções e o próprio pensamento que as forma não deixam de ser afecções, embora de um outro nível ou grau: se as outras criaturas apenas sentem a influência da natureza sobre elas, o gênero humano pode *sentir que sente* e ser afetado (*affected*) de uma maneira ativa, isto é: sendo consciente daquilo que o afeta. Graças a essa *afecção reflexiva*, o homem pode ir além de uma fruição mais simples e imediata e encontrar um novo tipo de contentamento, mais adequado à sua natureza racional: o prazer mental.

Para mostrar que os contentamentos mentais são aqueles que melhor condizem com a felicidade e satisfação do gênero humano,

---

83   *Op. cit.*, p. 202.

SHAFTESBURY E A IDEIA DE FORMAÇÃO DE UM CARÁTER MODERNO   51

Shaftesbury nos lembra que os homens estão sempre dispostos a suportar as maiores dores e penas (*pains*) para obter um prazer desse gênero. O mundo está repleto de exemplos que comprovam essa tese e, argumenta o filósofo inglês, até os bárbaros, os ladrões e "os mais execráveis *vilões*"[84] muitas vezes se apressam em desafiar os piores tormentos e mesmo a morte em nome de alguma ideia ou princípio que consideram digno ou honrado. "Foi o mesmo caso", ele nos diz, "com aquele malfeitor que no lugar de cumprir o ofício de executor de seus companheiros, resolveu acompanhá-los em sua execução".[85] Os ditos prazeres sensuais ou corporais frequentemente se subordinam aos mentais, mas o contrário é impossível: quando temos algum contentamento sensual que é contrário a qualquer princípio mental, ele é rapidamente rejeitado e considerado como objeto de "desgosto".[86] Segundo o filósofo inglês, os prazeres mentais têm de ser considerados como sendo "as *próprias afecções naturais nelas mesmas, em sua operação imediata*".[87] Essas satisfações são a constatação do bom funcionamento do que Shaftesbury denomina *mente*: "Uma mente é algo que age sobre um corpo; e não apenas em um corpo, mas em seus sentidos, suas visões, fantasias, imaginações, corrigindo-as, trabalhando-as, modelando-as e construindo a partir delas. Assim é uma mente."[88]

Não existe uma ruptura entre a mente e o corpo. A função da mente é vigiar, guardar, cuidar e dispor (*to mind*) todas as afecções corporais, isto é: tudo o que provém do âmbito sensual. Quando exercem esse controle do corpo, os homens percebem que a sua

---

84 *Op. cit.*, p. 238.

85 *Op. cit.*, p. 208.

86 *Op. cit.*, p. 238.

87 *Idem, Ibidem*, p. 238.

88 *Exercícios*, p. 285.

52   LUÍS FERNANDES DOS SANTOS NASCIMENTO

natureza se efetiva nessa atividade. Mais do que isso: eles se dão conta de que existe uma ligação íntima entre sua mente e seu corpo e que a sua frágil e débil estrutura física depende dos cuidados dessa sua capacidade de análise e reflexão. Assim, é a mente que se preocupará com a saúde e o bom funcionamento corporal. Ao escrever para Michael Ainsworth, um jovem estudante de teologia com quem Shaftesbury se correspondia e a quem dava conselhos, o filósofo não deixa de lembrá-lo que é importante exercitar o corpo e conciliar as horas de estudos com caminhadas e práticas esportivas.[89] Mas também é sempre preciso lembrar que por trás de um corpo humano há uma mente: é ela quem o forma, o modela e o mantém.

Speculative pleasure, contemplative delight e *reflected joy and pleasure* são algumas das expressões que Shaftesbury emprega para designar a atividade mental. Mas esse contentamento será considerado como um deleite ainda maior ou mais grandioso (*highest delight*) quando levado à sociedade e compartilhado com os outros. É no ambiente social que a natureza humana encontra a sua "sólida felicidade".[90] O argumento de Shaftesbury visa mostrar que no limite todas as satisfações humanas tendem para a sociedade, se realizam na vida comum e sempre pressupõem "companheirismo e companhia".[91] Ele ataca veementemente aqueles que denomina *epicuristas vulgares*, homens que acreditam que o bem humano é apenas encontrado na satisfação de prazeres corporais e privados, e que, por isso, buscam a felicidade no exagero dos contentamentos sensuais. Para esses *epicuristas*, diz Filócles, "mesmo as doenças têm sido consideradas válidas

---

89   Carta a Ainsworth de 28 de janeiro de 1709. In: *Several letters written by a noble Lord to a young man at the university, Letter* V. In: Shaftebury Standard Edition II, 4, p. 374-389.

90   *Investigação*, p. 238.

91   *Op. cit.*, p. 241.

SHAFTESBURY E A IDEIA DE FORMAÇÃO DE UM CARÁTER MODERNO   53

e dignas de serem nutridas meramente pelo prazer encontrado ao suavizar o ardor de uma sensação irritante".[92] Eles não são diferentes dos que "por estudadas provocações fazem surgir uma sede e um apetite não naturais e para abrir caminho para uma nova saciedade, preparam *vomitivos* como sobremesa, para mais rapidamente renovar o banquete".[93] O que esses homens consideram como comer e beber bem não é, para Shaftesbury, senão a demonstração de um caráter de luxúria e *debauch*, isto é: de depravação e de devassidão. A procura pela satisfação dos meros prazeres sensoriais e privados leva inevitavelmente a um excesso. A "opulência preguiçosa"[94] e a "abundância devassa"[95] da vida nos palácios e mesmo aquilo que ocorreu na "sede do império"[96] são exemplos do quão desregrada essa busca pode se tornar. Para o autor das *Características*, essa procura se mostrará completamente ineficaz: por mais que se coma ou beba nunca se estará satisfeito e os prazeres sensuais serão sempre insuficientes e insaciáveis diante da felicidade que se pretende encontrar neles. Mesmo os defensores e praticantes dessa postura acabam por admitir a incoerência e o desregramento de seus hábitos. É comum, nos diz Shaftesbury, ver pessoas acostumadas a uma vida suntuosa e a não carecer de nada reconhecerem que desfrutaram dos "deleites e satisfações mais elevados que uma mesa provavelmente pode oferecer" quando por algum motivo (uma viagem ou um dia de esportes, sugere o filósofo inglês)

---

92   *Moralistas*, p. 25. A *Investigação sobre a virtude* apresenta um trecho semelhante a esse quando diz que existem pessoas que longe de se perturbarem com a sensação provocada por uma coceira ou sarna (*itch*), a consideram "altamente aceitável e deleitante" ("highly acceptable and delightful"), ver: *Investigação*, p. 263.

93   *Idem Ibidem*, p. 25.

94   *Investigação*, p. 254.

95   *Op. cit.*, p. 254.

96   *Idem Ibidem*, p. 254. Trata-se de Roma, como deixa claro esse trecho da *Investigação sobre a virtude*.

foram tiradas de sua rotina e experimentam "a doçura de uma dieta comedida (*plain* = simples)".[97] Por outro lado, aqueles que levam uma vida ativa raramente se adaptam a uma eventual mudança que os conduz a uma mesa e a costumes luxuriosos.

A própria estrutura corporal em nome da qual esse *epicurismo vulgar* faz a defesa dos prazeres sensuais não resistirá aos abusos e aos exageros nos quais ele a submete. Shaftesbury vê nessa postura um crescente ócio e letargia: o grande problema dessa concepção de luxúria como fonte de felicidade é que ela negligencia a parte ativa do homem. Quando privada de ação e de seus movimentos, a mente (tal como ocorre com o corpo) enlanguesce e se torna doentia. É então preciso exercitá-la:

> Se reconhecerá que uma criatura tal como o homem, que por vários graus de reflexão foi elevada àquela capacidade que chamamos de razão ou de entendimento, tem de ser forçada a receber outra vez em sua mente, pelo próprio uso de sua faculdade raciocinante (*reasoning*), as reflexões do que se passa nela mesma (na mente), tanto quanto nas afecções ou vontade; em resumo, [as reflexões] do que quer que se relacione ao seu caráter, conduta ou comportamento entre os seus companheiros e em sociedade. Ou se ele é incapaz [disso] por si mesmo, há sempre outros para lembrá-lo e refrescar sua memória nesse modo (*way*) da crítica.[98]

O exercício mental é a própria atividade de raciocinar ou de refletir: analisando suas afecções, reconsiderando suas paixões

---

97   *Op. cit.*, p. 261.

98   *Op. cit.*, p. 246.

e criticando o seu próprio funcionamento, a mente se constitui e se desenvolve. Esse desenvolvimento mental, como nos disse Shaftesbury no trecho acima, não se limita ao estreito âmbito interno ou privado, mas se faz no espaço público da sociedade. "A mente", escreve o autor da *Investigação sobre a virtude*, "que é espectadora ou auditora de *outras mentes*, não pode existir sem os seus olhos e ouvidos a fim de discernir proporções, sons distintos e perscrutar cada sentimento ou pensamento que surja diante dela".[99] Nada pode escapar ao exame atento da mente: uma ideia pode ser tão irregular e desagradável quanto a visão de um corpo disforme; analisá-las e tentar ajustá-las, buscando a melhor proporção é a grande atividade e o maior dos prazeres para uma "criatura reflexionante ou raciocinante".[100] Compartilhar esses contentamentos mentais com os demais homens não é senão uma exigência do próprio movimento de autoconstituição do ser racional: o aperfeiçoamento da reflexão depende do diálogo e da crítica dos outros. Assim, para Shaftesbury não se trata apenas de afirmar que o homem tende a satisfazer seus prazeres mentais na sociedade, mas que eles nascem e se efetivam nela. A comunidade humana é, desde sempre, racional, e o vínculo entre os homens é algo proveniente da reflexão. Tentemos entender melhor essa questão a partir de uma passagem que Shaftesbury nos apresenta em sua *Investigação sobre a virtude*:

> As cortesãs e mesmo as mais comuns das mulheres que vivem da prostituição sabem muito bem o quanto é necessário que aquele que entretêm com sua beleza deva acreditar que existem

---

99 *Op. cit.*, p. 203.

100 *Op. cit.*, p. 247.

> satisfações recíprocas e que os prazeres são me-
> nos *dados* que *recebidos*.[101]

Em princípio, nenhum exemplo pode ser mais apropriado para ilustrar a ideia de um prazer sensual do que o de alguém que procura os serviços de uma cortesã. Mas ao examinar atentamente o caso, veremos que o que esse homem realmente buscava era algo como um reconhecimento, uma aprovação de sua amiga: ele ansiava por compartilhar uma ideia. Da mesma maneira, amor, amizade, afeição, ódio, piedade e tantos outros sentimentos que podemos demonstrar para com os nossos próximos não passam de noções, frutos de uma mente. Tudo o que no animal é vivenciado de maneira direta e imediata, no homem é refletido. Dizer que a natureza humana é racional é afirmar que todas as relações que os homens estabelecem também o são, ou seja: bem ou mal o gênero humano sempre se orienta por alguma noção ou "ideia geral das coisas". Todas as ações humanas, mesmo as mais execráveis, têm uma origem mental, e, por esse motivo, podem ser consideradas como virtuosas ou viciosas; como morais ou imorais:

> Assim, se uma criatura é generosa, cortês, cons-
> tante (*constant* = fiel), compassiva e, no entanto,
> não pode refletir sobre o que ela faz ou vê outros
> fazendo, a fim de notar o que é *digno* ou *honesto*
> e formar essa noção (*notice* = observação) ou con-
> cepção do que é *honesto* e *digno* de ser o objeto
> de sua afecção, ela não tem o caráter *virtuoso*. Pois
> assim, e não de outra maneira, ela é capaz de ter
> *um senso do certo ou errado*, um sentimento ou

---

101 *Op. cit.*, p. 251.

juízo do que é feito pela afecção justa, regular e boa, ou o contrário.[102]

A virtude é aqui definida como um "senso do certo ou do errado": ela já pressupõe a atividade mental e alguma noção ou consciência do que é agir corretamente. De acordo com Shaftesbury, a grande dificuldade para aqueles que visam empreender uma investigação acerca da virtude é entender que ela não se limita à prescrição e ao cumprimento das normas de conduta. Apenas seguir "as regras de virtude já conhecidas"[103] não nos torna virtuosos: é ainda preciso que compreendamos como e a partir do que uma ação é dita boa e outra má.

A boa investigação sobre a virtude passa necessariamente pela consciência de que não podemos encontrar para ela uma definição absoluta ou definitiva. Virtude e vício, escreve o filósofo inglês, "se encontram misturados de maneiras variadas e alternadamente prevalentes em vários caracteres humanos".[104] Ninguém é completamente bom ou mau: até um malfeitor, como vimos, pode demonstrar uma faceta virtuosa e preferir morrer ao lado dos seus companheiros de bando do que aceitar fazer o papel de executor de seus amigos; mesmo aqueles homens tidos como os mais afáveis e dóceis também estão sujeitos a cometer alguma maldade.

O gênero humano, diz-nos Shaftesbury, pode ser comparado aos instrumentos musicais que frequentemente necessitam de uma afinação (*tuning*). Ao contrário dos outros seres, que têm "uma exata proporcionalidade, constância e regularidade em suas paixões e

---

102 *Op. cit.*, p. 204.

103 *Op. cit.*, p. 207.

104 *Idem, Ibidem*, p. 207.

afecções",[105] os homens são caracterizados por um "sentido mais vivo",[106] que os torna "mais facilmente afetados (*afected*) pela dor ou prazer".[107] Elevadas (*raise*) à condição de *reflex affections* (esse "sentido mais vivo"), as paixões humanas podem gerar um distúrbio ou um destempero (*distemper*) distinto de tudo o que ocorre no restante do mundo natural. Graças à ausência de reflexão, os animais têm um desenvolvimento de suas paixões que é equivalente ao seu temperamento.[108] Seus apetites são satisfeitos e o seu humor jamais é perturbado a ponto de causar uma mudança em seu comportamento padrão. Por essa razão, o animal é *bom*: ele está sempre de acordo com a sua natureza. Se no animal a bondade é dada natural e simplesmente, no homem ela terá de ser buscada e aprimorada. "O que é o mérito sem a privação (*hardship* = dificuldade)? O que é a *virtude* sem um combate e o embate de tais inimigos que surgem tanto do interior quanto do exterior?",[109] pergunta Teócles. Os melhores homens, diz Shaftesbury, não são aqueles que nunca experimentaram as alternâncias de humor e temperamento, mas justamente os que conseguiram administrá-las bem e que encontraram um equilíbrio (*ballance*) para as suas afecções. A virtude pressupõe esforço e várias penas (*pains*), e "sua força é ainda superior"[110] quando enfrenta grandes dificuldades.

Uma vez que o homem é sempre sujeito a destemperos e variações, não há como colocar um ponto final ao embate e à busca

---

105 *Op. cit.*, p. 236.

106 *Op. cit.* p. 235.

107 *Idem, Ibidem*, p. 235.

108 É o que se afirma em *Investigação*, p. 253: "seu temperamento e paixões [dos animais]", nos diz Shaftesbury, "têm o mesmo desenvolvimento".

109 *Moralistas*, p. 47.

110 *Op. cit.*, p. 48.

SHAFTESBURY E A IDEIA DE FORMAÇÃO DE UM CARÁTER MODERNO   59

pelo equilíbrio que marcam a virtude. É o próprio exercício racional que se realiza nessa via ou caminho (*way*) virtuoso. Desse ponto de vista, a virtude não é senão o processo de autocorreção pela qual a mente se constitui e que tanto dá prazer aos homens. É inconcebível, nos diz o filósofo inglês, que aquele que tem as noções de justiça, generosidade, gratidão ou outra virtude não experimente "um *prazer* por elas e um *desprazer* pelos seus contrários".[111] A virtude é o "ornamento das ocupações humanas",[112] é ela que "sustenta comunidades, mantém a união, a amizade e a correspondência entre os homens".[113] O caráter virtuoso está então relacionado com a própria noção de acordo ou vínculo entre os homens, uma ideia que é expressa pelo termo *senso comum*. Como nos diz Shaftesbury, por *senso comum* ele entende "o *amor* pelo *gênero humano*" (the *Love* of *Mankind*):[114] a ideia de um *bem público* ou *interesse comum* que une os homens. Não há, acrescenta o autor do *Sensus Communis*, "amor real pela virtude, sem o conhecimento do *bem público*".[115] Ser virtuoso é então desenvolver e tornar cada vez mais evidente algo que é natural e prazeroso aos homens: o amor e a amizade que temos pelos outros membros de nosso gênero. Embora intimamente relacionados, os termos *senso comum* e *virtude* parecem marcar dois momentos ou nuanças de um mesmo processo: o primeiro mostra a incontestável presença de um vínculo originário entre os homens; o segundo pressupõe o conhecimento ou a consciência desse acordo e os questionamentos acerca de sua manutenção e aprimoramento.

---

111 *Investigação*, p. 210.

112 *Op. cit.*, p. 273.

113 *Op. cit.*, p. 274.

114 *Sensus communis*, p. 68.

115 *Op. cit.*, p. 60.

Por mais que haja na sociedade diferentes opiniões acerca dos mais diversos temas, os homens continuam a se comunicar e a desenvolver o que Shaftesbury chama de *comércio*: a própria partilha que caracteriza a vida em comunidade. O desacordo só faz endossar e fomentar a ideia de que existe um vínculo natural e originário entre os membros do gênero humano.[116] O livre debate acerca dos assuntos pertinentes à ordem e à administração da comunidade humana é o melhor meio de compreendê-la e desenvolvê-la. Em *Sensus Communis*, quando fala da política britânica, Shaftesbury faz a seguinte observação: "Nosso conhecimento em progresso nos mostra todos os dias, mais e mais, o que é o senso comum em política, e isso nos leva necessariamente a entender um semelhante *senso* em moral, que é o fundamento [da política]".[117] Assim, o desenvolvimento dos temas relacionados à vida comunitária conduz a algo ainda mais importante: a noção de um senso moral.

Como mostra Isabel Rivers, a expressão *senso moral*, "tomada e popularizada por Hutcheson",[118] é raramente empregada por Shaftesbury, tendo seis ocorrências nos títulos marginais do Livro I da *Investigação sobre a virtude* e apenas uma no corpo do texto. É também interessante notar, como o faz Rivers, que o termo (*senso moral*) não aparece na primeira versão da *Investigação*, de 1699. "Shaftesbury", escreve Laurent Jaffro, "não vincula nenhuma importância particular à denominação 'senso moral' e a utiliza sim-

---

116 A esse respeito, comenta Laurent Jaffro: "Se o senso comum exprime a presunção de um acordo, é na experiência do desacordo que ele se descobre, pois todo desacordo, na medida em que é expresso e comunicado, supõe um acordo mínimo." (JAFFRO, L. Éthique de *la communication et art d'écrire – Shaftesbury et les Lumières anglaise*, p. 105).

117 *Sensus communis*, p. 61.

118 RIVERS, I. *Reason, grace and sentiment. A study of the language of religion and ethics in England*, 1660–1780. Cambridge: CUP, 2000, p. 124, vol. 2.

SHAFTESBURY E A IDEIA DE FORMAÇÃO DE UM CARÁTER MODERNO 61

plesmente para variar as fórmulas com as quais designa isso que ele chama mais constantemente de *sense of right or wrong*.[119] Ora, "senso do certo ou do errado" é, como vimos, o modo como o autor da *Investigação* define a virtude. Haveria então alguma diferença entre o que Shaftesbury chama de *virtude* e aquilo que designa a expressão *senso moral*? Para compreender a relação entre as noções de comunidade humana, moral e caráter virtuoso, é preciso entender o que Shaftesbury quer dizer com *senso (sense)*, termo presente em *senso moral* (cuja definição é similar à de virtude[120]) e em *senso comum* (que, como vimos, está vinculado à moral e à vida social).

A ideia contida na maneira com a qual o autor das *Características* emprega o inglês *sense* é, segundo o mesmo Jaffro, a mesma da do grego *prolepse*, ou seja: uma antevisão, antecipação ou prenoção. O senso moral e o comum, ele acrescenta, não são senão duas formas da mesma "prenoção":[121] formulações ou facetas de uma única natureza humana. "Nós", escreve Shaftesbury, "não podemos resistir à nossa *antecipação* natural":[122] a vida comum e o desenvolvimento moral da sociedade já estão presentes em nossa natureza como uma prenoção. Para que possamos dizer que algo é correto (e, consequentemente, tomar o seu oposto como errado), é necessário que

---

119 JAFFRO, L. *La formation de la doctrine du sens moral: Burnet, Shaftesbury, Hutcheson.* In: *Sens moral: une histoire de la philosophie morale de Locke à Kant*, p. 23-24.

120 A definição de *senso moral* apresentada na *Investigação sobre a virtude* é a seguinte: "De modo que se há algum outro significado nesse *senso* de certo e errado, se, na verdade, há algum senso do tipo que uma criatura absolutamente perversa não possui, tem de consistir em uma verdadeira (*real*) antipatia ou aversão em relação à *injustiça* ou ao *erro*, e em uma afecção verdadeira (*a real affection*) ou amor pela *equidade* e pelo *correto*, pelo bem dela mesma e em relação (*on the account*) à sua própria *beleza* e *dignidade* naturais." (*Investigação*, p. 209).

121 Ver: JAFFRO, L. *La question du sens moral et le lexique stoïcien.* In: *Shaftesbury – philosophie et politesse*, p. 74-75.

122 *Miscelâneas*, p. 231.

tenhamos anteriormente alguma ideia do que é o certo. Para o autor da *Investigação sobre a virtude*, é preciso admitir que por mais vaga que seja a nossa noção do que é correto, ela já existe em nós desde o momento em que somos capazes de nos perguntar por ela. E, assim, interrogar-se acerca do que é um bem ou um mal pressupõe algum conhecimento sobre eles, ao menos o suficiente para colocá-los em questão. Eis a razão pela qual o estudo da virtude, da moral e da comunidade humanas tem de ir além da mera observação das regras vigentes e analisar aquilo que as possibilita e as gera, é preciso então perguntar: Como e onde nascem as noções de bem, de mérito, de correto, de digno etc.? Se elas nos são naturais, como entender essa natureza?

Quando Filócles pergunta se é possível considerar o estado natural do gênero humano como diverso ou anterior à vida comum e à sociedade, Téocles lhe responde com uma questão: O que é um homem fora da sociedade?[123] O inseto que em seu casulo se prepara para nascer, diz ele, já é mais uma borboleta do que essa "criatura imaginária",[124] distante de todo o convívio social, é um homem? Em uma clara alusão à filosofia de Thomas Hobbes, Teócles julga que dizer que o *homem é o lobo do homem* "parece um tanto absurdo quando se considera que os *lobos* são para os *lobos* criaturas gentis e amáveis".[125] Mas se alguém, supõe ele, lhe dissesse que o verdadeiro sentido dessa célebre frase era o de mostrar que o homem é para o seu semelhante aquilo que o lobo é para uma criatura mais dócil, como uma ovelha, ainda assim essa sentença lhe pareceria contraditória, pois para aceitá-la seria necessário admitir que existe uma parte do gênero humano que é frágil e indefesa e uma

---

123 *Moralistas*, p. 64-65.

124 *Idem Ibidem*, p. 65.

125 *Op. cit.*, p. 67.

SHAFTESBURY E A IDEIA DE FORMAÇÃO DE UM CARÁTER MODERNO 63

outra que é vil e predadora, e, portanto, nem todos os homens são *lobos*: e, desse modo, a sentença nos levaria ao justo oposto do que ela tentava afirmar. Por fim, conclui Teócles, essa frase e a ideia que ela busca ilustrar (segundo a qual o estado de guerra e contrário à sociedade seria o natural para os homens) se mostram ineficazes em sua pretensão de caracterizar a natureza humana. De acordo com Shaftesbury, Hobbes foi um homem marcado pelo amargor e pelo medo que a situação política de sua época lhe causou. "O pavor que tomou", escreve o autor de *Sensus Communis*, "diante da visão do então poder governante" provocou em Hobbes uma "aversão a todo governo popular e a toda noção de liberdade em si mesma".[126] Porém, não obstante o seu medo, o "bom e sociável homem"[127] ainda se mostra alguém que ama e se preocupa com a humanidade. Shaftesbury não deixará de lembrar que Hobbes se expôs por toda a sua vida e sofreu as maiores penas para criticar e denunciar aquilo que julgava errado no gênero humano. Se ele realmente acreditasse que os homens fossem seres cujos interesses naturais são opostos àqueles que reinam na sociedade, ele ainda se dirigiria a eles? Alguém que de fato crê que o gênero humano não passa de uma grande matilha ainda escreveria para ele? A própria possibilidade de Hobbes se endereçar a um público, de ser lido e compreendido, já é uma prova suficiente contra a sua tese: há sempre um senso comum entre os homens e de modo mais ou menos eficaz eles sempre estão exercendo a sociabilidade que lhes é natural.

Para Shaftesbury não se trata simplesmente de atacar a filosofia de Hobbes, mas, antes, de entendê-la e usá-la como meio de fortalecer o seu próprio argumento. Ele chega mesmo a apresentar uma

---

126 *Sensus communis*, p. 51.

127 *Op. cit.*, p. 52.

desculpa ou uma defesa (*apology*) de homens que como Hobbes supuseram que a natureza humana era selvagem e avessa à vida em comunidade. Esses homens não podem ser considerados como hipócritas, pois mesmo no momento em que sua desilusão e ressentimento em face de seu gênero os tomaram por completo, eles não deixaram de manifestar o seu grande amor pela humanidade:

> Se têm duros pensamentos sobre a natureza humana, é ainda uma prova de sua humanidade que deem tal aviso ao mundo. Se representam os homens pela natureza *selvagem* e *traiçoeira*, é por preocupação com a humanidade, temendo que se fossem muito *inofensivos* e *confiantes* pudessem ser facilmente capturados.[128]

A maneira com que Shaftesbury vê Hobbes e os outros promotores de um estado de natureza oposto e anterior ao civil, não é distinta daquela com a qual ele nos apresenta Palemon no início de *Os moralistas*. Como vimos, o amigo de Filócles era capaz de admirar e admitir a beleza de toda a natureza, menos a daquela parte do mundo natural ocupada pelo gênero humano. Essa postura que Filócles não tardou em definir como melancólica escondia um amor e um verdadeiro interesse pelo homem: era o gênero humano o que mais inquietava Palemon; aí estava a questão e o tema que orientava todas as suas preocupações e pesquisas. Quanto mais Palemon se dizia avesso aos homens, mais ele demonstrava o seu encanto e o seu vínculo com eles: mesmo em seu lamento ainda era a sua humanidade, o seu caráter humano, que lamentava.

O exemplo de Palemon e a leitura que Shaftesbury faz de Hobbes nos mostra que para o autor das *Características* não há

---

128 *Op. cit.*, p. 53-54.

SHAFTESBURY E A IDEIA DE FORMAÇÃO DE UM CARÁTER MODERNO 65

como escaparmos de nossa natureza social e mesmo quando tentamos negá-la, ainda a corroboramos. Como nos diz Isabel Rivers, para explicar o que entende por essa natureza, Shaftesbury emprega várias expressões e conceitos: com termos como "ideias inatas, naturais ou conaturais, instinto, senso comum, consciência moral, senso do certo e errado, senso moral, pré-conceito, antecipação, pré-sensação ou sensação, imaginação, sabor e gosto",[129] ele designa uma ideia geral de escolha moral e ordem para a vida comum. Por que tantas maneiras para dizer uma só coisa? Essa flexibilidade terminológica presente na obra do filósofo inglês seria explicada, supõe Rivers, em primeiro lugar, pela aversão que Shaftesbury nutria pela linguagem das escolas e sua maneira dogmática de escrever (que sempre busca definições bem precisas para os termos que emprega), e, por outro, pela própria dificuldade que ele teria encontrado para definir esse conceito. A partir dessas hipóteses que foram propostas por Rivers, seria plausível supor uma outra e ver nessas diversas formulações uma simples expressão das múltiplas facetas, níveis ou modulações com as quais a natureza humana se apresenta. Nesse sentido, recorrer a vários termos não seria signo de uma insuficiência ou índice de um problema teórico, mas a tentativa de exibir no próprio nível da letra e do discurso a variabilidade do conteúdo em questão.

Mas o discurso shaftesburiano vai além da mera exposição do que é múltiplo e inconstante no homem, ele também é capaz de mostrar que existe nele uma união: não obstante a variedade com a qual a natureza do gênero humano se mostra, por mais que haja muitos aspectos considerados e diversos termos empregados, ela sempre guarda a sua característica e o leitor é capaz de reconhecer que por trás de tantas palavras e expressões está o mesmo

---

129 RIVERS, I. *Reason, grace and sentiment*, p. 124, vol. 2.

sentido (*sense*). Em todas as atividades e manifestações humanas, em todas as artes e ciências, não vemos senão a derivação de um único e mesmo princípio: a proporção e as cifras que deleitam o matemático, como nos mostra um exemplo dado na *Investigação sobre a virtude*,[130] não é distinta da simetria que buscam o músico, o pintor, o arquiteto e o poeta. As "*espécies de justeza, de nobreza e de elegância*", escreve o autor de *Sensus communis*, "se mostrarão em mil ocasiões e em mil temas".[131] Também a política, como arte de manter e gerir a sociedade, deriva dessa mesma harmonia. O bom governante não anseia por outra coisa senão pela ordem e pela simetria, e a própria virtude pode ser definida como um "amor pela ordem e beleza em sociedade":[132] uma harmonia e proporção na conduta e nas ações.

Todas essas proporções têm a sua fonte na "mais feliz e elevada simetria e ordem de uma mente":[133] é no interior do domínio mental que encontramos o germe de tudo o que pode ser dito humano. Embora naturais, não obstante o fato de nos indicarem ou nos orientarem um caminho a seguir, nossas ideias ou prenoções exigem que as aprimoremos. A virtude, o amor, a sociedade, a justiça e tantas outras noções que são comuns aos homens, têm de ser aprimoradas. Em sua condição mais originária, uma noção não passa da possibilidade ou precondição de sua própria efetividade. Não existem *ideias inatas* se por essa expressão entendemos a aquisição de algo já pronto e que exclui todo exercício ou cultivo que a aprimora. Essa concepção de natureza humana, que comporta o

---

130 *Investigações*, p. 240.

131 *Sensus communis*, p. 76.

132 *Investigação*, p. 225. Nesse mesmo trecho, Shaftesbury diz que "a admiração e o amor pela ordem, harmonia e proporção de qualquer gênero são naturalmente proveitosos ao temperamento, vantajosos à afecção natural e de grande ajuda para a *virtude*".

133 *Sensus communis*, p. 76.

SHAFTESBURY E A IDEIA DE FORMAÇÃO DE UM CARÁTER MODERNO 67

desenvolvimento e a prática do que é natural, não foi ignorada por James Harris.[134] O sobrinho e discípulo de Shaftesbury expressa essa questão da seguinte maneira: "A natureza parece tratar o homem como o pintor faz com o seu discípulo, a quem ele confia os contornos de uma figura ligeiramente esboçada, que o estudante (*scholar*) por si mesmo deverá colorir e completar."[135]

Isso que é "ligeiramente esboçado" é o que Harris, a exemplo de Shaftesbury, denomina preconcepção ou prenoção e acrescenta: "As *preconcepções* aqui mencionadas foram chamadas pelos *latinos* de *praenotiones* ou de *anticipationes*; pelos *gregos* de τρολη΄ψεισ

---

134 James Harris (1701-1780) escreveu e publicou tratados e poemas de caráter filosófico que atestam uma evidente influência do pensamento e do estilo de seu tio: Shafterbury. Em 1744, Harris publica os seus *Três tratados* (*Three treatise*): 1) *Tratado sobre a arte* (*Treatise concernig art*); 2) *Tratado sobre a música, pintura e poesia* (*Treatise concerning music, painting and poetry*); 3) *Tratado sobre a felicidade* (*Treatrise concernig happiness*). O primeiro desses tratados foi dedicado e endereçado ao seu primo (filho do autor das *Características* e então quarto conde de Shaftesbury). Como mostra Clive T. Probyn, Harris escreveu um poema chamado *Concord* que "foi tido como a melhor versão poética da teoria estética de Shaftesbury" (PROBYN, C. T. *The sociable humanist – the life and works of James Harris*, p. 4). Harris também escreveu uma *Ode ao senso comum* (*Ode to Common Sense* – 1734), reproduzida nas páginas 338 e 339 do livro de Clive T. Probyn. Sua concepção de natureza e de sistema é muito similar à de Shaftesbury, como mostra o seguinte trecho de suas *Investigações filológicas* (*Philological inquiries*): "Em cada *todo*, seja ele natural ou artificial, *as partes constituintes* não merecem nossa consideração senão pela *simplicidade (facility) de sua coincidência*. Se vemos uma paisagem, quão agradável é a harmonia entre vales e florestas, entre rios e relvas? Se selecionamos desta paisagem uma árvore, o tronco corresponde bem aos seus galhos e o todo de sua forma à sua bela folhagem? Se tomamos um animal, por exemplo, um belo cavalo, que *união* em sua cor, em sua figura e em seus movimentos? Se [tomamos] alguém da raça humana, o que é *mais agradável e conveniente* do que quando *virtude* e gênio parecem animar *uma graciosa figura*?" (*Philological inquiries*, Parte II, cap. IV. In: *The works of Jamis Harris*, vol. 2, p. 343).

135 HARRIS, J. *Treatise concerning happiness*. In: *The works of Jamis Harris*, vol. 1. Bristol: Thoemmes Press, 2003, p. 63.

ou 'ς Εννοια".[136] A ideia apresentada por Harris é a mesma da do autor das *Características*: cabe ao homem ser um *scholar*, um "estudante da natureza".[137] Ser racional é empreender esse estudo e buscar a compreensão do que nos é característico a partir do que a natureza mesma nos indica, ou seja: estar sempre atento a essas prenoções ou orientações (*senses*) das quais somos naturalmente conscientes. É preciso, diz Teócles, seguir os passos e as pistas deixados pela natureza e procurar percorrer as vias disso que, a princípio, parecerá um labirinto, ou seja: é necessário empreender uma verdadeira investigação. O exemplo do pintor que nos foi dado por Harris é bastante ilustrativo, sobretudo quando percebemos que toda a questão pode ser pensada a partir da palavra *design*, que em Shaftesbury porta a dualidade que o termo em inglês permite: *to design* é ao mesmo tempo *desenhar* e *designar* – sempre pressupõe um projeto, uma intenção e a composição de um todo.[138] É como um *design* que a natureza tem de ser estudada, é com admiração que o aluno contempla o belo quadro de sua mestra:

> Munificente e grandiosa, ela [a natureza] se comunica (*impart*) a mais [coisas] e torna infinitos os temas de seus limites. Nada para a sua mão diligente. Nenhum tempo, nenhuma substância são perdidos ou deixam de ser desenvolvidos. Surgem novas formas e quando as velhas se dissolvem, a matéria da qual elas eram compostas não é inutilizada, mas trabalhada com igual arte e manejo

---

136 HARRIS, J. *Treatise concerning happiness*, nota IV à página 67. In: *The works of Jamis Harris*, vol. I.

137 *Moralistas*, p. 101.

138 A esse respeito ver: PIMENTA, P. P. G. *A linguagem das formas*.

SHAFTESBURY E A IDEIA DE FORMAÇÃO DE UM CARÁTER MODERNO   69

mesmo na *corrupção*, quando a natureza parece
perdida e abominavelmente desprezível.[139]

Reconhecer que existe no universo um arranjo e uma mão que
forma o seu *design* é uma exclusividade do homem. A dignidade
humana e aquilo que é próprio a esse gênero, diz Teócles se dirigindo à natureza com o informal *tu* (*thou*), está em "te conhecer e te
contemplar".[140] A simpatia, as afecções, os sistemas e o movimento
de sistematização, a dissolução das velhas formas e o surgimento
das novas: o gênero humano desvenda a arte pela qual o mundo
natural se efetiva:

> Desde que o **homem** foi assim constituído, por
> sua parte racional, para ser consciente de sua rela-
> ção mais imediata com o sistema universal e com
> o princípio de ordem e inteligência, ele não é
> apenas sociável *por natureza*, no interior dos limi-
> tes de sua própria espécie ou gênero, mas de uma
> maneira ainda mais generosa e extensiva. Ele não
> apenas *nasceu para* a **virtude**, *amizade, honesti-
> dade* e *fé*, mas para a **religião**, *piedade, adoração*,
> e para uma *generosa entrega* de sua mente ao que
> quer que provenha dessa **causa** *suprema* ou **or-
> dem** das coisas, que ele reconhece como inteira-
> mente *justa* e *perfeita*.[141]

O homem não é um ser como os outros, sua capacidade de refletir e raciocinar lhe dá a possibilidade de estender sua generosidade

---

139 *Moralistas*, p. 89.

140 *Op. cit.*, p. 79.

141 *Miscelâneas*, p. 236.

(*kindness*) para além dos limites do seu próprio gênero: sua natureza o torna capaz de compreender as relações que os membros dos outros gêneros estabelecem entre si. Só um homem tem consciência do sistema que formam a aranha e a mosca, apenas ele compreende a harmonia e a proporção do movimento dos planetas: somente ao gênero humano é dada a capacidade de entender e contemplar a "comunidade cósmica". A natureza humana é essencialmente contemplativa, mas isso não a torna passiva frente ao que ela observa. Contemplar é o mesmo que entender: reconhecer que há no mundo natural uma ordem ou união, sem a qual ele seria um caos e jamais um universo, é a maneira humana e racional de participar da natureza. Como parte integrante do mundo, o gênero humano é o momento ou o lugar em que o próprio universo se vê como tal: o ponto no qual ele reflete sobre si mesmo e entende o seu próprio funcionamento: "E essa é a afecção natural *de uma criatura racional*, capaz de conhecer a natureza e considerar o bem e o interesse do todo",[142] escreve Shaftesbury nos seus *Exercícios*. Nesse sentido, o gênero humano é a consciência do mundo e "seguir a natureza", como Teócles dizia ser necessário ao homem, é refazer ou refletir sobre os traços que ela nos deixa e, a partir daí, projetar as futuras linhas desse *design* ou sistema universal. Um quadro mais amplo e alargado se apresenta aos olhos do homem: uma cena ou arquitetura moral pode ser agora vislumbrada. Existe no universo um *sense*, o sinal de um caminho (*way*) a percorrer. Seguindo e investigando a natureza, o gênero humano mantém um curso virtuoso.

Resta-nos agora saber em que sentido esse estudo do que é natural culmina em religião. Como entender o que nos disse Shaftesbury no trecho acima citado: o que significa dizer que a humanidade não nasceu apenas para a virtude, mas para a religião,

---

142 *Exercícios*, p. 14.

SHAFTESBURY E A IDEIA DE FORMAÇÃO DE UM CARÁTER MODERNO   71

para a piedade e para a adoração? Por fim, qual é o vínculo entre religião e natureza humana?

O amigo entusiasmado

Em 1708, quando publica pela primeira vez e anonimamente a *Carta sobre o entusiasmo*,[143] Shaftesbury sabe muito bem que o tema de sua obra era polêmico. A chegada de alguns profetas franceses exilados à Londres de 1706 havia posto a questão do entusiasmo na ordem do dia.[144] Como tratar esses fanáticos que se julgavam portadores da palavra divina e espalhavam terror e admiração com suas declarações e profecias? A Inglaterra, que mantinha uma postura liberal frente às práticas religiosas e que desde a assinatura do *ato de tolerância* (1689) "pensava ter resolvido o problema político do entusiasmo e do fanatismo",[145] é agora obrigada a rever suas posições. Será necessário proibir e perseguir esses entusiastas que ameaçam a ordem pública, ou isso representa um retrocesso, uma volta ao espírito persecutório do reinado de Maria Stuart, do qual os protestantes do início do século XVIII desejam se afastar? Como comenta Claire Crignon-de Oliveira, diante da possibilidade da interdição das atividades desses profetas, o povo inglês é levado ao seguinte problema: proibir e punir os ritos dos entusiastas significaria se igualar à postura daqueles que os baniram de seu país natal – os

---

143 Três anos após a sua primeira publicação, a *Carta sobre o entusiasmo* aparece como o *Primeiro tratado* das *Características* (1711).

144 Jean Cavalier de Sauve, Elie Marion e Durand Fage são os profetas *camisards* que chegam a Londres em 1706. Como nos mostra Laurent Jaffro, eles foram primeiramente recebidos "como os heróis da luta contra os papistas e como vítimas de um despotismo que, para um inglês, é sempre francês antes de ser oriental." (*Ethique de la communication et art d'écrire*, p. 42).

145 CRIGNON-DE OLIVEIRA, C. *Introduction*. In: *Lettre sur l'enthousiasme*, p. 48.

papistas, inimigos da Reforma e da Igreja Anglicana?[146] A questão se torna um assunto eminentemente político e, acrescenta Crignon-de Oliveira, tomar uma posição frente a ela não era muito diferente de escolher uma daquelas defendidas por um dos dois partidos da época: o *whig* (defensor do livre pensamento) e o *tory* (o partido conservador). O debate é aberto, vários textos e panfletos são escritos enquanto os entusiastas preveem a destruição futura de Londres e a ressurreição de um morto recém-falecido.[147] É em meio a essa discussão que Shaftesbury escreve a sua *Carta*. Não é apenas a escolha do tema do entusiasmo que a torna um texto político, mas também a do seu destinatário. Embora não revele o nome do amigo para quem ele se dirige, o autor deixa bem claro que se trata de um parlamentar, um "homem realmente importante" (a real great man).[148] Sabemos que esse amigo é Lord Somers,[149] ilustre membro do partido *whig*, ao qual Shaftesbury também era filiado. Quando envia uma cópia da primeira edição de sua *Carta* a Somers, o filósofo inglês anexa um pequeno bilhete onde explica a razão pela qual preferiu não somente omitir a

---

146 "A presença dos entusiastas põe também um problema particular para o campo reformado. Com efeito, os ingleses têm na memória a lembrança das perseguições praticadas contra os protestantes durante o reinado de Maria Stuart: como recomendar a repressão contra esses camisards, eles mesmo vítimas da tirania papista, sem se arriscar a ser acusado da mesma intolerância dos católicos?" (CRIGNON-DE OLIVEIRA, C. *Introduction*. In: *Lettre sur l'enthousiasme*, p. 50).

147 Élie Marion teria previsto a destruição de Londres e John Lacy profetizado a ressurreição de Thomas Emes, um membro do grupo dos profetas que havia morrido há pouco. Ver: CRIGNON-DE OLIVEIRA, C. *Introduction*. In: *Lettre sur l'enthousiasme*, p. 96, nota 3.

148 *Miscelâneas*, p. 138.

149 John Somers, primeiro Barão Somers (1651-1716). Nomeado *Lord Chancellor* em 1697, sob o reinado de William III. Foi presidente da *Royal Society*, tendo como sucessor Isaac Newton. Em 1706, foi um dos articuladores da união com a Escócia.

SHAFTESBURY E A IDEIA DE FORMAÇÃO DE UM CARÁTER MODERNO   73

identidade do seu companheiro de partido, mas também a sua. "A única questão", escreve Shaftesbury, "é se algo que ele (o autor da *Carta sobre o entusiasmo*) é capaz de escrever pode ser julgado válido para ser oferecido à vossa senhoria. Estivesse convencido disso, ele poderia ir além e adicionaria o seu próprio nome e o de vossa senhoria".[150] O tema e o modo como a obra o aborda parecem ser por demais comprometedores e mesmo perigosos para que o autor ouse revelar nomes. Porém, a continuação do trecho que citamos acima nos mostra que antes mesmo de ser publicada, a *Carta sobre o entusiasmo* já havia circulado pelas mãos de um grupo de amigos (*in a certain club*, diz Shaftesbury) e a partir daí ganhara o mundo (*elsewhere in the world*), sendo comunicada a outras pessoas que conheciam o seu autor e poderiam adivinhar a identidade daquele para quem ele escrevia. O anonimato da *Carta* é, assim, relativo e podemos pressupor que ao menos uma parte da cena política da época, sobretudo aquela que era mais próxima de Lord Somers, já tinha alguma ideia de quem era o seu autor, embora sempre restasse alguma dúvida acerca de seu verdadeiro nome.

Não obstante o fato de ser impossível desvincular a *Carta sobre o entusiasmo* do período no qual ela foi escrita, se muitas das questões por ela apresentadas podem encontrar uma possível resposta em sua época (por exemplo, podemos pensar que o anonimato de seu autor visa certa liberdade para comentar um assunto que era então polêmico), isso não significa dizer que ela é restrita à análise de um problema circunstancial. Shaftesbury não se limita a narrar ou a atacar um evento datado e momentâneo: o comportamento de alguns fanáticos religiosos recém-chegados à cidade de Londres no início do século XVIII. Como lembram

---

150 Shaftesbury. *The life, unpublished letters and philosophical regimen of Anthony, Earl of Shaftesbury*. Editado por B. Rand. Londres/Sonnenschein/Nova York: Macmillian, 1900, p. 386–387.

Claire Crignon-de Oliveira e Laurent Jaffro,[151] a grande originalidade da *Carta*, aquilo que a distingue de todos os panfletos e textos que foram escritos na época sobre o mesmo tema, é que ela se utiliza de um acontecimento específico para se perguntar por algo maior, a saber: existe alguma relação entre o fanatismo presente nesses homens que se dizem profetas e a natureza humana? Como é possível entender que um homem manifeste tal comportamento? Admitido como uma questão importante para a compreensão do que é o gênero humano, o entusiasmo deixa de ser um mero assunto do dia e se torna uma noção filosófica – digna de uma investigação mais profunda e coerente.

Ao falar da noção de entusiasmo, Shaftesbury menciona a origem etimológica do termo: "a própria palavra significa *presença divina* e foi utilizada pelo filósofo a quem os primeiros padres cristãos chamavam de *divino* para expressar o que havia de sublime nas paixões humanas".[152] O "filósofo" em questão é Platão. De acordo com Shaftesbury, o pensador grego teria reconhecido no entusiasmo um traço distintivo dos heróis, dos homens de estado, dos poetas, dos músicos e mesmo dos filósofos. Tudo o que é honrado e elevado (*high*) no gênero humano, diz-nos Shaftesbury, depende desse sentimento que o engrandece e sem o qual ele seria incapaz de realizar qualquer feito significativo:

> Ele (o entusiasmo) nos inspira alguma coisa mais do que ordinária e nos eleva acima de nós mesmos. Sem essa imaginação ou extravagância

---

151 CRIGNON-DE OLIVEIRA, C. *Introduction*. In: *Lettre sur l'enthousiasme*, p. 53 e JAFFRO, L. *Ethique de la communication et art d'écrire*, p. 53.

152 *Entusiasmo*, p. 32. A esse trecho Shaftesbury acrescenta uma nota que faz menção a quatro passagens da obra de Platão nas quais o filósofo grego comenta a questão do entusiasmo: *Fedro* 241e e 245b, *Mênon* 99d e *Apologia de Sócrates* 22c.

> (*conceit* = presunção), o *mundo* não seria senão uma circunstância tola e a vida um lamentável passatempo. *Viver* poderia ser dito vazio. As funções animais poderiam seguir o seu curso, mas nada adiante poderia ser considerado ou vislumbrado. Os sentimentos galantes, as fantasias elegantes, as *belas paixões* que têm, todos eles, essa beleza em vista, seriam postos de lado e provavelmente não nos restaria nenhuma ocupação senão aquela de satisfazer os nossos mais grosseiros apetites ao custo mais barato, a fim de obter um supino estado de indolência e de inatividade.[153]

O entusiasmo é um sentimento intimamente vinculado à atividade racional do homem. Como nos mostra o trecho acima, sua ausência significa o fim do exercício mental que caracteriza a humanidade. Sem ele restaria apenas o animal e a busca pela satisfação de prazeres meramente sensoriais. Se, como nos diziam as *Miscelâneas*,[154] para compreender que o sistema natural é uma comunidade cósmica o homem tem de ultrapassar os limites de seu gênero (*kind*) e estender a sua generosidade (*kindness*) para todo o universo, isso só é possível graças ao entusiasmo. Apenas a visão de algo grandioso pode nos inspirar e nos fazer ir além. Essa capacidade de transporte ou elevação pode ser entendida como uma força vital e inerente à razão, aquilo que a anima e a aperfeiçoa. Para desenvolver a sua faculdade mental, o homem é naturalmente levado à "opinião ou concepção de alguma coisa *majestosa* e *divina*".[155] Assim, exemplifica Shaftesbury, quando queriam escrever, os poe-

---

153 *Miscelâneas*, p. 143.

154 *Op. cit.*, p. 236.

155 *Op. cit.*, p. 143.

tas antigos invocavam as musas. Da mesma maneira, vimos Filócles recorrer à figura de Teócles para iniciar o texto que Palemon havia lhe solicitado. Por fim, o próprio autor da *Carta sobre o entusiasmo* reconhece que necessita da companhia imaginária de seu amigo (Lord Somers) para lhe servir de inspiração enquanto redige sua obra. As musas, Teócles e Lord Somers representam aqui diferentes personificações ou imagens de uma mesma coisa: a ideia ou noção de algo grande e majestoso que eleva e expande a mente. Se na Antiguidade o poeta podia identificar suas inspirações a deidades e a ritos comumente aceitos pela religião da época (chamando-as de *musas* e invocando-as como um devoto que as cultua), isso não lhe representava um problema. Ao contrário, diz-nos Shaftesbury, era proveitoso para poeta que a figura de sua atividade (a poesia) estivesse vinculada a uma imagem já tida como divina. Se o poeta moderno não pode recorrer às deidades de seu tempo, se em sua época a religião não favorece sua arte, isso não deixa de ser uma desvantagem em relação à poesia antiga.

Quanto mais suntuosa e venerável for a imagem que encontramos para nos elevar (*to raise*), melhor ela ilustra e incita-nos a noção de majestoso e divino: quanto mais instigantes forem os nossos interlocutores, maiores serão as possibilidades de eles nos entusiasmar. Os atores, acrescenta o filósofo inglês, confessam que ficam empolgados e arrebatados ao receberem a notícia de que a sua plateia é composta por pessoas que eles consideram como importantes e da melhor qualidade. Para eles essa presença é muito mais excitante do que o "costumeiro breu"[156] que veem do tablado. É, então, natural que um ator em tal situação busque um desempenho melhor do que o ordinário, que tente encontrar para a sua atuação o mesmo nível e excelência que ele atribui aos seus distin-

---

156 *Entusiasmo*, p. 9.

tos espectadores. "E vós, meu Senhor", pergunta o autor da *Carta sobre o entusiasmo* ao seu destinatário, "que sois o mais nobre ator e com o mais nobre papel atribuído a qualquer mortal nesse palco terrestre, quando vós atuais pela *liberdade* e pelo *gênero humano*, a presença do público, de vossos amigos e dos simpatizantes de vossa causa, não acrescenta alguma coisa ao vosso pensamento e gênio?"[157] Tal como o ator, um político como Lord Somers sabe o quanto é estimulante estar diante de pessoas que, com ele, compartilham e discutem as mesmas opiniões e pensamentos.

Essa ideia de "presença", seja ela de fato real (como é o público para o ator e para o político que discursa) ou imaginária (como era aquela de Teócles para Filócles, a das musas para o poeta antigo e a do amigo para o autor da *Carta*), é muito importante para entendermos o que é o entusiasmo em Shaftesbury. Se eu posso me entusiasmar com o que alguém fala ou escreve, é porque reconheço aí uma imagem de algo que já está naturalmente em mim: a ideia de majestoso e divino. Como vimos, essa noção ou ideia é uma força vital do espírito, ela descreve o próprio movimento de autoformação da mente que sempre busca o seu aperfeiçoamento e, por isso, tem de ter em vista "algo maior": é a essa "grandeza" que o homem se dirige. Nesse sentido, estar entusiasmado (ou sentir "a presença do divino em nós") é constatar ou ser consciente de nossa própria atividade racional. O entusiasmo é a melhor expressão do contentamento que a mente vivencia ao se exercer. Ele é a manifestação mais original do prazer mental, um contentamento que nos inspira e nos faz entrar em contato com os outros. "É preciso entender", escreve Laurent Jaffro, "que o entusiasmo, como imaginação de uma alteridade admirável, é nele mesmo social; ele é

---

157 *Idem, Ibidem*, p. 9.

a própria sociabilidade".[158] Trata-se de um sentimento contagiante e "naturalmente envolvente":[159] aquele que se entusiasma sempre buscará um meio de propagar o seu contentamento. A relação entre os três principais personagens de *Os Moralistas* nos dá um bom exemplo desse poder de comunicação do entusiasmo: a postura e o pensamento de Teócles inspiram Filócles e é a partir da lembrança das palavras desse seu amigo que ele irá buscar os meios para contagiar Palemon e colocá-lo na mesma disposição de espírito. Segundo Shaftesbury, essa capacidade de empolgação é o grande problema que encontramos quando buscamos uma definição precisa para o entusiasmo: é impossível falar desse assunto sem nos envolvermos com ele. É difícil definir o entusiasmo, pois esse sentimento é aquilo que nos incita e nos leva à investigação e, por isso, nunca se reduz à condição de objeto de estudo. O entusiasmo, lembra Jaffro, é um fundo ou fundamento (*fond*)[160] que permanecerá sempre indiferenciado e indefinível. Uma vez que é um poder de autoconstituição da mente, ele é anterior a tudo o que ela define e forma. Tal como a linha do horizonte, que podemos ver, mas jamais alcançar, o entusiasmo é a noção de uma grandeza que não pode ser apreendida por completo. Em cada etapa da constituição de nossa mente, temos de encontrar uma figura para essa "ideia grandiosa e divina" que nos transporta para fora de nós mesmos, nos faz crescer e expande os limites de nossa natureza racional. Um amigo, um livro, um quadro ou uma paisagem pode nos servir como imagem para esse processo mental. Se não tivéssemos essa capacidade de "buscar o grandioso e sair de nós mesmos", jamais poderíamos contemplar os vínculos entre os diversos sistemas

---

158 JAFFRO, L. *Ethique de la communication et art d"écrire*, p. 66.

159 *Miscelâneas*, p. 142.

160 Jaffro, L. *Ethique de la communication et art d'écrire*, p. 49.

que compõem a natureza. Caso fôssemos indiferentes à noção de "presença da divindade", não haveria como atingir o ponto de vista a partir do qual podemos vislumbrar as relações entre os galhos de um carvalho, as ligações dessa árvore com as outras, as da floresta com a Terra e as desse planeta com o universo. Por fim, não haveria como constatar qualquer ordem, proporção ou harmonia e, aos nossos olhos, a natureza seria desprovida de *design*.

Ao tomar consciência do modo natural pela qual ela mesma procede, a mente entende o movimento de formação da natureza. Investigar o "todo das coisas" não é distinto de analisar a maneira com a qual a razão atua e pensa os objetos à sua volta. Seguir a natureza e ser um estudante aplicado, como nos dizia *Os Moralistas*, é reconhecer na própria estrutura mental o mesmo princípio ou *design* que opera no universo. Isso equivale a dizer o seguinte: a condição para o estudo do mundo natural é a compreensão de que somos membros da natureza e que, como tudo que está nela, também estamos submetidos às suas regras e economia. Dessa maneira, só podemos entender o sistema universal, porque somos parte dele. Se nos entusiasmamos com as proporções e harmonias do universo, é porque estamos envolvidos – se elas nos dizem alguma coisa, então há uma comunicação entre as coisas do mundo e nós.

Assim, o entusiasmo é, ao mesmo tempo, o sentimento provocado pela visão do processo de formação de dois âmbitos que poderíamos chamar de interno (aquele da mente) e de externo (o do mundo). No entanto, quando nos elevamos a uma visão mais alargada, algo que o próprio entusiasmo nos permite, percebemos que *interior* e *exterior* são a mesma coisa – do ponto de vista da ordem universal, a atividade da razão é tão natural quanto qualquer evento que se passa no universo. Ainda mais: se a contemplação do modo com o qual o mundo natural efetiva as suas formas nos entusiasma, é porque reconhecemos aí esse mesmo elemento

80 · LUÍS FERNANDES DOS SANTOS NASCIMENTO

"grande e majestoso" que, a exemplo do que acontece em nossa mente, estimula e incita o universo a prosseguir, a ir além. A razão percebe, então, que há uma força vital da natureza que está sempre em expansão:

> Isso também é certo: que a admiração e o amor pela ordem, pela harmonia e pela proporção de todo tipo são naturalmente proveitosos ao temperamento, vantajosos à afecção social e de grande vantagem à *virtude*, que não é nela mesma senão o amor pela ordem e beleza em sociedade. Nos assuntos mais medíocres do mundo, a aparência apodera-se da mente e extrai a afecção dela. Mas se é *a ordem do próprio mundo* que parece justa e bela, a admiração e a estima pela *ordem* têm de ir além (*run higher* = ir mais alto) e a elegante paixão ou amor pela beleza, que é tão vantajosa à virtude, tem de se desenvolver ainda mais pelo exercício de um objeto (*subject*) tão amplo e magnificente.[161]

No título marginal desse trecho da *Investigação sobre a virtude*,[162] Shaftesbury escreve: *contemplação* (*contemplation*) e *afecção religiosa* (*religious affection*). Existe uma contemplação da ordem e da beleza que se limita ao domínio daquilo que é mais próximo dos homens: as regras e a organização da sociedade em que vivem, os objetos, assuntos ou temas (*subjects*) com os quais lidam comumente. No entanto, ao vislumbrar as coisas ordinárias de sua vida e o modo como sua comunidade se desenvolve, o homem é naturalmente levado a ir além (*run higher*) – ele percebe que a

---

161 *Investigação*, p. 225.

162 Em seus textos, Shaftesbury comumente faz uso desses títulos marginais que mostram o assunto (*subject*) sobre o qual ele discorre em um determinado parágrafo.

ordem de sua sociedade, assim como a de tudo o que conhece e vê, está inserida em um universo, que todas as coisas participam de uma ordem mais abrangente. O contentamento (ou, nas palavras de Shaftesbury: "a elegante paixão") que se experimenta nesse momento é ainda maior, "pois é impossível que tal *ordem divina* fosse contemplada sem êxtase e ruptura".[163] Trata-se de uma *afecção religiosa*: a consciência de que há na natureza uma *mente universal* (*universal mind*). É preciso notar que o uso dessa expressão (*mente universal*) não designa aqui uma simples analogia ou mera comparação entre o modo de proceder da mente humana e o da natureza. Se Shaftesbury pode vincular à ideia de uma atividade ordenadora (representada pela palavra *mind*) os adjetivos *humano* e *universal*, é porque reconhece nessas duas instâncias (a do homem e a do universo) a presença de um mesmo e único princípio de formação. Entre nós e o mundo do qual somos parte existe uma relação direta: uma continuidade. Entender o modo como Shaftesbury pensa essa passagem ou trajeto do que é meramente humano ao universal é compreender a sua noção de religião.

Quando explica para Palemon essa relação entre o homem e o universo, Filócles diz que "uma alma desejosa (*an aspiring Soul*)", ou alguém que anseia e busca por conhecimento, "vê comunidades, amizades, relacionamentos, deveres e considera por quais harmonias de mentes particulares a harmonia geral é composta e o *bem comum* estabelecido".[164] Não satisfeita "com o bem público em *uma* comunidade de homens, ela concebe para si mesma um objeto mais nobre e com as afecções mais alargadas busca o *bem do gênero humano*".[165] O estudo das artes e ciências, a análise de

---

163 *Investigação*, p. 225.

164 *Moralistas*, p. 17.

165 *Idem Ibidem*, p. 17.

tudo o que aperfeiçoa e engrandece a humanidade é aqui definido por Shaftesbury como *virtude*. Mas, o próprio desenvolvimento das atividades humanas e do caráter virtuoso levam a mente a algo ainda mais abrangente: "Ainda ardente nessa busca (tal é o seu amor pela ordem e pela beleza)", acrescenta Filócles, "ela não para aqui, tampouco se satisfaz com a beleza de uma parte, mas estendendo ainda mais sua comunicativa bondade (*bounty*), busca o bem de tudo e atinge (*affect*) o interesse e a prosperidade *do todo*".[166] Chega-se, assim, a ideia de uma totalidade: há um sistema universal.

A contemplação e a consciência dessa regra natural que o próprio exercício virtuoso torna possível é a *religião*. "E assim", escreve Shaftesbury na *Investigação sobre a virtude*, "a perfeição ou o ápice (*height* = elevação, cume) da virtude tem de ser reconhecido pela *crença em um Deus*".[167] Mas como entender esse Deus no qual o próprio exame filosófico acerca da virtude culmina? Shaftesbury nos responde: "O que quer que seja superior em algum grau acima do mundo, ou que regula a natureza com discernimento e com uma mente, é o que, por acordo universal, os homens chamam de Deus."[168]

Talvez uma das maiores dificuldades para o entendimento da noção shaftesburiana de divindade esteja no fato de não podermos pensá-la a partir da simples oposição entre os conceitos de *imanência* e *transcendência* sem que percamos algo de sua compreensão. Deus é o *design* da natureza: o *princípio designante* (*designing principle*) do universo. Nesse sentido, ele se confunde com a natureza, e é uma regra imanente às coisas. No entanto, para a própria manutenção do mundo natural, é preciso que a divindade, como nos disse

---

166 *Op. cit.*, p. 18.

167 *Investigação*, p. 226.

168 *Op. cit.*, p. 193-194.

o trecho acima, esteja em um grau acima do mundo. Não se trata, então, de um Deus imanente, se por isso entendermos a divindade como uma regra fixa e determinada que atua dentro dos limites da natureza e que exclui qualquer nível de exterioridade, nem de uma divindade transcendente, a ideia de um criador completamente externo à sua criação. Para Shaftesbury, ocorre na *mente universal* o mesmo que acontece na *humana*: é preciso que ambas saiam de si mesmas para dar continuidade ao seu próprio movimento de constituição e desenvolvimento. Assim como o do homem, o processo de autoformação universal se faz por um transporte: um "ir além" (*run higher*). Deus não é uma regra fixa e determinada da natureza, mas a capacidade que ela tem de se autoconfigurar – de se desenhar ou de se redesenhar em cada momento constitutivo de sua formação. A noção shaftesburiana de divindade corresponde àquela sua de sistema: ambas são dinâmicas e pressupõem a ideia de um princípio universal como uma atividade. Assim, Deus é menos uma regra, no sentido de uma norma ou prescrição determinada, do que uma regulação: um "ajuste" ou um movimento de ordenação.

Essa concepção de divindade de Shaftesbury pode parecer contraditória. Afinal, chega-se a algo paradoxal: como entender que, para estar de acordo com a sua própria regra, o universo tenha de elevar-se para fora dele mesmo? No entanto, todas as dúvidas podem ser esclarecidas por uma análise do tema do entusiasmo. Uma investigação consequente acerca desse assunto pode nos mostrar que o que até então era visto como contraditório não passa de uma atividade simples: é natural ultrapassar os limites da natureza – o próprio universo necessita ir além dele mesmo para manter e desenvolver o seu *design*. A busca pela compreensão desse poder de transporte ou arrebatamento é a melhor maneira de estudar a natureza. "Tudo, tudo [é] entusiasmo",[169] diz o entusiasmado Filócles. É preciso se deixar envolver por esse sentimento quando queremos compreender o que Teócles chama de "*essa* cena mais elevada":[170] o universo. Mais do que um simples objeto de pesquisa, o entusiasmo será o guia e a inspiração do exame filosófico: ele é, como vimos, a manifestação de Deus em nós – a consciência de que há uma regra universal e do modo como ela atua.

Até mesmo aqueles que se dizem ateus, comenta a *Investigação sobre a virtude*, são obrigados a reconhecer esse Deus quando admitem que existe uma ordem na natureza. Segundo o filósofo inglês, apenas podemos dizer que alguém é um "*perfeito* ateu"[171] se todos os seus pensamentos e opiniões são sempre ("em todos os momentos e ocasiões",[172] escreve Shaftesbury) contrários "a toda suposição ou imaginação de *um desígnio nas coisas*".[173] A crítica que a *Investigação sobre a virtude* faz ao ateísmo está baseada na própria definição que ela apresenta para essa postura: o ateu é aquele que nega a possibilidade de qualquer regra ou *design* na natureza. Dessa maneira, em todas as ocasiões em que é obrigado a pressupor algum nível de regularidade (por exemplo, quando busca alguma ordem para os seus argumentos), o ateu endossa aquilo que pretendia refutar. Para Shaftesbury, não podemos negar a presença dessa ordem universal que se manifesta em todas as coisas. No limite, não há como não se entusiasmar.

Ora, se o entusiasmo nos é natural e benéfico, se ele nos põe diante do que existe de melhor e de mais divino no mundo, como

---

169 *Moralistas*, p. 104.

170 *Op. cit.*, p. 105.

171 *Investigação*, p. 194.

172 *Idem, Ibidem*, p. 194.

173 *Idem, Ibidem*, p. 194.

SHAFTESBURY E A IDEIA DE FORMAÇÃO DE UM CARÁTER MODERNO   85

ele pôde ter gerado fenômenos tão estranhos e tão diferentes do comportamento padrão dos homens, tais como o fanatismo daqueles profetas franceses exilados em Londres? De onde vem esse temperamento que marca o espírito apocalíptico desses entusiastas? Entender como o entusiasmo pôde se tornar visionário é compreender as razões pelas quais a religião pode dar ensejo à superstição e em que medida o maior e mais majestoso dos prazeres mentais (o próprio entusiasmo) se transforma em melancolia. De acordo com autor da *Carta sobre o entusiasmo*, a superstição e o fanatismo derivam da mesma contemplação que gera a consciência e o entendimento do funcionamento universal:

> Pois quando a mente é tomada durante a visão, fixando-se em um objeto real ou em um mero espectro da divindade, quando ela vê ou pensa ver qualquer coisa de prodigiosa e mais que humana, seu horror, seu deleite, sua confusão, seu medo, sua admiração ou qualquer paixão que a isso pertença ou que se sobressai nessa ocasião terá algo de imenso, *monstruoso* e (como dizem os pintores) *maior do que a vida.*[174]

Não é fácil ver e compreender a totalidade universal. "Haverá algo de extravagância e fúria", acrescenta Shaftesbury, "quando as ideias ou as imagens recebidas são muito grandes para que o estreito recipiente (*vessel*) humano as contenha".[175] A contemplação de algo majestoso e colossal, e que, por isso, não pode ser capturado por inteiro, gera admiração e horror. Segundo o filósofo inglês, essa é a origem do termo *fanatismo*: "uma *aparição* que transporta

---

174 *Entusiasmo*, p. 32.

175 *Idem, Ibidem*, p. 32.

a mente".[176] Esse espectro aterroriza e atormenta o homem: é a presença da infinitude que adentra o limitado âmbito (*vessel*) do homem. Como manifestar a contemplação disso que nos causa medo e que nos contagia por completo? O êxtase, diz-nos Shaftesbury, é o modo (*way*) com o qual os profetas manifestam essa visão:

> Os êxtases expressavam-se externamente em tremores, tremedeiras, volteios de cabeça e membros, *agitações* e (como diz *Lívio*) *arroubos fanáticos* ou convulsões, preces extemporâneas, profecias, cantos e coisas do tipo. Todas as nações têm os seus *linfáticos*, de um gênero ou de outro, e todas as igrejas (tanto as pagãs como cristãs) têm suas queixas contra o *fanatismo*.[177]

Um discurso desconexo, gestos estranhos e enfurecidos: o êxtase é a melhor via para exteriorizar o pânico que a contemplação da totalidade natural causa no fanático. Aqui o termo *fanatismo* deixa de ser uma mera *aparição*, e ganha o sentido que encontramos hoje nos dicionários: aquela de um zelo religioso obsessivo.[178] O profeta viu o infinito e foi tomado por um sentimento que mescla o mais profundo temor à maior das admirações. Sua postura, suas palavras e gestos não fazem senão manifestar a maneira com a qual ele vivencia essa experiência: tudo nele indica a dificuldade que tem ao lidar com essa presença divina. Deus passa a ser uma figura aterrorizante. "Nada podemos admirar profundamente sem uma certa veneração religiosa",[179] escreve Shaftesbury. E como esse tipo de veneração aproxima-se do

---

176 *Idem, Ibidem*, p. 32.

177 *Op. cit.*, p. 30.

178 A esse respeito, ver: *Dicionário Houaiss da Língua Portuguesa*, verbete *fanatismo*.

179 *Miscelâneas*, p. 146.

SHAFTESBURY E A IDEIA DE FORMAÇÃO DE UM CARÁTER MODERNO   87

medo e pode suscitar o horror, não é difícil que se altere o sentimento que tal visão deveria despertar e, assim, "todo entusiasmo e êxtase *religioso* [aparecem] como o produto ou mero efeito do medo".[180] É o mesmo sentimento que dá origem à religião do fanático e àquela do poeta e do filósofo. Quando o entusiasmo é desviado e sai do seu padrão, ele proporciona um tipo de veneração desregrada: o fanatismo. O temor que sente diante da contemplação da divindade, mostra o mau entendimento que o fanático tem do universo. Sem compreender o princípio que rege a natureza, o homem perde de vista o lugar que ele mesmo ocupa nela. Não é apenas o *design* natural que é obscurecido pelo medo, mas o próprio caráter humano. A imagem de um mundo cujo funcionamento não é claro torna o homem melancólico:

> De fato, nada pode ser mais *melancólico* do que o pensamento de viver em um universo perturbado (*distracted* = enfurecido, enlouquecido). (…) Uma opinião como essa pode amargar gradualmente o temperamento e não apenas tornar o amor pela virtude menos sentido, mas ajudar a prejudicar e arruinar o próprio princípio de virtude, *viz. a afecção natural* e *generosa*.[181]

O próprio aprimoramento do que é humano (o processo que Shaftesbury chama de *virtude*) é prejudicado pela má compreensão da natureza. O virtuoso ou o *amigo da humanidade* (o filantropo, como diz o filósofo inglês nos seus *Exercícios*[182]) é aquele que é capaz de entender que o homem é parte do universo. O verdadei-

---

180 *Idem, Ibidem*, p. 146.

181 *Investigações*, p. 223.

182 *Exercícios*, p. 10-11.

ro amigo é sempre alguém entusiasmado – capaz de reconhecer na sua amizade e no seu amor a mesma simpatia que organiza o mundo natural. É preciso lembrar que Shaftesbury, na *Carta sobre o entusiasmo* e em algumas correspondências que enviou a Lord Somers, autodenominava-se "vosso amigo entusiasmado" (*your enthusiastick friend*). *Entusiasmado* e *entusiasta* (*enthusiastick* e *enthusiast*[183]) são os dois termos que ele utiliza para designar aqueles que estão possuídos ou são inspirados por esse sentimento. Embora não haja na letra de Shaftesbury uma distinção precisa entre o emprego dessas duas palavras, na maior parte das ocorrências *entusiasta* aparece com um sentido pejorativo: comumente ele é usado como sinônimo de visionário, místico e fanático. Assim, por exemplo, é o caso da pequena carta que o filósofo inglês anexa ao volume de *Os moralistas* que envia a Lord Somers em dezembro de 1708. Algumas linhas depois de se dizer um amigo entusiasmado (*your enthusiastick friend*), Shaftesbury escreve que não acredita que a sua mais recente obra (*Os moralistas*) possa ofender a igreja e o *homem do clero* (*clergyman*); seu único receio é de que o homem de engenho (*man of wit*) considere "que o autor se mantém antes do lado do sacerdote e o despreze como sendo um entusiasta (*enthusiast*) nessa obra, tal como, em outra obra, os sacerdotes o insultaram, chamando-o de ateu".[184] O autor de *Os moralistas*, o mesmo que se autointitula *enthusiastick*, teme ser considerado como um *enthusiast* pelos homens de engenho e livres-pensadores

---

183 Seguindo as soluções apresentadas pelo *Dicionário Inglês-Português* de Antônio Houaiss (Editora Record, São Paulo – Rio de Janeiro, 2001), optamos por traduzir *enthusiastick* por *entusiasmado* e *enthusiast* por *entusiasta*. Assim como o português *entusiasta*, o inglês *enthusiastick* também pode ser usado em um sentido pejorativo, podendo significar *místico*, *fanático* ou *visionário* (ver a esse respeito o *Dicionário Houaiss da língua portuguesa* e o *Dicionário Oxford* -OED).

184 *Lulpr*, p. 394.

da época. Como vimos, ocorre o mesmo quando Filócles chama Teócles de *enthusiast*: Palemon não aceita a denominação e pede para ouvir mais a respeito do caráter desse homem antes de qualificá-lo dessa maneira. Chamar alguém de *entusiasta* era igualá-lo aos místicos e fanáticos.[185] Autodenominar-se *entusiasmado* é, então, um modo de marcar uma diferença em relação à imagem de visionário. Mas, como dissemos, não se trata aqui de estabelecer um emprego determinado para *enthusiast* ou para *enthusiastick*, e Shaftesbury pode também usá-los de maneira indistinta. Para além de uma mera definição terminológica, a intenção do filósofo inglês é aquela de salvaguardar a ideia de entusiasmo, mostrando que não podemos reduzi-la à simples veneração mística.

A superstição e o fanatismo[186] são apenas um desregramento ou desajuste da mente humana, o que Shaftesbury chama de "entusiasmo de segunda mão" (*enthusiasm of second hand*):[187] uma dificuldade na apreensão da noção de divindade; um desvio na capacidade de introjetar Deus ou de se entusiasmar. De acordo com o filósofo inglês, é preciso entender que existe no homem "uma boa reserva de *espírito visionário*".[188] "Há", ele nos diz, "*uma melancolia que acompanha todo entusiasmo*".[189] É o próprio desenvolvimento de nossa capacidade mental que nos torna susceptíveis à supersti-

---

185 A esse respeito vale lembrar que a primeira versão de *Os moralistas* chama-se *O entusiasta sociável* (*The sociable enthusiast* – 1705). O título já aponta para a oposição entre o entusiasmo de Teócles (que visa fomentar a amizade e a vida social, por isso *sociável*) e o dos fanáticos e profetas (que perturbam a ordem pública).

186 A definição que Shaftesbury dá para a superstição é semelhante àquela dada para o fanatismo – ambos são frutos do temor que se experimenta diante da visão da totalidade do universo ou da ordem divina. Ver: *Miscelâneas*, p. 160.

187 *Op. cit.*, p. 27.

188 *Op. cit.*, p. 30.

189 *Entusiasmo*, p. 12.

ção e ao fanatismo: não há como se elevar (*to raise*) e ir além (*run higher*) sem que se suscite algum nível de temor. A visão da divindade é sempre acompanhada de assombro e de medo. A questão do entusiasmo passa então a ser a seguinte: como podemos sair de nós mesmos sem nos perder e sem nos deixar dominar pela melancolia? Trata-se de buscar o melhor meio de regrar ou ajustar o entusiasmo e, assim, não permitir que o medo que o acompanha atinja um nível capaz de gerar superstição, ou seja: de transformar a contemplação da natureza em algo sobrenatural. De acordo com Shaftesbury, não devemos "suprimir pela violência a natural paixão do entusiasmo".[190] A repressão de nossa tendência visionária em nada ajuda a combatê-la. "Poderia haver maior honra e vantagem para o cristianismo", pergunta o autor da *Carta sobre o entusiasmo*, "do que ser perseguido por um Nero?"[191] A coação apenas fomenta o fanatismo. O modo de controlar o entusiasmo terá de ser mais brando:

> Há certos humores no gênero humano que necessariamente têm de ser aliviados. A mente e o corpo humanos são ambos naturalmente sujeitos a comoções, e tal como existem estranhos fermentos no sangue, que em muitos casos ocasionam uma extraordinária descarga, assim também na razão existem partículas heterogêneas que têm de ser evacuadas por fermentações.[192]

O médico que busca atacar diretamente essas "partículas heterogêneas" e as suprimir de maneira drástica acaba por transformar em uma doença crônica o que era uma simples disfunção corporal.

---

190 *Op. cit.*, p. 14.

191 *Op. cit.*, p. 18.

192 *Op. cit.*, p. 12.

SHAFTESBURY E A IDEIA DE FORMAÇÃO DE UM CARÁTER MODERNO

Do mesmo modo, escreve Shaftesbury, são maus médicos do corpo político aqueles que pensam que perseguir e punir são os melhores remédios para a "sarna da superstição" (*itch of superstition*).[193] É natural que haja desregramentos e doenças e, por isso, é necessário evitar que o mal surja e se propague: precisamos ventilar o ambiente e deixar com que o próprio corpo, seja ele o de alguém ou o político, possa sempre restabelecer suas funções normais. Temos de manter nossa mente arejada: o livre pensar é a melhor expressão de uma prática racional sadia. O bom magistrado, diz Shaftesbury, sabe que tem de atuar de maneira gentil e que no lugar de "incisões e amputações"[194] deve aplicar "os mais suaves bálsamos".[195] "Proibir o medo dos homens", escreve o autor da *Carta sobre o entusiasmo*, "e se esforçar para dominá-los com outros medos tem necessariamente de ser um método ainda mais desnaturado (*unnatural*)".[196] O governante apenas precisa criar as condições para que cada um dos homens possa aprimorar sua natureza mental. Somente a liberdade de exercer nossa razão pode nos servir de garantia contra o fanatismo: "Nós nunca estamos prontos para contemplar qualquer coisa acima de nós se não estamos em condição de olharmos para dentro de nós mesmos e examinar calmamente o temperamento de nossa própria mente e paixões".[197]

A boa contemplação da divindade supõe um olhar para dentro. O que nos aterroriza na visão da totalidade do universo é a nossa própria dificuldade em nos analisar – em atentar para a nossa formação como homem, membro de um gênero que faz parte da natureza. O

---

193 *Op. cit.*, p. 13.

194 *Op. cit.*, p. 14.

195 *Idem, Ibidem*, p. 14.

196 *Idem, Ibidem*, p. 14.

197 *Op. cit.*, p. 22.

mau entendimento do *design* natural é um problema de autocompreensão do homem: "Pois é então que vemos cólera, fúria, vingança e terrores *na deidade*: quando estamos cheios de distúrbios e medos *por dentro* e perdemos, por sofrimento e ansiedade, muito da calma e da tranquilidade naturais ao nosso temperamento".[198]

Assim, o entendimento do que é mais grandioso e universal depende do bom funcionamento do que é mais particular: o indivíduo. É no interior de cada um dos homens que o entusiasmo terá de ser regrado. Para qualquer investigação filosófica, para toda compreensão da relação entre o universo e o gênero humano, isso que Shaftesbury chama de "história natural do homem", é preciso que aquele que investiga e compreende tenha antes olhado "para dentro dele mesmo" (*into himself*). Mas o que significa exatamente esse olhar introspectivo e como Shaftesbury pensa a passagem entre a contemplação do universo e essa visão do que é interno ao indivíduo? É o que tentaremos entender no nosso próximo capítulo.

---

198 *Idem, Ibidem*, p. 22.

II

O EXERCÍCIO DA IDENTIDADE

É preciso sempre lembrar-se destas coisas: qual é na-
tureza do todo e qual é a minha, como elas se rela-
cionam e quão pequena é a parte que me cabe neste
todo e também que ninguém pode te impedir de agir
e falar conforme a Natureza, da qual tu fazes parte.

Marco Aurélio[1]

PARA AQUELES QUE DUVIDAM de sua própria existência, Shaftesbury diz: "I take my being *upon* trust".[2] Nessa frase, que podemos verter por "eu confio no meu ser" ou por "eu acredito no meu ser", está contida a concepção shaftesburiana do que comumente se traduz por *identidade pessoal*: o *self*.[3] De acordo com o *Dicionário Oxford*, a expressão *upon trust* designa uma "confiança na capacidade e intenção de um comprador para pagar no futuro por bens fornecidos

---

1   MARCO AURÉLIO, *Meditações*, Livro II, 9. Trad. de Jaime Bruna. São Paulo: Cultrix, 1964, p. 25.

2   *Miscelâneas*, p. 221.

3   *Identidade pessoal, identidade, eu, si* e *si mesmo* são os termos mais empregados pelos tradutores de língua portuguesa e francesa (*identité, identité personelle, moi, soi, soi même*) para verter *self*. Dada a dificuldade em encontrar uma única palavra ou expressão que traduza esse termo, optamos por variar a tradução de acordo com o sentido da passagem citada, sempre indicando entre parênteses o original em inglês.

sem um pagamento presente", isto é, especifica o dicionário: um "crédito".[4] Assim, acreditar no próprio *ser (being)* ou tomá-lo por confiável *(take upon trust)* significa atribuir a ele certo valor de verdade que deverá ser saldado ou comprovado. Segundo Shaftesbury, os homens são naturalmente levados a aceitar a ideia de sua existência como quem compra algo que terá de pagar no futuro. Trata-se de uma crença que antecede e possibilita perguntas tão comuns e frequentes na vida das pessoas, tais como "onde *eu estou* ou o que *eu sou?*".[5] Nesse sentido, *acreditar* não é senão *dar um crédito de confiança*, algo como uma aposta que precisa ser confirmada. Por esse motivo, Shaftesbury dirá que a "aparente *lógica*"[6] que estabelece o *Cogito* cartesiano não é eficaz quando se investiga a natureza interna do homem e as condições pelas quais ele a conhece. Nada é mais evidente, ele comenta, do que dizer: "*Nós pensamos, portanto nós somos*", ou "*se eu sou, eu sou*", ou ainda "*o que é, é*".[7] "Maravilhosamente arguido!",[8] diz ironicamente o filósofo inglês. O raciocínio de Descartes é redundante, ele não acrescenta nada à confiança natural que temos em nós mesmos *(ourselves)*:[9] já acreditamos que existimos quando nos perguntamos pelo que somos.

---

4   A esse respeito, ver o verbete *trust* do *Dicionário Oxford* (OED).

5   *Miscelâneas*, p. 205. "Where *am I? or* What?".

6   *Op. cit.*, p. 221.

7   *Idem, Ibidem*, p. 221.

8   *Idem, Ibidem*, p. 221.

9   De acordo com Laurent Jaffro, a fonte dessa crítica que emprega o *argumentum ad risum* para destacar a obviedade e a redundância da formulação cartesiana teria sido o epicurista Pierre Gassendi, autor de *Disquisitio Metaphysica* (1644): "Esse recurso ao 'ridículo' está obviamente presente na *Disquisitio Methaphysica* de Gassendi quando ele pretende perguntar a Descartes 'vós existis?' e o faz responder: bem, eu preciso de alguns meses para pensar a respeito" (JAFFRO, L. *Shaftesbury on the* Cogito. An *intermediary between Gassendism and the common sense school*, p. 115).

SHAFTESBURY E A IDEIA DE FORMAÇÃO DE UM CARÁTER MODERNO   97

A grande questão é: uma vez dada a crença natural e primitiva que temos em nosso *ser*, o que "constitui o nós ou o eu?"[10] O que garante que o *eu* de agora continuará sendo o mesmo de amanhã e que ainda é aquele que foi ontem? "Tudo em nós é *revolução*", diz Teócles, e não "somos mais a mesma identidade material (*the self same matter*), ou sistema de matéria, de um dia para o outro".[11] Como, então, posso estar seguro de ser a mesma e única pessoa durante toda a minha vida?

O problema passa a ser o de encontrar uma tal garantia: um mínimo de fixidez capaz de proporcionar ao homem a consciência do que lhe é próprio e peculiar. Opondo-se ao que algumas pessoas de sua época pensavam, Shaftesbury dirá que o "estudo de nós mesmos"[12] (que ele também chama de "*especulação moral*"[13]) proporciona o mais importante dos conhecimentos:

> Ao contrário [do que alguns pensam], *o cavalheiro mais refinado* que muito fala do conhecimento *do mundo* e do *gênero humano*, mas que jamais considerou o estudo ou o conhecimento *dele mesmo* ou da natureza e do governo desse *público* e mundo *verdadeiros*, onde ele mantém o seu *ser* (*being*), tem, por fim, de ser considerado como um idiota.[14]

---

10   *Miscelâneas*, p. 221.

11   *Moralistas*, p. 29.

12   *Miscelâneas*, p. 220.

13   *Op. cit.*, p. 220.

14   *Op. cit.*, p. 204-205.

Como sugere a própria etimologia do termo,[15] o *idiota* para Shaftesbury é o homem que está fechado em si mesmo e que não reconhece outro interesse senão aquele que o filósofo inglês chama de *privado*, por oposição ao *público*. Esses homens não podem entender nada, pois desconhecem aquilo que lhes daria a possibilidade de compreender tudo o mais: o seu próprio caráter e identidade. Nesse sentido, a *idiotice* (se assim podemos dizer) não é distinta do egoísmo (*selfish*): trata-se de um desvio do *self*. A *Investigação sobre a virtude* nos mostra que um tal temperamento (*temper*) é fruto de um exagero ou supervalorização do "ordinário autoconcernimento ou consideração (*regard* = atenção, estima) pelo bem privado".[16] O egoísmo é um distúrbio da afecção natural do homem. Ele faz com que o indivíduo se afaste de seu gênero e considere que o seu interesse próprio está completamente separado do de sua espécie e, no limite, do de todo o universo no qual vive. Mas, afirma o autor da *Investigação sobre a virtude*, é impossível haver uma criatura no mundo que esteja totalmente desvinculada dos outros membros de seu gênero e dos demais seres presentes na natureza. A existência de um indivíduo sempre remete e supõe a de outros. Como vimos em nosso capítulo anterior, para Shaftesbury, mesmo aqueles animais que são considerados os mais isolados ainda estabelecem algum tipo de relação com o meio no qual habitam.

O egoísmo é apenas uma má compreensão do que nos é peculiar e, assim, revela-se algo tipicamente humano – só ao homem é dada a faculdade de entender os vínculos que estabelece com a natureza e, por isso, apenas ele pode deixar de conhecê-los. Ao ignorar a íntima ligação entre os seus bens privados e aqueles de sua espécie

---

15 A origem etimológica do termo é o grego *idiotes*: "indivíduo particular, homem privado (por oposição ao homem de Estado)". A esse respeito, ver o próprio *Dicionário Houaiss da Língua Portuguesa*.

16 *Investigação*, p. 200.

e universo, o egoísta afasta-se de sua natureza. Porém, acrescenta o filósofo inglês, "a afecção voltada para o bem privado ou próprio (*private or self-good*), por mais que possa ser considerada *egoísta*, na realidade, não é somente consistente com o bem público, mas em alguma medida colabora com ele".[17] Do ponto de vista da economia universal, a má compreensão que um determinado indivíduo possa ter das ligações entre ele e a natureza não a afeta em nada. A comunidade cósmica continua o seu aprimoramento e envolve a todos, independentemente do desconhecimento que alguns egoístas têm desse movimento universal e de sua participação nele. O âmbito em que essa ignorância é notada e tida como perversão é aquele ao qual o próprio egoísta pertence: são os homens que percebem e repudiam o egoísmo de seu semelhante. De acordo com Shaftesbury, existe uma conexão tão estreita entre a afecção de autoconservação e aquelas que buscam manter a espécie que a pessoa que as desdenha ou deixa que uma delas se corrompa será inevitavelmente mal vista por seus companheiros:

> Pois se a carência de uma afecção como aquela voltada para a autopreservação é prejudicial à espécie, [então] uma criatura é má e desnaturada (*unnatural*) tanto por sua deficiência (*defect* = imperfeição, defeito, falha) quanto pela carência de alguma outra afecção natural. E isso ninguém hesitaria pronunciar se visse um homem que não desse atenção a qualquer precipício que se pusesse em seu caminho, nem fizesse alguma distinção de comida, de dieta, de roupa ou o que quer que se relacionasse com sua saúde e bem-estar.[18]

---

17 *Op. cit.*, p. 200.

18 *Idem, Ibidem*, p. 200.

O caso acima descrito por Shaftesbury pode ser caracterizado como o cume do egoísmo. Alguém que é indiferente a certos comportamentos naturais e indispensáveis aos homens é um *idiota* em um sentido mais forte do termo: o de totalmente louco e tolo. O descuido que esses indivíduos demonstram por suas próprias vidas causa admiração e até mesmo repugnância nos que os observam. Despidos de sua humanidade, esses pobres homens parecem monstros aos olhos de seus semelhantes: são considerados como criaturas desnaturadas. Como dissemos, trata-se aqui de um exemplo radical, de uma total dificuldade ou deficiência (*defect*) na compreensão do que se é e de onde se *está*. No entanto, ele nos mostra a importância que o "estudo de nós mesmos" tem para o mais comum dos seres humanos. A exigência do conhecimento de si não é apenas primordial por sua precedência, por ser aquela que primeiro nos afeta (*affect*), mas, sobretudo, porque é a condição sem a qual nada poderemos conhecer. Seria muito estranho, diz-nos Shaftesbury, considerar um homem "que há muito chegara ao mundo trazendo consigo sua razão e o seu senso",[19] mas que nunca se ocupou seriamente com questões do tipo "onde *eu estou* ou o **que** *eu sou?*",[20] considerando-as sempre como menores e aplicando-se a outros estudos. Como é possível que alguns dos mais sábios doutos, sempre acostumados à avaliação de matérias tão complexas, acabem por negligenciar o exame de sua própria personalidade? "Anteriormente", diz-nos Teócles no final de *Os moralistas*, "a palavra idiota era o oposto de *filósofo*, mas hoje em dia ela comumente não significa nada mais do que o próprio filósofo".[21] O que faz com que Shaftesbury emita um juízo tão duro a respeito de seus contemporâneos?

---

19 *Miscelâneas*, p. 205.

20 *Idem, Ibidem*, p. 205.

21 *Moralistas*, p. 122.

O dialeto do solilóquio

Em *Solilóquio ou conselho a um autor*, quando começa a explicar o motivo pelo qual critica os pensadores de sua época, o filósofo inglês pede ao seu leitor que imagine a seguinte cena: um homem entra em uma relojoaria, encanta-se com os belos objetos ali presentes, indaga sobre o material e sobre as partes dos relógios, mas deixa de questionar "qual era o uso real de tal instrumento ou por quais movimentos o seu *fim* era melhor atingido"[22] e, assim, deixa de entender "a real natureza do instrumento".[23] De acordo com Shaftesbury, o caso dos filósofos modernos não é muito distinto do desse homem na relojoaria. Para usar uma imagem apresentada no *Solilóquio*, esses pensadores tomam o fruto pela árvore e consideram o que é mero efeito ou produto como sendo a causa ou a parte principal. Quando busca entender a natureza humana, a filosofia moderna faz uso de um tipo de cálculo e raciocínio que não diz nada do objeto em questão. Apresentar diferenças entre substâncias, não importa se materiais ou imateriais, pensantes ou corpóreas, distinguir os seus modos, os seus atributos etc., eis aí um tipo de operação que para o autor das *Características* jamais poderá ajudar a nos conhecer:

> Mas se nos é recomendada (pelos filósofos modernos) a definição de substâncias *materiais* e *imateriais* e a distinção de suas *propriedades* e *modos* como a maneira correta de proceder na descoberta de nossa própria natureza, estou pronto para suspeitar que tal estudo é bastante frustrante no que diz respeito à sua magnânima pretensão.[24]

---

22   *Solilóquio*, p. 152.

23   *Idem, Ibidem*, p. 152.

24   *Op. cit.*, p. 151.

Como fica evidente a partir das páginas que se seguem ao trecho acima citado, o autor que Shaftesbury tem aqui em mente é, mais uma vez, Descartes e aqueles que o seguiram. Se nas *Miscelâneas*, o filósofo inglês atacava a lógica que havia estabelecido o *Cogito*, agora, no *Solilóquio*, ele investe contra as consequências que o autor das *Meditações metafísicas* extrai do "penso, logo existo". Dizer que somos uma substância pensante, qualitativamente distinta e independente da corpórea, é instaurar uma ruptura drástica que revela um modo equivocado de considerar o gênero humano. O dualismo cartesiano leva a uma inevitável concepção mecanicista das paixões humanas e a um desprezo por tudo o que em nós pode ser dito sensível. Um tal filósofo, diz-nos o autor do *Solilóquio*, "[não] contemplou o *homem* como *verdadeiro* homem e como um agente humano, mas como um *relógio* ou *máquina* comum".[25]

Para provar sua tese, Shaftesbury cita um trecho do *Tratado das paixões*, no qual Descartes explica como no medo os espíritos animais são levados até os músculos dos joelhos e aí fazem com que as pernas se mexam, dando à pessoa a possibilidade de fugir daquilo que a aterroriza.[26] "Excelente mecanismo!",[27] comenta o

---

25 *Op. cit.*, p. 153.

26 O trecho em que Shaftesbury cita o *Tradado das paixões* (em nota, ele deixa claro que se trata dessa obra de Descartes) diz o seguinte: " 'A paixão do *medo* (como me informa um filósofo moderno) determina (determine = "orienta") os espíritos até os músculos do joelho, que de imediato estão prontos para desenvolver o seu movimento, impulsionando as pernas com uma incomparável rapidez, a fim de mover o corpo para longe do caminho do perigo' " (*Solilóquio*, p. 153). É bem provável que com essa citação Shaftesbury esteja se referindo ao Artigo 36 de *As paixões da alma*, passagem na qual Descartes explica o mecanismo das paixões a partir do exemplo do medo e do movimento que ele provoca nas pernas. Danielle Loiries sugere que além do Artigo 36, o filósofo inglês também poderia estar mencionando os Artigos 38 e 47 (tradução francesa do *Solilóquio*, p. 177 nota).

27 *Solilóquio*, p. 153.

SHAFTESBURY E A IDEIA DE FORMAÇÃO DE UM CARÁTER MODERNO   103

filósofo inglês. "Em todo esse assunto de investigação", ele acrescenta, "eu não encontrarei nada minimamente relacionado ao *si mesmo (self)*".[28] Um tal estudo da ação das paixões sobre o corpo poderia ser de utilidade para um anatomista ou para um desenhista, "mas não para o *gênero humano*".[29] Pois, afinal, em que essa descrição dos efeitos provocados pelo medo em meu corpo me auxiliaria na compreensão desse sentimento? Ou antes: um tal exame pode me ensinar a lidar com os meus receios e me tornar mais corajoso? Tomemos o caso da superstição, que é "o tipo de medo que mais oprime".[30] Uma explicação mecanicista dessa paixão não pode fazer nada contra o perigo que ela representa para os indivíduos e para o bem-estar das comunidades. O mesmo ocorre com a vaidade: se limitar ao exame dos efeitos que essa paixão provoca nos homens não os aliviará da corrupção de caráter que ela provoca neles.

O exemplo da vaidade torna-se ainda mais relevante quando Shaftesbury declara que os pensadores modernos são os mais propensos a essa paixão. Os estudiosos de substâncias e modos sentem-se "enriquecidos com uma ciência acima dos outros homens"[31] e acreditam que têm um "tipo de magnanimidade que poderia distingui-los das ordinárias raças de mortais".[32] Embora esses homens que "lidaram com *ideias* e trataram formalmente *das paixões*"[33] se considerem conhecedores deles próprios e da natureza humana, a "experiência"[34] nos mostra que são bastante inábeis no controle

---

28   *Idem, Ibidem*, p. 153.

29   *Idem, Ibidem*, p. 153.

30   *Idem, Ibidem*, p. 153.

31   *Op. cit.*, p. 151.

32   *Idem, Ibidem*, p. 151.

33   *Op. cit.*, p. 152.

34   *Idem, Ibidem*, p. 152.

de seus sentimentos e não estão livres da "superstição e dos medos fúteis",[35] tampouco da "impostura e do delírio".[36] Nesse ponto, a crítica de Shaftesbury vai além do cartesianismo e pretende abarcar toda uma maneira de pensar que ele denomina "filosofia superespeculativa" (*super-speculative Philosophy*):[37]

> Na realidade, quão especioso é o estudo, quão solene é o entretenimento que surge do que chamamos de *especulações filosóficas!* – *A formação das ideias!* – *Suas composições, comparações, concordâncias e discordâncias!* (…) – Vamos lá então. Deixe-me filosofar dessa maneira, se de fato é esse o modo pelo qual me torno mais *sábio*. Deixe-me examinar minhas ideias de *espaço* e *substância*, deixe-me examinar a *matéria* e os seus *modos* se isso é investigar a mim mesmo, se aprimora o meu entendimento e amplia minha mente. (…) Se isso permanece insolúvel, se ainda sou o mesmo mistério para mim mesmo, tal como antes, qual é o propósito de todo esse raciocínio e perspicácia? Por que motivo devo admirar o meu filósofo ou estudar para me tornar semelhante a ele?[38]

Dando continuidade ao seu argumento, Shaftesbury refere-se à ideia de espaço apresentada por Locke em seu *Ensaio sobre o entendimento humano*[39] e diz que, ao formulá-la, o seu conterrâneo

---

35   *Idem, Ibidem*, p. 152.

36   *Idem, Ibidem* p. 152

37   *Idem, Ibidem*, p. 152.

38   *Op. cit.*, p. 155-156.

39   O trecho do *Solilóquio* em que Shaftesbury menciona Locke, diz o seguinte: " 'Divida um corpo sólido em qualquer dimensão (diz um renomado filósofo

e antigo preceptor[40] havia esquecido de se perguntar pela principal parte dessa questão: qual é a relação entre um conceito e o homem que o concebe, "por exemplo, o que é para mim saber que gênero de ideia eu posso formar *de espaço?*"[41] Como podemos falar da natureza humana, vinculá-la à formação de ideias e omitir o fato de que os homens estão sempre mudando de opiniões de acordo com as suas disposições e humores? Se hoje tudo vai bem comigo, se estou feliz, tenho uma bela imagem do mundo e dos meus semelhantes. "*Amanhã* vem o desapontamento, as tribulações, as desgraças e o que se segue: 'Ó miserável gênero humano!'"[42] Apesar das diferenças entre os seus respectivos sistemas, Descartes e Locke se assemelham no desconhecimento da verdadeira influência que as paixões exercem em nossa maneira de ver e entender o mundo. Do que adianta falar em ideias ou em substâncias se ignoro que elas estão sujeitas à ação de nossos desejos e afecções, quando desprezo o fato de que os homens constantemente mudam o seu modo de pensar? Shaftesbury vê na filosofia moderna uma atitude que caracteriza como uma certa presunção – uma tendência a desvincular da natureza humana toda a oscilação e variedade proveniente das paixões. Tal postura, diz-nos o autor do *Solilóquio*, acarreta uma inevitável

---

moderno) e será impossível para as partes se movimentarem no interior dos limites de sua superfície se não houver ao menos um espaço vazio tão grande quanto as mínimas partes no qual o dito corpo foi dividido' " (*Solilóquio*, p. 156). Trata-se, como nos mostra Danille Loiries (tradução francesa do *Solilóquio*, nota à página 182), de uma referência à definição lockiana de espaço exposta no parágrafo 23 do capítulo XIII do Livro II do *Ensaio sobre o entendimento humano*, parágrafo que tem o seguinte título: O *movimento prova* (*proves* = mostra, atesta) *um vácuo*.

40 John Locke foi secretário do avô de Shaftesbury, cuidou, entre outras coisas, da educação das crianças da família. A esse respeito, ver: VOITLE, R. *The Third Earl of Shaftesbury* (1671-1713).

41 *Op. cit.*, p. 156.

42 *Idem, Ibidem*, p. 156.

contradição: o modo como os filósofos modernos desdenham das paixões, revela uma maneira passional de tratar o assunto – o seu desdém não é outra coisa senão um sentimento. E aqueles que buscam separar por completo o âmbito das afecções do domínio racional são agora considerados como pessoas que se deixam tomar por seus sentimentos justamente quando acreditam estar exercendo sua razão. Aos olhos de Shaftesbury, forjar uma definição da natureza do gênero humano que negligencie o seu vínculo direto com as mudanças e alterações oriundas das fantasias, dos desejos ou das afecções, sempre resultará em um projeto fracassado. Não há como nos livrarmos de nossos sentimentos – de um modo ou de outro, eles sempre nos afetam. Ao ignorar isso, os metafísicos não apenas demonstram a incoerência do modo como tratam as paixões, mas, sobretudo, tornam-se bastante indefesos diante da ação delas.

Como vimos em nosso capítulo anterior, para Shaftesbury mesmo aqueles homens que são tidos como os mais moderados podem ver-se diante de uma situação em que o destempero (*distemper*) e a aflição os dominam totalmente. Ao explicar essa possibilidade para o leitor do *Solilóquio*, o filósofo inglês narra uma história de amor. Um jovem e heroico príncipe havia declarado guerra a um tirano, "que em todos os aspectos era o seu inverso".[43] Graças a sua virtude e clemência, o bom monarca conquistou a simpatia e o apoio de muitos que a princípio estavam do lado do seu inimigo. Em meio aos que ainda eram aliados do tirano, estava um outro governante que acabara de desposar a "mais bela princesa do mundo".[44] Por ocasião da guerra, o príncipe recém-casado teve de deixar sua amada em um castelo que em pouco tempo foi tomado pelas forças do nosso virtuoso monarca. Um jovem nobre favorito do bom

---

43 *Op. cit.*, p. 96.

44 *Idem, Ibidem*, p. 96.

SHAFTESBURY E A IDEIA DE FORMAÇÃO DE UM CARÁTER MODERNO   107

príncipe foi o escolhido para cuidar da princesa prisioneira. Ele
mesmo a havia capturado quando tentava escapar disfarçada em
trajes simples. Em entrevista com o seu amigo e monarca, o jovem
destaca a postura e a beleza da prisioneira que se deixavam ver mesmo quando portava vestimentas inferiores à sua nobreza. Enquanto
descrevia entusiasmadamente a princesa, o amigo percebe que o
príncipe não manifesta o menor desejo de vê-la e pergunta pelo
motivo desse desinteresse. O monarca responde que tinha receio
em encontrá-la, pois, ele diz, "se com o mero relato de sua beleza já
fiquei encantado a ponto de fazer a primeira visita nesses tempos de
negócios urgentes, caso então a visse talvez fosse levado a visitá-la,
com melhor razão, quando estivesse mais livre e assim o faria várias
outras vezes, até que não tivesse o mínimo tempo para os meus
afazeres".[45] Ao ouvir essa explicação, o amigo do governante sorri e
diz que não acredita que um rosto bonito possa desviar a atenção de
um homem sério e interferir em seus julgamentos. Apenas pessoas
como os poetas deixam-se levar pelo fogo das paixões: "essa chama
imaginária da beleza fere somente aqueles que consentem",[46] declara o jovem lorde. Antes de abandonar o seu príncipe e retornar
ao castelo onde a missão de cuidar da bela prisioneira o aguardava,
ele afirma que não se entregará a esse tipo de sentimento e, como
prova disso, lembra que já esteve diante da moça, conversou com
ela e não experimentou nenhum desses destemperos tão peculiares
aos poetas.

Como era de esperar, depois de algum tempo convivendo com
a princesa, o jovem se apaixona por ela. "The youth fell desperately
in love",[47] escreve Shaftesbury – o nobre cavalheiro literalmente

---

45   *Op. cit.*, p. 97.

46   *Idem, Ibidem*, p. 97.

47   *Op. cit.*, p. 98.

sucumbe ao amor. Tenta então conquistá-la, mas sem sucesso insinua o uso da força para satisfazer o seu desejo. Aflita, a princesa consegue enviar um mensageiro que informa ao bom príncipe o que estava acontecendo. O governante ordena ao seu jovem amigo que venha ter com ele. Nesse ínterim, toda a corte já tem notícia do ocorrido e condena o comportamento do lorde que não soube cumprir com um dever que lhe havia sido confiado pelo seu soberano. Envergonhado com sua atitude, o jovem "cai na mais profunda melancolia"[48] (*"fell into the deepest melancholy"*). É nesse estado que ele vai ao encontro do seu príncipe. Ao contrário do que esperava, o monarca está calmo e o surpreende ao dizer:

> Conheço o poder do amor e sei que eu mesmo não estou seguro, a menos que me mantenha fora do caminho da *beleza*. A culpa foi minha, fui infeliz ao colocá-lo diante de um adversário desigual e dar-lhe aquela tarefa impraticável e aquele difícil empreendimento, no qual ninguém jamais foi suficientemente forte para cumprir.[49]

No lugar de uma severa punição, o sábio príncipe recomenda ao seu amigo que fique algum tempo afastado da corte, até que cessem os rumores e que os seus conterrâneos entendam o grande serviço que o jovem havia prestado ao seu monarca: por sua pátria ele havia enfrentado um adversário muito mais poderoso do que os exércitos com os quais estava acostumado a combater. Shaftesbury está consciente de que essa história pode ser considerada corriqueira e banal. É até mesmo possível reconhecer nela alguns traços que se assemelham aos das novelas de cavalaria que o próprio filósofo inglês não

---

48   *Op. cit.*, p. 99.

49   *Idem, Ibidem*, p. 99.

SHAFTESBURY E A IDEIA DE FORMAÇÃO DE UM CARÁTER MODERNO   109

deixa de criticar.[50] No entanto, a banalidade da narrativa do amor do jovem nobre não a torna menos verdadeira ou ineficaz perante sua pretensão de ilustrar uma tendência humana. Afinal, como parece sugerir Shaftesbury, qual de nós está completamente salvo da possibilidade de cair (*to fall*) em uma armadilha preparada pelos nossos sentimentos? A vaidade e a presunção com as quais a filosofia especulativa dos modernos trata as paixões não a põe na mesma situação do lorde que pensou ser forte o suficiente para resistir aos encantos da bela princesa? Não é por acaso que Shaftesbury chama as fantasias de "*lady-fancys*":[51] elas são como senhoritas charmosas que procuram seduzir o maior número de admiradores.

Na economia do livro, a história do cavalheiro apaixonado ocupa um lugar importante, pois é ela que permite ao autor introduzir o que é denominado "nossa doutrina das *duas pessoas* em uma *identidade* (*self*) individual".[52] No final da conversa com o seu príncipe, contente com o desfecho do seu caso, o nobre súdito agradece o monarca, reconhece que recebeu uma "lição de filosofia"[53] e diz ter entendido que a alma humana esta dividida em duas partes: uma boa e outra má. O lado mau do homem está na própria incapacidade de controlar suas aflições. Para o seu bem-estar, é preciso que ele identifique aquilo que o perturba, reconheça a sua força e, assim, aprenda a dominá-lo. Como é possível depreender do exemplo de Sócrates, a grandeza de uma pessoa mostra-se no modo como ela enfrenta as adversidades de sua vida:

---

50   A respeito da crítica de Shaftesbury a esse tipo de literatura ver o início de *Os Moralistas*.

51   *Op. cit.*, p. 161.

52   *Op. cit.*, p. 100.

53   *Op. cit.*, p. 99.

– Quem é Sócrates? Onde está a grandiosidade do seu caráter? – *Ele obedeceu à voz da deidade; aderiu apenas à razão; rejeitou as opiniões vulgares e descobriu a verdade em meio à ignorância e ao erro.* – Mas e se não houvesse tal *ignorância* precedente, onde estaria a grandeza da *descoberta*? Como ele teria sido a luz de sua época? E se não houvesse nenhuma *opinião vulgar*, nenhum sofista, nenhum ateniense vicioso ou corrupto, nenhuma oligarquia tirânica, nem democracia licenciosa, nem Anito ou Meleto, nem prisão, veneno ou morte? Conta-nos outra história. Mostra-nos um Sócrates sem esses [elementos]. Vê que quadro tu produzirás. – *Mas por que essas sombras no quadro?* Remove então as sombras. Remove todas as cores escuras. Vê como isso ficará. Considera como [será] nesse outro quadro. (...) Considera, então, o que é a nobreza (*magnanimity*) e o que a ocasiona, a autentica e a faz surgir? O que mostra a força da razão? Qual é o exercício e a prova de uma mente? O que mais senão circunstâncias, essas próprias circunstâncias, vício, ignorância, falsas opiniões? (...) Portanto, poderia haver um Sócrates sem nenhum Anito?[54]

Esse trecho dos *Exercícios* é de grande valia para a compreensão da noção shaftesburiana de homem. Para entender alguém como um agente humano e não como uma mera máquina é necessário considerar sua relação com as variações, as vicissitudes e as alterações às quais está sujeito. Temos de levar em conta as circunstâncias e situações que moldam a sua personalidade. Seus amigos, seu comportamento, sua época, sua maneira de falar e argumentar:

---

54 *Exercícios*, p. 145-146.

SHAFTESBURY E A IDEIA DE FORMAÇÃO DE UM CARÁTER MODERNO   111

nada disso pode ser negligenciado. Quando se trata de entender o caráter de Sócrates, também precisamos considerar tudo o que nele é obscuridade e problema, por exemplo: a ocasião de sua morte. Sua postura diante dessa triste e sombria situação nos mostra o quão grande e virtuoso ele foi. É então quase impossível não se indignar com a sentença na qual o sábio foi condenado: como um homem que oferece sacrifícios e votos aos deuses pode ser acusado de não cultuá-los, como alguém que inspira o amor pela virtude em seus discípulos pode ser dito um corruptor da juventude? Não é ele quem não compreende as normas de sua cidade, mas aqueles que o acusam: Anito e Meleto. Uma lei que permite a punição daqueles que a seguem tem necessariamente de ser contraditória e ilegítima. Mas Sócrates vai além da denúncia das injúrias das quais era vítima: ele aceita a sentença do tribunal de Atenas e não concorda com a ideia de alguns amigos que lhe propõem uma fuga da prisão. Como sempre, Sócrates segue o que a lei determina e bebe a cicuta: sua morte é a prova maior da injustiça dos que o condenam.

Xenofonte e Platão não menosprezaram a importância que a circunstância do final da vida do grande filósofo tem para a compreensão do seu caráter. De acordo com Shaftesbury, eles entenderam que esse funesto acidente "deu um lustro"[55] à figura de Sócrates. Foi em um evento sombrio que os dois célebres escritores encontraram o momento mais brilhante do seu mestre. "Tudo vem dessa morte tão lamentada",[56] comenta o filósofo inglês. A indignação frente à sentença do tribunal de Atenas tomou conta dos amigos de Sócrates e fez com que discípulos como Platão e Xenofonte sentissem a necessidade de escrever a história desse homem que morreu em total acordo com os seus princípios.

---

55   *Op. cit.*, p. 243.

56   *Idem, Ibidem*, p. 243.

Se a morte de Sócrates pode ser considerada como um momento privilegiado para o entendimento de sua maneira de pensar, é porque essa ocasião mostra, melhor do que qualquer outra, que o célebre filósofo de Atenas não foi senão o histórico da relação que ele estabeleceu com as situações adversas e favoráveis de sua vida, o embate com suas paixões e fantasias, a ponderação diante do medo de morrer etc. São circunstâncias como essas que encontramos em *Desenho de uma história socrática* (*Design of a socratick history*),[57] nome que Shaftesbury deu ao projeto de um livro que deveria se chamar *Chartae Socraticae*. O objetivo dessa obra era reconstituir o caráter de Sócrates a partir de traduções, comentários e análises de textos clássicos: *Os memoráveis* e *Os econômicos* (de Xenofonte), *A apologia de Sócrates*, o *Críton* e o *Fédon* (de Platão) eram alguns desses livros.[58] Como fica claro a partir do *Solilóquio*, o título que

---

57 Trata-se de um manuscrito de Shaftesbury que se encontra no *Publick Record Office* (PRO 30/24/27/14). Tivemos acesso a esse documento graças a uma fotocópia que nos foi disponibilizada pelo Professor Laurent Jaffro, que juntamente com o Professor Alain Petit prepara uma tradução francesa e um estudo crítico desse texto. Recentemente, os editores da *Shaftesbury Standard Edition* publicaram uma transcrição desse manuscrito.

58 Essa tradução jamais foi feita, como mostra o artigo *Le Socrate de Shaftesbury: comment raconter aux Modernes l'histoire de Socrate?*, de L. Jaffro. Esse manuscrito no qual Shaftesbury teria trabalhado entre 1702 e 1707 oferece um plano da obra a ser realizada, um grande número de notas metodológicas (referentes à própria estrutura e organização do livro) e outros tantos apontamentos a respeito de termos, expressões e passagens de textos de autores antigos. Shaftesbury pretendia dividir o seu livro em duas partes. Nesse mesmo artigo, Jaffro apresenta um esquema detalhado do conteúdo dessa divisão: "A primeira parte deveria compreender: 1. Um prefácio. 2. Uma vida de Sócrates a partir de Diógenes Laércio. 3. Uma tradução dos *Memoráveis* de Xenofonte, com notas. 4. Um comentário sobre essa tradução. 5. Uma tradução da *Apologia* de Xenofonte, com notas. 6. Um discurso sobre esses dois escritos históricos de Xenofonte./A segunda parte deveria compreender: 1. Um prefácio. 2. Uma tradução dos *Econômicos* de Xenofonte, com notas. 3. Um comentário dos *Econômicos*. 4. Uma tradução do *Banquete* de Xenofonte, com notas.

Shaftesbury pretendia dar ao seu livro (*Chartae Socraticae* = "escritos socráticos" ou "obras sobre Sócrates") remete-se a uma ideia presente na literatura romana, em especial na de Horácio, a saber: os textos gregos têm de ser tomados como modelos, sobretudo aqueles que narram e comentam a vida e as opiniões do célebre filósofo de Atenas.[59] Os romanos consideraram essas obras como as suas *"cartas marítimas filosóficas"*.[60] Por meio dessas cartas, acrescenta o filósofo inglês, "os gênios aventureiros daquele tempo costumavam dirigir o seu curso e governar a sua musa impetuosa".[61] Ou seja: essas obras literárias e filosóficas dos gregos eram vistas pelos estudiosos e interessados em poesia e filosofia como uma espécie de mapa ou de descrição de um itinerário a seguir. Mas as vantagens da leitura desses textos não era restrita ao candidato a poeta e ao homem de letras, ao apresentar Sócrates e várias circunstâncias de sua vida, os escritores gregos indicavam o caminho que ele havia percorrido para formar sua personalidade e, desse modo, acabavam por transformar o seu

---

5. Um discurso sobre essas duas obras de Xenofonte. 6. Uma tradução de passagens de Aristófanes, com notas. 7. Um comentário sobre Aristófanes. 8. Uma tradução do Banquete de Platão e de passagens de outras obras suas. 9. Um comentário sobre Platão. 10. Uma tradução da *Apologia* de Platão, do *Críton* e do *Fédon*, com notas. 11. Um discurso de conclusão"(*Le Socrate de Shaftesbury: comment raconter aux Modernes l'histoire de Socrate?*, p. 67).

59 Duas passagens de Horácio citadas por Shaftesbury atestam o argumento segundo o qual os textos gregos eram exemplares. A primeira é a seguinte: "Scribenti recte, sapere est & principium & fons./Rem tibi SOCRATICAE poterunt ostendere CHARTAE" (*Arte Poética*, 309-310. Citados em: *Solilóquio*, p. 103). A segunda: "– Vos Exemplaria Graeca/Nocturnâ versate manu, versate diurna." (*Arte Poética*, 268-269. Citados em: *Solilóquio*, p. 110). A versão brasileira de Dante Tringali propõe a seguinte tradução para elas: "Saber é o princípio e a fonte do bem escrever. Os escritos socráticos te poderão mostrar as ideias" (*A arte poética de Horácio*, p. 34); "Vós, volvei os modelos gregos com mão noturna, volvei com mão diurna" (*A arte poética de Horácio*, p. 33).

60 *Solilóquio*, p. 110.

61 *Idem, Ibidem*, p. 110.

principal personagem em um "espelho" ou "exemplo"[62] para todos aqueles que liam a narrativa de suas aventuras. A ideia é a de que o leitor não pode acompanhar o trajeto no qual o ilustre ateniense moldou sua pessoa sem refletir a respeito de si mesmo e reconhecer na história do filósofo algo que se relaciona à da sua própria formação. Temos aqui uma noção dinâmica de caráter: a identidade (*self*) de alguém não é algo já dado de modo preciso ou fixo, mas se confunde com a sua vida – uma pessoa é aquilo que ela faz de si mesma (*himself*). Embora Shaftesbury tenha abandonado o seu projeto de uma história socrática em meados de 1707, essa concepção de caráter e a figura de Sócrates como sendo o seu melhor paradigma permanecem nas *Características*, publicadas quatro anos depois. O homem que a *Carta sobre o entusiasmo* (1708) chama de "o mais divino que surgiu no mundo pagão"[63] soube como ninguém dar essa lição de filosofia e moral aos seus discípulos e amigos: sua própria maneira de viver e agir eram suficientes para inspirar virtude naqueles que o observavam com atenção. Para Shaftesbury, textos como os de Platão e de Xenofonte são exemplares, sobretudo porque narraram a vida do homem que para ele é *o exemplo*.

A história de Sócrates nos mostra que conhecer alguém é estar consciente do processo pelo qual ele se tornou o que é – tudo o que é problemático, todas as alterações e mudanças são relevantes para essa compreensão. Da mesma maneira, diz-nos o filósofo inglês, para entender uma árvore, é necessário considerá-la no inverno e no outono e não somente no verão e na primavera – não basta nos limitarmos às flores e às folhas, é preciso que também observemos os galhos podres e doentes. Embora os homens possam ser conscientes das alterações pelas quais passam (ao contrário das árvores),

---

62   *Idem, Ibidem*, p. 110.

63   *Entusiasmo*, p. 21.

SHAFTESBURY E A IDEIA DE FORMAÇÃO DE UM CARÁTER MODERNO   115

isso não os torna menos sujeitos aos efeitos delas. "Mas essas mudanças e vicissitudes não me agradam, tampouco posso encontrar beleza nelas".[64] A esse comentário que ele mesmo supõe receber de um provável adversário ou objetor, Shaftesbury responde que a dança não perde sua beleza por ser uma sucessão de movimentos variados e o caso não é diferente com a arte musical:

> O que é a música? O que é uma única nota prolongada? Nada é mais dissonante e odioso. Mas busque as mudanças e as vicissitudes, aquelas que são mais estranhas e variadas, e é aqui que surge a harmonia. Misture uma dissonância de certa maneira e a música é ainda mais excelente e o manejo dessas dissonâncias é o sublime da arte.[65]

Não há harmonia sem a ordenação de sons dissonantes. Para entendermos a importância que o exemplo da música tem para Shaftesbury, basta lembrarmos que a *Investigação sobre a virtude* afirma que os homens são como instrumentos musicais que sempre precisam ser afinados. Existem aqueles que têm "um sangue mais frio ou [são] de um tom mais grave",[66] outros tendem para o agudo e, por isso, são mais propensos às oscilações de humor. Cada qual deve buscar para si mesmo o equilíbrio pertinente à sua disposição natural. A grande questão passa a ser a de saber como exatamente podemos nos equilibrar e encontrar a afinação que nos é devida. Em outras palavras: "o que *eu devo ser?*" (what *I ought to be?*).[67] A resposta de Shaftesbury é muito simples e pode parecer evidente: tenho de

---

64   *Exercícios*, p. 147.

65   *Idem, Ibidem*, p. 147.

66   *Investigações*, p. 236.

67   *Miscelâneas*, p. 222.

ser *eu mesmo* (*my-self*). No entanto, a simplicidade do argumento não redunda em obviedade, sobretudo quando notamos a frequência com a qual as pessoas se comportam de um modo completamente distinto daquele que julgam ser o mais adequado ao seu caráter: pode ser muito difícil manter o que Márcio Suzuki chama de o "eu de si mesmo".[68] Semelhantemente ao que ocorre na descrição que os *Exercícios* fazem da figura de Sócrates, o *Solilóquio* apresenta a formação do caráter humano a partir do conflito entre o homem e tudo o que nele representa vicissitude e alteração de temperamento: as paixões, as fantasias, os apetites, as afecções, as opiniões e os desejos.[69]

De acordo com Shaftesbury, todo homem estabelece em seu interior um jogo (*game*) no qual haverá necessariamente uma parte vencedora e um perdedor: "Ou eu trabalho sobre (*work upon*) minhas *fantasias* ou elas sobre *mim*",[70] escreve o filósofo inglês. Pois, ele explica, "se os nossos *amores, desejos*, ódios e *aversões* são deixados por eles mesmos, necessariamente seremos expostos a infinitas vexações e calamidades".[71] A história do jovem

---

68   " 'Eu de si mesmo' é, por sua vez, um artifício visando explorar as possíveis consequências de uma certa duplicação pleonástica que ocorre já no nível gramatical, quando, por exemplo, à falta de outro recurso um filósofo de língua inglesa foi obrigado a dizer: 'I'm My-self' ". Como o autor deixa claro, o referido filósofo é Shaftesbury e o trecho por ele citado é uma passagem de *Os moralistas* (SUZUKI, M. *O homem do homem e o eu de si mesmo*. In: *Discurso 30*. Revista do Departamento de Filosofia – USP, São Paulo, 1999, p. 26). Para a compreensão das relações que essa noção de "si mesmo" – noção que pressupõe uma prática ou cultivo da própria identidade – tem com a filosofia antiga, ver: HADOT, P. *Qu'est-ce que la philosophie antique?* e FOUCAULT, M. *Les techiniques du soi*.

69   *Passions, fancys, appetites, affections, opinions* e *desires* são termos que Shaftesbury utiliza para designar as constantes oscilações de humor e de comportamento do gênero humano.

70   *Solilóquio*, p. 167.

71   *Miscelâneas*, p. 223-224. Esse trecho é similar à seguinte passagem do *Solilóquio*: "Pois se as fantasias são deixadas por elas mesmas, o governo evidentemente será

apaixonado pela bela princesa é um bom exemplo da força dos nossos sentimentos e da importância de dominá-los. Embora haja uma relação muito próxima entre mim e os desejos e paixões que sinto, *eu* não sou essas *minhas* afecções, mas *aquilo* ou *aquele* que as controla. Como vimos, essa era a ideia que a anedota do amor do jovem lorde permitia introduzir e que o autor do *Solilóquio* denominara "doutrina das duas pessoas em uma identidade (*self*) individual": todo homem deve estar dividido em duas partes, uma delas tem de tomar o controle e dominar a outra. Como lembra Shaftesbury, se o nobre apaixonado precisou da ajuda de seu sábio príncipe para perceber o que ele mesmo admitiu ser uma lição de filosofia e moral, existem homens que independem desse auxílio e podem ser vistos como a própria manifestação dessa doutrina das "duas pessoas em uma". No lugar de necessitar da orientação dos outros, são eles que conduzem e indicam um caminho para aqueles que os cercam. A sabedoria e a destreza com as quais o bom monarca reage diante do caso da paixão de seu amigo não é diferente daquelas que o filósofo inglês destaca em Sócrates. Podemos reconhecer na maneira com a qual o príncipe instrui o seu amigo muito da figura do virtuoso, cujo protótipo é o filósofo de Atenas. Tal como o personagem retratado em *Desenho de uma história socrática*, o monarca apresentado no *Solilóquio* é, acima de tudo, um modelo de prudência e moderação. São esses exemplos de vida que nos permitem ver que o homem é o controle de si: que ele se caracteriza por um poder de forjar a figura de um observador atento ou supervisor interno que o analisa e o corrige, estuda as suas opiniões e desejos, e busca adequá-los a uma postura que considera a mais justa:

---

delas" (*Solilóquio*, p. 167).

> De modo que se não houvesse um *inspetor* ou *auditor* instalado dentro de nós para dar conta dessas opiniões e fantasias na devida forma e repreender minuciosamente os seus diversos desenvolvimentos e hábitos, é tão pouco provável que mantivéssemos o mesmo arbítrio (*will*) por um [único] dia quanto uma árvore conservasse o mesmo *feitio* (*shape* = formato, configuração) durante todo o verão sem ajuda do jardineiro e da vigorosa aplicação de tesouras e podões.[72]

Ao "podar" nossas fantasias, encontramos nossa devida forma ou aquilo que devemos ser: é assim que um homem mantém a sua identidade e desenvolve o seu caráter. *Disciplina, administração e regime*[73] são alguns dos nomes que Shaftesbury emprega para essa prática de autocontrole. A questão, ele nos diz, pode ser pensada a partir de uma analogia com as atividades domésticas ou gerenciamento do lar (*household*), onde algum membro da família tem de assumir a função de chefe, sem o que a casa nunca se organizará. Essa imagem não é fortuita, sobretudo quando notamos que no *Solilóquio* o termo *home* ("lar, casa", mas que também pode ser vertido por "âmago") designa o âmbito do que nos é mais familiar e íntimo: o nosso *self*. Por essa razão, o autocontrole das paixões é entendido como uma prática doméstica (*home-practice*): ele pressupõe a análise e a correção daquilo que pode ser considerado como a principal morada de um homem – o seu interior (*within*).

Mas como realizar essa correção interna? Quais serão as tesouras dessa "autopoda", que tipo de instrumento é o mais indicado para aparar as paixões e, assim, dar forma a um caráter humano? Para que

---

72 *Solilóquio*, p. 100.

73 *Discipline, management, regimen*. A esse respeito ver: *Solilóquio*, p. 101 e p. 166-167.

SHAFTESBURY E A IDEIA DE FORMAÇÃO DE UM CARÁTER MODERNO   119

seja possível certo controle do funcionamento e do modo de constituição de sua mente, o homem necessita saber que os "nossos pensamentos têm em geral uma linguagem tão obscura e implícita, que é a coisa mais difícil do mundo fazê-los se exprimir claramente".[74] Não podemos nos entender enquanto muito do que está presente em nossa mente ainda nos soa como uma arenga incompreensível. Para Shaftesbury, a melhor maneira de controlarmos as nossas fantasias é falarmos com elas e dar voz ao que em nós é nebuloso. O que significa dizer: precisamos conversar com nós mesmos. "O quê! Falar comigo mesmo, como algum *louco*, em diferentes pessoas e a partir de diferentes caracteres!",[75] objeta um adversário imaginado pelo filósofo inglês. "Sem dúvida", ele responde, "ou em breve se verá quem é o *verdadeiro louco* e [quem] realmente muda de *caráter*".[76] Paradoxalmente, é assumindo vários caracteres que podemos formar um único caráter: enlouqueço quando não dou ouvidos à diversidade de paixões que estão em mim. Eu jamais poderia dominar essa variedade e encontrar uma união para os meus diversos desejos, opiniões e ideias se os ignorasse por completo:

> Eu estou cercado por *ideias* e *apreensões* tocantes, mas eu não tomo nada de seu relato (*I take nothing on their report* = eu não considero nada do que elas falam). Eu ouço a sua estória (*story*) e as respondo como elas merecem. A *fantasia* e eu não somos um só todo. A discordância me torna *eu mesmo*.[77]

---

74   *Op. cit.*, p. 94.

75   *Op. cit.*, p. 166.

76   *Idem, Ibidem*, p. 166.

77   *Op. cit.*, p. 167-168.

É o jogo (*game*), o conflito e a oposição perante minhas paixões que me torna o que sou. No limite, o *eu* não é nada além de uma tomada de posição frente a si mesmo e, por isso, pressupõe uma discordância ou uma discussão interior. Esse mesmo *I* (*eu*) que acredita em sua existência (*I take my being upon trust*) confirma e valida essa sua crença ao desdobrar-se em dois e tomar o lugar de seu próprio inspetor. Shaftesbury admite que esse argumento pode parecer estranho ao seu leitor. No entanto, ele adverte, o conhecimento de tal concepção de identidade como "duas pessoas em uma" foi bastante difundido na Antiguidade e estava presente neste que talvez seja o mais famoso dos ensinamentos de Sócrates: "Conhecei-vos a vós mesmos – essa era a celebrada inscrição *délfica*, que não era dizer outra coisa senão *dividi-vos* ou *sede-vos* dois".[78] Para que alguém compreenda aquilo que o constitui e o caracteriza, é preciso que ele se duplique: não posso me conhecer sem que ao mesmo tempo eu assuma a postura do pesquisador e do objeto a ser investigado. De acordo com o filósofo inglês, quando afirmam que temos em nosso interior um gênio ou um espírito protetor que nos orienta e aconselha (um *daimon*), os sábios gregos estão apenas reconhecendo a capacidade que todo homem tem de se autoanalisar por meio de um "*dialeto* doméstico do solilóquio" (home-*dialect* of soliloquy).[79] Se esse diálogo íntimo ou conversa interna (*inward converse*) não é para nós uma prática familiar e comum, então jamais estaremos *at home*. Ao ignorar a voz das paixões, tornamo-nos inertes frente a elas e acabamos por nos transformar em um estranho no interior de nossa própria casa:

---

78 *Op. cit.*, p. 93.

79 *Op. cit.*, p. 93.

SHAFTESBURY E A IDEIA DE FORMAÇÃO DE UM CARÁTER MODERNO   121

E é aqui que surge o nosso soberano remédio e
método *ginástico* do solilóquio: quando, por certa
figura poderosa da retórica interna, a mente *apos-
trofa* suas próprias fantasias, elevando-as às suas
configurações e aos seus personagens adequados
e se dirigindo a elas de maneira familiar, sem cerimônia ou respeito.[80]

O solilóquio é um exercício mental no qual o homem elabora
o seu raciocínio e o seu caráter. Pensar não é distinto de personificar
ou buscar uma imagem para aquilo em que pensamos. Dar voz ao
que se passa em nossa mente e controlar os elementos que em nós
são obscuros e variáveis é encontrar uma figura para eles: torná-los
personagens. Tomemos aqui o próprio Shaftesbury como exemplo
dessa prática. Por todo o *Solilóquio* notamos a presença de um refutador imaginário que contesta e critica os argumentos expostos pelo
autor. Quando esse último propõe a conversa interna (o solilóquio)
como meio de corrigir e amenizar os efeitos das paixões sobre os
homens, surge a opinião de que isso é uma loucura, que apenas
os insanos falam consigo mesmo. A intervenção dessa figura que
adentra a argumentação do livro de um modo inesperado e um
tanto abrupto faz com que o autor repense suas ideias, considere alguns outros aspectos da mesma questão e a elabore de uma maneira
mais clara. O refutador não é um mero recurso estilístico, se por
isso entendermos algo que tem apenas a função de adornar o texto
e é completamente alheio à estrutura da obra. Ao contrário: ele está
intimamente ligado à argumentação do livro e nos indica a maneira
com a qual foi composto. Esse crítico não é senão uma configuração (*shape* = forma, formato) do raciocínio de Shaftesbury, ele per-
sonifica um conjunto de noções do filósofo inglês e a necessidade

---

80   *Op. cit.*, p. 101.

de aprimorá-las e torná-las mais claras. O destinatário para o autor da *Carta sobre o entusiasmo* (que sabemos ser Lorde Somers) e Teócles para Filócles desempenham um papel similar: tal como o refutador do *Solilóquio*, eles representam um estímulo para os seus respectivos pensamentos e a procura por uma melhor formulação de suas ideias e convicções. Reencontramos aqui no nível do indivíduo o tema do entusiasmo. Como tentamos mostrar em nosso capítulo anterior, nossas ideias e o próprio movimento de autoconstituição mental nos entusiasmam: não podemos deixar de nos contagiar pelo entusiasmo ao tomar consciência do processo de formação de nossa mente. Esse sentimento que é a principal paixão humana, de onde todas as outras derivam e que pode ser considerada como o ponto em comum entre elas, é também aquele que mais precisa ser dominado. Para evitar o fanatismo descontrolado ou o que Shaftesbury chama de "entusiasmo de segunda mão",[81] precisamos encontrar figuras para essa nossa paixão. Só podemos regrar nossas fantasias quando as personificamos e temos com ela uma conversa familiar: "sem cerimônia", como dizia Shaftesbury no trecho acima citado.

Na *Carta sobre o entusiasmo*, Shaftesbury nos conta que assim que os profetas franceses chegaram à Londres do início do século XVIII e começaram a aterrorizar as pessoas com os seus modos e ditos apocalípticos, surgiu na "Feira de São Bartolomeu"[82] um espetáculo de marionetes que ridicularizava esses religiosos. Com

---

81   *Entusiasmo*, p. 27.

82   *Op. cit.*, p. 19. Como indica Claire Crignon-de Oliveira em uma nota à tradução francesa da *Carta sobre o entusiasmo*, a Feira de São Bartolomeu ocorria em *Smithfield* no dia 24 de agosto. Nela, era comum a apresentação de peças que parodiavam os acontecimentos do momento: "As profecias dos camisards, suas agitações e êxtases que fizeram sensação em Londres nessa época, constituíam um bom tema de divertimento" (*Lettre sur L'enthousiasme*, p. 143, nota 5).

SHAFTESBURY E A IDEIA DE FORMAÇÃO DE UM CARÁTER MODERNO   123

"movimentos de arames",[83] os artistas representavam as "vozes estranhas e agitações involuntárias"[84] tão peculiares a esses entusiastas. Segundo o filósofo inglês, não poderia haver uma melhor maneira de retratar o comportamento desses fanáticos do que através de bonecos, pois "os corpos dos profetas em seu estado de profecia não estão em seu próprio poder, mas (como eles mesmos dizem) são meros órgãos passivos, executados por uma força exterior, [e] não têm nada de natural ou semelhante à vida real em qualquer de seus sons ou movimentos".[85] Os artistas do teatro de marionetes encontraram o modo mais eficaz de combater o mal da superstição: no lugar de persegui-lo ou tentar bani-lo, eles deram voz a essa paixão e mostraram ao público o quanto ela era risível. Shaftesbury chama essa prática de "método da Feira de São Bartolomeu".[86] Seu propósito é de mostrar que a crítica e o humor são grandes armas para o controle e para a regulação das paixões. Tentar reprimir os sentimentos, diz-nos o autor da *Carta sobre o entusiasmo*, é fortalecê-los e dar ocasião para que eles ressurjam com maior veemência.

A mesma situação pode ser transposta para o âmbito individual. No *Solilóquio*, Shaftesbury defende a tese segundo a qual o interior do homem é como um teatro. Sobem ao "palco do solilóquio" todas as nossas diversas facetas ou personagens, lá os diferentes desejos e paixões serão expostos e falarão àquela nossa parte que assume a função de crítico e corretor. Uma "corte tão cruel quanto *a inquisição*"[87] terá de ser erigida em nós: o solilóquio exige que nos mostremos sem a menor cerimônia ou receio de vermos coisas

---

83   *Idem Ibidem*, p. 19.

84   *Idem Ibidem*, p. 19.

85   *Idem Ibidem*, p. 19.

86   *Op. cit.*, p. 20.

87   *Solilóquio*, p. 100.

que irão nos desagradar. Não podemos ter medo de parecermos ridículos para nós mesmos, tais como eram os profetas *camisards* aos olhos do público da Feira de São Bartolomeu. Para aqueles que estão seguros de si, o humor jamais é prejudicial. Quando estava no auge de sua popularidade, Sócrates foi tema de uma peça teatral que o ridicularizava: *As nuvens*, de Aristófanes. O sábio não apenas não se abalou com o ocorrido, conta-nos Shaftesbury, como foi ao espetáculo e, assim, deu oportunidade para que a sua pessoa "pudesse ser comparada àquela que o engenhoso poeta havia levado ao palco como o seu representante".[88] A reputação de Sócrates não apenas permaneceu intocável como cresceu depois desse incidente. "Tal era o seu *bom humor*",[89] conclui o filósofo inglês. Ao portar-se dessa maneira em público, o sábio grego mostra que já havia se acostumado à crítica e assumido por várias vezes o papel de observador de si mesmo em um teatro muito mais íntimo. Na prática do solilóquio, cumpre ao inspetor interno a função de dirigir a cena e formar, a partir de muitas facetas ou personagens (*characters*), uma única e mesma pessoa. É a atividade desse crítico interior que confirma a crença natural no *eu*:

> Os metafísicos e notáveis arrazoadores acerca das refinadas questões da identidade (*identity*) admitem que se a memória desaparece, o si mesmo (*self* = identidade) é perdido. E quanto à memória? O que faço com o passado? *Se enquanto eu sou* não sou senão o que deveria ser, do que me importa o restante? E, assim, deixe-me perder o *si mesmo* (*self*) a cada hora e ser vinte si mesmos (*selfs*) sucessivos ou novos si mesmos (*selfs*), são apenas um

---

88 *Entusiasmo*, p. 21.

89 *Idem Ibidem*, p. 21.

SHAFTESBURY E A IDEIA DE FORMAÇÃO DE UM CARÁTER MODERNO 125

> para mim desde que eu não perca minha opinião.
> Se a carrego comigo, há um eu: tudo está bem. Se
> ela vai embora, a memória também tem de ir. Pois,
> como uma pode existir sem a outra?[90]

A opinião que garante a minha personalidade não é um julgamento preciso e acabado que emito a respeito de mim mesmo, mas é, antes, a capacidade de avaliar os meus diferentes aspectos ou facetas, isto é: uma faculdade de criticar as muitas mudanças que sofro. Apesar de todas as alterações, não há problema em dizer que a pessoa que fui há dez anos e a que sou hoje são as mesmas, pois posso observar e analisar esses dois personagens e estabelecer o vínculo que os une. Segundo Jaffro, no trecho dos *Exercícios* que citamos acima, Shaftesbury apresenta uma crítica à noção de identidade de Locke. De acordo com o autor do *Ensaio sobre o entendimento humano*, a memória seria o principal elemento para a manutenção da personalidade de alguém.[91] Mas, questiona Shaftesbury, o que faríamos com um conjunto de lembranças desconexas? Jamais poderíamos ser o que somos se não pudéssemos encontrar o vínculo que as une e faz com que sejam *nossas* recordações. Para Shaftesbury, não se trata de ignorar o papel da memória na constituição do *self*, mas de realçar o lugar de destaque que aí tem o poder de conciliar as múltiplas lembranças em um só caráter. É preciso deixar bem claro que a mera recordação de experiências vividas não é suficiente para garantir ao homem a sua identidade. No limite, eu sou esse exercício que visa analisar as oscilações e mudanças pelas quais passei, que ouve as paixões e busca adequá-las à natureza de minha pessoa. Meu caráter

---

90 *Exercícios*, p. 233.

91 JAFFRO, L. Nota 488 à edição francesa dos *Exercícios* (*Exercises*, p. 442-443). Como lembra Jaffro, a teoria lockiana da identidade é exposta no *Ensaio sobre o entendimento humano*, Livro II, Cap. 27.

tem então de ser entendido como uma prolepse, uma prenoção da qual tenho naturalmente consciência, mas que precisa ser aprimorada e cultivada para que não seja desviada do seu caminho. Mas como compreender que algo que tem por natureza um determinado padrão possa tomar outro caminho? Se existe a possibilidade de nos afastarmos daquela que seria a nossa conduta natural, isso não seria o mesmo que afirmar que o desvio é parte de nossa natureza? Sim, responde Shaftesbury. Porém, tal constatação não invalida a ideia de que há um comportamento que naturalmente nos é mais adequado e, por isso, deve ser seguido. "Não é mais *natural* para o estômago digerir do que respirar para o pulmão, separar os sucos para as glândulas ou cumprir os seus diversos ofícios para as outras entranhas, no entanto eles podem ser por vezes desordenados e obstruídos em suas operações por impedimentos particulares", diz-nos a *Investigação sobre a virtude*.[92] Todos nós sabemos que os nossos órgãos são sujeitos a certos desarranjos e nem por isso os consideramos menos naturais, tampouco dizemos que a sua disfunção é o que caracteriza o seu modo de operar. O mesmo pode ser afirmado em relação às paixões: sentimentos tão nobres quanto a generosidade ou o amor quando exagerados trazem grandes complicações, como nos mostra a história do jovem enamorado pela princesa. Embora originalmente virtuosa, "se ela (uma paixão) é imoderada e vai além de certo grau, é indubitavelmente viciosa".[93] Quando ultrapassa os limites e se torna exacerbado, o amor de uma mãe por um filho gera "*mesquinharia e covardia*".[94] Como vimos, o egoísmo (*selfishness*) não é senão a autopreservação (*self-preservation*) que ao atingir níveis muito altos põe em risco a própria identidade pessoal, fazendo

---

92   *Investigações*, p. 227.

93   *Op. cit.*, p. 202.

94   *Idem Ibidem*, p. 202.

SHAFTESBURY E A IDEIA DE FORMAÇÃO DE UM CARÁTER MODERNO   127

do egoísta um *idiota*: alguém autocentrado. Se para uma disfunção dos pulmões ou do estômago precisamos encontrar o remédio exato, o mesmo deve ocorrer no caso das paixões: é necessário que se pratique o solilóquio. Esse é o verdadeiro medicamento para um dos maiores males que afligem o gênero humano – a superstição: "O grande artifício da *vilania* e da *baixeza* (*leudness*), assim como o da *superstição* e do *fanatismo*, é colocar-nos sob a condição da maior distância e formalidade com nós mesmos e evitar o nosso método comprobatório do solilóquio."[95]

O fanatismo e a superstição são decorrências de um desconhecimento de si, de uma má relação do homem consigo próprio e, consequentemente, com o meio ao seu redor. "No lugar de olhar minuciosamente para a sua natureza e mente",[96] o místico se perde com assuntos que ultrapassam a sua compreensão e que, por isso, lhe parecem grandiosos e dignos de veneração. Não é de admirar que o seu pendor pelo sobrenatural acabe por torná-lo um verdadeiro mistério para ele mesmo. De acordo com Shaftesbury, apenas o solilóquio pode nos oferecer a possibilidade de entender a verdadeira religião. Por essa razão, os antigos sábios o "consideraram como um trabalho mais religioso do que qualquer prece ou quaisquer outros deveres de templo".[97] Se, como tentamos mostrar em nosso capítulo anterior, o termo *religião* exprime a própria compreensão do movimento de formação da ordem cósmica, se esse conhecimento nos é acessível graças ao entendimento do lugar que ocupamos na economia do universo, então o conhecimento de Deus, o princípio designante da natureza, depende do solilóquio. O diálogo interno que molda e mantém o nosso caráter tem de ser considerado como

---

95   *Solilóquio*, p. 95.

96   *Op. cit.*, p. 96.

97   *op. cit*, p. 93.

uma prática mais religiosa do que qualquer cerimônia, prece ou votos, pois não se atém às particularidades de uma determinada igreja e vai além ao desvendar os vínculos que cada indivíduo estabelece com o universo. "Quem sou *eu?*" (who am *I*?),[98] pergunta Shaftesbury nos seus *Exercícios*. "Um tal, filho de um tal, de uma tal família, de um tal país, de um tal estado, com um tal título",[99] ele diz. Insatisfeito com essa solução, o filósofo inglês decide pôr a questão mais uma vez (*begin now and consider anew*, diz ele) e dessa vez a responde da seguinte maneira: "*Um tal, filho de um tal, de um tal nome? – Não. – Mas o que então? Quem? – Um homem, uma criatura racional, de tal nascimento, de tal casa*".[100] Não são raras as ocorrências de perguntas como "o que eu sou? Onde estou? Quem eu sou?" na obra de Shaftesbury; os *Exercícios*, o *Solilóquio* e as *Miscelâneas* nos mostram quão importantes elas são para o filósofo inglês. O que aqui está em questão é um problema comum a todos nós: como ser *um* membro do gênero humano? Shaftesbury nos responde: "O que eu sou? – Um homem? – Mas como, *um homem?* Como um *ateniense? Romano? Europeu? Isso é tudo?* – Não, mas como *cidadão do mundo*. Isso sim é ser *um homem*. É isso que significa a natureza do *homem*."[101]

Um homem tem de ser ao mesmo tempo uma criatura (*creature*) particular e universal. Todos nós somos alguém, filhos de certa pessoa e nascidos em um determinado país ou sociedade, mas não nos limitamos a isso: somos racionais, podemos refletir e entender nossa participação em uma comunidade muito mais abrangente – o mundo. A mesma atividade da razão que corrige minhas fantasias e

---

98   *Exercícios*, p. 134.

99   *Idem Ibidem*, p. 134.

100 *Op. cit.*, p. 135.

101 *Op. cit.*, p. 137-138.

SHAFTESBURY E A IDEIA DE FORMAÇÃO DE UM CARÁTER MODERNO · 129

molda a minha personalidade, proporciona-me a compreensão do lugar que ocupo na economia da natureza. Assumir o que existe de mais particular em mim é também reconhecer minha participação no cosmos. O movimento de formação do caráter de um homem não se distingue de sua afirmação como um ser do mundo. Ao comentar um trecho do *Solilóquio*, as *Miscelâneas* afirmam que o dialeto caseiro ou conversa interna que molda a nossa personalidade já pressupõe uma linguagem universal:

> Ele (o autor do *Solilóquio*) começa, é verdade, o mais próximo possível do doméstico (*home*) e nos remete à mais íntima de todas as conversas, aquela do solilóquio ou *autodiscurso*. Mas, de acordo com seu cálculo, essa correspondência é completamente impraticável sem um comércio prévio com o mundo. E, ele pensa, é possível provar que quanto maior for esse último comércio, mais praticável e desenvolvido é o outro (o solilóquio).[102]

O universo ou o que Shaftesbury também chama de "palco do mundo" (*stage of the world*)[103] sempre esteve presente: é dele que nos retiramos para praticarmos o solilóquio e é a ele que retornamos quando já sabemos qual o papel ou personagem (*character*) que nos cabe nesse grande teatro. Como diz o filósofo inglês em *Os moralistas*, a mente particular deve "seguir sua felicidade em conformidade com *a geral* e se esforçar para se assemelhar a ela em sua mais elevada simplicidade e excelência".[104] Trata-se então de uma "conformidade" – nossa natureza tem de se formar junto com aquela do todo

---

102 *op. cit*, p. 203.

103 *Solilóquio*, p. 90.

104 *Moralistas*, p. 85.

e, por assim dizer, dissolver-se nela. É nesse sentido que o universo é *"uma coisa inteira"*:[105] nada lhe é alheio, tudo o que existe está nele. A exterioridade apenas surge a partir de um ponto de vista particular. Ao tomar consciência de sua participação no mundo, o homem percebe que é uma parte dele, ou seja: circunscreve os limites que lhe são próprios (*proper*), considera-os como o seu interior (*within*), chama de externo tudo o que está além dessa sua morada (*home*) e afasta-se do restante da natureza. No entanto, saber-se uma *parte* é admitir seu vínculo com um *todo* e o que em um primeiro momento poderia ser entendido como um distanciamento frente ao universo revela-se uma aproximação. Paradoxalmente, precisamos nos afastar do mundo para compreendermos nossa relação direta com ele. Sem esse movimento reflexivo não poderíamos exercer nossa natureza racional: se não fôssemos capazes de nos distanciar do todo e assumir nossa particularidade, jamais conseguiríamos entender a ordem universal e efetivar essa faculdade tipicamente humana: a razão. Como explica Teócles a Filócles, pode-se observar algo similar "nessas plantas que vemos em torno de nós, cada natureza *particular* floresce e atinge sua perfeição se nada de *exterior* a obstrui"[106] e quando prejudicada, ela ainda tem condições de "se recuperar"[107] e seguir o seu curso natural. O que ocorre com as árvores não é muito distinto do que acontece com o gênero humano: florescemos e atingimos nossa perfeição quando exercemos nosso caráter racional e começamos a compreender a ordem cósmica. O homem é um ser particular que é naturalmente levado a uma visão universal. Esse é o curso ou caminho (*way*) que nos é devido, é dele que não podemos nos deixar desviar, tampouco permitir que algum elemento externo o prejudique.

---

105 *Op. cit.*, p. 80.

106 *Op. cit.*, p. 86.

107 *Idem, Ibidem*, p. 86.

SHAFTESBURY E A IDEIA DE FORMAÇÃO DE UM CARÁTER MODERNO   131

A melhor maneira de salvaguardarmos nossa natureza é ter consciência do que somos e o primeiro passo para tanto é entender que não existe uma resposta determinada e precisa para a pergunta "o que eu sou?": tanto a questão quanto a sua conclusão se confundem com a vida de *um* homem. Sócrates pode ser considerado como um exemplo universal de virtude, pois, como poucos, soube ser ele mesmo e tinha consciência do lugar que lhe era cabido no universo. O filósofo grego não nos dá uma solução definitiva para a questão de nossa existência; ao contrário, ele faz com que perguntemos por nosso caráter e nos inspira a buscar uma maneira própria de exercer a natureza humana. Ninguém pode me ensinar a ser eu mesmo, mas os grandes homens são modelos para o que Shaftesbury chama de a *verdadeira vida*: "A verdadeira vida racional (que para o homem é a única *vida verdadeira*) se apresenta quando a vontade, como mera vontade ou fantasia, é subordinada à razão".[108]

Viver é controlar nossas paixões, apetites e desejos. E como sempre estamos sofrendo as interferências dos sentimentos e das mudanças que eles provocam em nós, não podemos deixar de praticar o solilóquio. "O que eu sou?" não é uma pergunta que requer uma solução, trata-se de um exercício: é preciso que ela ressurja em cada momento decisivo do processo de formação de nosso caráter. E é justamente nessa situação de dúvida que "reconhecemos a autoridade e o objeto da filosofia".[109] O homem é o grande tema da filosofia: "o que eu sou?" é uma questão essencialmente moral; se não pudéssemos formulá-la também seríamos incapazes de investigar nossa natureza ou de formar um caráter. É a partir dessa simples pergunta que se institui e se aperfeiçoa o que Shaftesbury

---

108 *Exercícios*, p. 209.

109 *Solilóquio*, p. 149.

denomina a "província da filosofia" (*province of philosophy*).[110] Ao filósofo cabe examinar as suas próprias faculdades e o modo como elas entendem e estabelecem as distinções entre os seus objetos:

> Ela (a filosofia) confere a todas as ciências inferiores a sua justa posição (*rank*), deixa que algumas mensurem os sons, que outras perscrutem as *sílabas*, que outras pesem os *vácuos* e definam os *espaços* e *extensões*, mas reserva para si sua devida autoridade e majestade, mantém o seu estudo e antigo título de *Vitae Dux*, *Virtutis Indagatrix* e todas aquelas nomenclaturas que há muito tempo pertencem a ela.[111]

Não basta nos limitarmos a um ramo específico do conhecimento quando desejamos analisar o objeto peculiar à filosofia. O mero estudo de triângulos, como diz o autor do *Solilóquio*, não é suficiente para a compreensão do que é a mente humana. O próprio geômetra jamais supõe que ao desenvolver sua ciência avance "na sabedoria ou no conhecimento de si mesmo ou do gênero humano".[112] Uma investigação consequente acerca da geometria ou de qualquer outra atividade científica teria de reconhecer que ela foi feita por um homem, que se dirige aos demais membros de sua espécie e só por eles poderá ser compreendida. Se o cientista pode se restringir aos limites do saber ao qual se dedica, tal postura não é compatível com a atividade filosófica. Um verdadeiro filósofo não pode negligenciar a importância de "*um coração e* [de uma]

---

110 *Op. cit.*, p. 148.

111 *Op. cit.*, p. 155.

112 *Op. cit.*, p. 151.

SHAFTESBURY E A IDEIA DE FORMAÇÃO DE UM CARÁTER MODERNO   133

resolução".[113] Pelo primeiro termo, Shaftesbury entende o domínio das paixões, de tudo o que é oscilação e alternância. Já a resolução (*resolution*) está intimamente ligada a uma concepção da filosofia antiga, como comenta Jaffro:

> O âmago da minha identidade (*self*) consiste no que os estoicos costumavam chamar de *logos* ou *prohairesis*, que é a minha parte dominante, *to hêgemonicon*, que é capaz de avaliação e juízo. A tarefa da *prohairesis* consiste no uso inteligente das representações ou, tal como Shaftesbury a toma, na regulação das fantasias.[114]

Resolution seria o termo com o qual Shaftesbury traduz o grego *prohairesis*, sobretudo o uso que dele fazia Epiteto:[115] trata-se da instância do crítico que corrige e ordena as fantasias. Reencontramos aqui a "doutrina das duas pessoas em uma", segundo a qual só podemos ser um e mesmo, porque nos dividimos e nos autocorrigimos. Por esse motivo, o filósofo inglês considera essa divisão interna como o "princípio primordial da filosofia": aos seus olhos, esse era o maior ensinamento professado pelos grandes filósofos da Antiguidade. Como vimos, é à autoridade desses sábios que Shaftesbury recorre para apresentar o que julga ser a verdadeira filosofia. Mas se essa é a atividade que melhor caracteriza a prática filosófica, por que ela foi esquecida pelos contemporâneos do autor

---

113 *Miscelâneas*, p. 206.

114 JAFFRO, L. *Shaftesbury on the* Cogito. *An intermediary between Gassendism and the common sense school*, p. 117.

115 A influência que o estoicismo exerceu na obra de Shaftesbury torna-se evidente nos seus *Exercícios*, texto que apresenta várias passagens de Epiteto e Marco Aurélio. A esse respeito, ver a introdução de Laurent Jaffro à tradução francesa dos *Exercícios* (*Exercices, Présentation*, p. 7-34).

do *Solilóquio?* Como os tempos modernos puderam negligenciar esse que seria o elemento primordial da filosofia?

A origem da liberdade

Uma das passagens da obra de Shaftesbury que melhor ilustra o modo como ele via a situação da atividade filosófica na Modernidade é apresentada em *Os moralistas*. Contrariando as normas usuais da boa sociedade da época, Palemon começa a falar sobre um tema considerado inapropriado à conversa amigável: a filosofia. Tal ousadia não deixa de provocar admiração em Filócles, que diz:

> Que mortal, Palemon, que jamais tivesse tido a ocasião de conhecer vosso caráter poderia imaginar que um gênio apropriado aos assuntos mais importantes e formado em meio a cortes e campos (*courts and camps*) tivesse um pendor tão violento pela filosofia e pelas escolas? Quem poderia acreditar que alguém de vossa posição e crédito no mundo *elegante* fosse tão plenamente versado no *erudito* e profundamente interessado nos assuntos de pessoas tão desagradáveis à maioria dos homens e ao humor da época?[116]

A questão da incompatibilidade entre a filosofia e os costumes que regem a vida social é um dos principais temas de *Os moralistas, uma rapsódia filosófica*. Como constata Filócles, o mundo elegante (*fashionale world*) desaprova a análise mais detalhada dos assuntos sobre os quais discute: embora estivesse em voga levar à sociedade toda sorte de questões políticas e problemas de "negócios de

---

116 *Moralistas*, p. 3.

SHAFTESBURY E A IDEIA DE FORMAÇÃO DE UM CARÁTER MODERNO 135

estado",[117] ninguém estava disposto a ir além de certos limites e desvendar a raiz filosófica desses assuntos. Nada mais natural, diz-nos Filócles, do que vincular a política à moral e, por fim, essa última à filosofia, porém os homens de sua época não mostram o mínimo interesse por tal maneira de conduzir os temas que lhes interessam. Para eles, toda erudição é "pedantismo" e a moralidade não passa de uma "pregação".[118] A investigação e o exame são considerados como uma indelicadeza e introduzi-los em uma conversa entre amigos é uma grande prova de grosseria e de maus costumes. Por essa razão, o exame filosófico foi excluído do mundo, trancafiado em escolas ou em conventos e, na expressão de Shaftesbury, submetido a trabalhos forçados, "como aqueles das minas".[119] A filosofia é uma "pobre dama!" (*poor lady*),[120] não passa de uma prisioneira a quem é interditada qualquer participação na cena pública. Os poucos que ainda mantêm algum comércio com ela, o fazem "secretamente e à noite".[121] "Tendes de me conceder lamentar assim a *filosofia*," diz Filócles a Palemon, "uma vez que me forçastes a me envolver com ela em um tempo em que seu crédito anda tão baixo".[122]

Embora *Os moralistas* apresentem uma incompatibilidade entre filosofia e Modernidade, não podemos esquecer que o simples fato de Palemon introduzir questões filosóficas nas conversas de sociedade já pode ser visto como um meio eficaz de chamar a atenção das pessoas para a importância desse tipo de saber. Se o texto de Shaftesbury (*Os moralistas*) lamenta o atual estado da

---

117 *Op. cit.*, p. 4.

118 *Op. cit.*, p. 5.

119 *Op. cit.*, p. 4-5.

120 *Op. cit.*, p. 4.

121 *Op. cit.*, p. 5.

122 *Op. cit.*, p. 4.

filosofia, é para fazer com que as razões dessa deplorável condição venham à tona. Não é a toa que Palemon e Filócles começam a falar da Antiguidade: havia nessa época uma relação tão íntima entre filosofia e mundo, que a maneira com a qual os antigos sábios escreviam reproduzia uma conversa entre amigos. As questões filosóficas eram introduzidas no interior de um debate entre diversos personagens, cada qual com o seu temperamento e maneira de apreender e expor suas convicções. O leitor da época podia então reconhecer ali um retrato de seu tempo: as cenas que os diálogos apresentavam não eram distintas das que ele via no mundo ao seu redor. "Portanto", conclui Filócles, "não é de admirar que tal sorte de pintura moral, à maneira do *diálogo*, esteja tão fora de moda e que não vejamos mais desses retratos filosóficos nos dias de hoje. Pois, onde estão os *originais*?"[123] Como poderemos fazer uma obra semelhante àquela dos antigos, se nossas regras sociais não nos permitem, se para nós os assuntos sérios e relevantes não podem ser tratados de um modo simples e em uma linguagem familiar e amigável? Este é o dilema de uma época: somos incapazes de nos retratar e considerar nossas maneiras e costumes, porque ainda as desconhecemos. A relação que a Modernidade estabelece consigo mesma é superficial. O homem moderno não poderá entender o seu tempo enquanto mantiver a filosofia e o espírito investigativo longe de sua vida. Sem o exame filosófico e o estudo das opiniões, maneiras e costumes da Modernidade, jamais saberemos o que a caracteriza. Mas, como dizíamos a partir de *Os moralistas*, a própria possibilidade de pessoas como Palemon se mostrarem conscientes dessa carência e da falta que a investigação filosófica faz à sua época é algo bastante significativo. Para Shaftesbury, o momento histórico no qual ele vive indica um futuro promissor e

---

123 *Op. cit.*, p. 6-7.

um provável retorno da filosofia à cena pública. Tal constatação é corroborada pelo seguinte trecho do *Solilóquio*:

> Nós estamos agora em uma época na qual a liberdade está mais uma vez em ascendência. E nós somos a feliz nação que não apenas frui dela no interior de nossos limites (*at home*), mas que, por nossa grandeza e poder, dá vida e vigor a ela no exterior (*abroad*) e somos o coração e o chefe da *Liga* Europeia unida nessa *causa comum*.[124]

A Inglaterra do início do século XVIII é o país de onde poderá surgir uma nova era de cultura e livre-pensamento, e isso porque a situação histórica e política desse país oferece todas as condições para tanto. De acordo com Shaftesbury, a liberdade que se vivencia em sua pátria torna-se ainda mais evidente quando a comparamos com a grande nação continental, inimiga dos britânicos. Aos olhos do autor do *Solilóquio*, há na França de seu tempo uma forte tendência a priorizar o modelo tirânico e absoluto de governo que impede o aperfeiçoamento das artes e das ciências. Os franceses são "ensinados a idolatrar o próximo poder acima deles e não consideram nada tão adorável quanto aquela grandeza ilimitada e poder tirânico que são elevados às suas *próprias* custas e exercidos sobre *eles mesmos*".[125] Em tal sistema, mesmo um nobre não passa de um "escravo de sangue real".[126] Preocupados com a manutenção de um regime baseado na bajulação daqueles que ocupavam um lugar em uma casta social superior, os franceses deixavam de lado o elemento principal para o surgimento da autêntica nobreza: a liberdade. O

---

124 *Solilóquio*, p. 118.

125 *Op. cit.*, p. 116.

126 *Idem, Ibidem*, p. 116.

homem que de fato pode ser dito nobre é aquele que, a exemplo de Sócrates, exerceu livremente a sua razão e formou o seu próprio caráter. Sem esse livre exercício, não importa os títulos ou quão azul é o nosso sangue, ainda somos meros escravos. Para Shaftesbury, ao liderar a *Liga Europeia*,[127] os ingleses não visam outra coisa senão manter e propagar para o exterior (*abroad*) a experiência política que então vigorava em sua pátria:

> Há menos de um quarto de século foi estabelecido um equilíbrio de poder entre o nosso príncipe e o povo que assegurou firmemente nossas até então precárias liberdades e afastou de nós o medo de comoções civis, guerras e violência, seja em relação à religião e ao culto, à propriedade do sujeito ou aos disputados títulos da coroa.[128]

Shaftesbury refere-se aqui à Revolução Gloriosa, que em 1688 destituiu Jaime II e fez de Guilherme de Orange o seu novo rei, coroado como Guilherme III, e à relação que então foi instituída entre o monarca e os representantes do povo, os parlamentares. Em 1710, quando pela primeira vez o *Solilóquio* é publicado, o filósofo inglês considera que esse regime estabelecido em seu país, que ele chama de "nosso *governo livre*",[129] é ainda muito recente e necessita de alguns cuidados e atenções especiais, sobretudo em relação às ameaças externas. Porém, esse curto tempo de liberdade (menos de

---

127 Como indica Philip Ayres, a "Liga Europeia" (the European League) foi o nome dado a uma aliança entre britânicos, holandeses, austríacos e alguns estados germânicos contra Luís XIV na Guerra de Sucessão Espanhola, 1702. (Nota à página 118. In: *Characteristicks of Men, Manners, Opinions, Times*, p. 290, vol. I).

128 *Solilóquio*, p. 115.

129 *Idem, Ibidem*, p. 115.

SHAFTESBURY E A IDEIA DE FORMAÇÃO DE UM CARÁTER MODERNO 139

vinte e cinco anos, como dizia o trecho acima citado) já foi suficiente para causar uma mudança significativa na postura da nação. O filósofo inglês afirma que os seus conterrâneos estão cansados de tantos conflitos e levantes internos, mostram-se interessados na manutenção da ordem civil e querem cultivar o seu país. Os ingleses começam a perceber que o desenvolvimento das artes e das ciências é a grande arma contra o perigo de uma "monarquia universal"[130] e de um "novo abismo da ignorância e superstição",[131] representados pela coroa francesa. Uma nação forte tem necessariamente de ser culta e, por isso, deve dar liberdade para que a erudição e o estudo das mais diversas áreas se aprimorem. Os monarcas precisam entender que restringir as atividades artísticas e negar-lhes o apoio é uma atitude que depõe contra o prestígio do seu reinado. "Pois eles (os príncipes)", diz Shaftesbury, "têm de lembrar que a sua fama está nas mãos dos *homens que escrevem (penmen)* e que as maiores ações perdem a sua força e perecem sob a custódia de escritores medíocres e inábeis".[132] Não há como evitar que os governantes sejam o tema da obra de historiadores, biógrafos, poetas, pintores etc.: os homens poderosos são um frequente objeto para as mais diversas artes e modalidades de estudos. Por esse motivo, diz-nos o filósofo inglês, é preciso que os príncipes encontrem um meio eficaz de assegurar que os artistas tracem um bom retrato de sua pessoa, pois, do contrário, a posteridade terá uma péssima imagem dele e o desejo de nunca ser esquecido, tão comum entre homens de poder, estará fadado ao fracasso. Mas, acrescenta o autor do *Solilóquio*, mesmo que houvesse um monarca completamente indiferente à opinião que no futuro possam ter de seus feitos e ações, ainda assim a promoção do trabalho dos escritores

---

130 *Idem, Ibidem*, p. 115.

131 *Idem, Ibidem*, p. 115.

132 *Op. cit.*, p. 119.

e artistas lhe será de grande utilidade. Os súditos têm necessidade de ver a *"efígie"*[133] de seu príncipe e, por certo, desaprovarão suas atitudes e decisões se a imagem que delas recebem tiver sido mal concebida e executada por uma mão desastrada.

Um bom retrato é algo muito importante para a conservação de um reinado e até em um "governo absoluto"[134] admite-se a grande vantagem de "ter o *engenho* (*wit*) ao seu lado".[135] Porém, a verdadeira arte só poderá se desenvolver em toda a sua plenitude quando as condições necessárias para tanto estiverem salvaguardadas. Não basta escolher um número limitado de pintores, escritores e cientistas e elegê-los como os preferidos do príncipe, tampouco é suficiente fundar escolas e academias, como fez Luís XIV, se o Estado continua a manter uma postura tirânica e a proibir todo tipo de manifestação espontânea. Para Shaftesbury, os príncipes de seu tempo deveriam levar em conta o exemplo de governantes romanos, tais como Trajano. Embora não fosse um "grande estudioso",[136] esse político soube entender que a melhor maneira de proteger e promover a erudição de seu povo era dar liberdade para que as artes e as ciências se desenvolvessem. Algo similar aconteceu com César: esse ilustre político, que ao contrário de Trajano "podia escrever tão bem e manter a sua causa tanto pelo engenho quanto pelas armas",[137] compreendeu "o que era ter um Catulo como inimigo".[138] Embora fosse constantemente satirizado pelo poeta, o

---

133 *Op. cit.*, p. 119.

134 *Op. cit.*, p. 121.

135 *Idem, Ibidem*, p. 121.

136 *Idem, Ibidem*, p. 121.

137 *Idem, Ibidem*, p. 121.

138 *Idem, Ibidem*, p. 121.

SHAFTESBURY E A IDEIA DE FORMAÇÃO DE UM CARÁTER MODERNO 141

governante "continuou a perdoá-lo e a cortejá-lo".[139] Catulo, por sua vez, também estava ciente da "importância dessa *suavidade* [de César]"[140] e do quanto a postura do político era vantajosa à sua arte. Em meio a esse entendimento entre satirista e satirizado, o povo romano tornava-se mais culto e polido. A grandeza de César não se restringiu a deixar impune aquele que o atacava, mas cultivou as investidas de seu adversário e reconheceu nele um grande artista e um crítico à sua altura. Foi com atitudes como essa, conclui o autor do *Solilóquio*, que o estadista romano conquistou o respeito e a admiração de seus contemporâneos e de muitos outros homens que nasceram séculos depois de sua morte.

E é justamente na perda desse espírito de liberdade e crítica que Shaftesbury identifica a causa do declínio da pátria de César. Ao adotarem uma postura cada vez mais tirânica e decidirem conquistar o mundo, os governantes de Roma transformam o seu país em uma "especiosa máquina de arbitrariedade e poder universal".[141] A opção por tal linha política fez com que o próprio povo romano tivesse de se submeter às arbitrariedades dos seus tiranos. Quando começava a dar vários sinais de que iria se tornar uma nação realmente polida, Roma entra em um processo que a levará ao justo contrário: "Assim que essa nação (Roma) começou a perder a rudeza e a barbárie de suas maneiras e a aprender com os gregos a formar seus *heróis*, seus *oradores* e poetas a partir de um modelo correto, ela perdeu sua própria liberdade ao tentar tomar a do mundo."[142]

Como vemos pelo trecho acima citado, antes mesmo de conseguir assegurar a polidez de suas maneiras e a formação de sua

---

139 *Idem, Ibidem*, p. 121.

140 *Idem, Ibidem*, p. 121.

141 *Op. cit.*, p. 117.

142 *Idem, Ibidem*, p. 117.

própria cultura, os romanos as deixaram escapar ao aceitar a tirania de seus governantes. Em pouco tempo, as belas obras que lá começavam a florescer se tornaram "meras plantas desnaturadas e forçadas".[143] Privados de sua liberdade, os homens de engenho (*men of wit*) não podiam produzir nada que fosse digno de sua arte: aquele que se dedicava às letras passou a escrever mal e o pintor não era mais capaz de fazer um bom quadro. Vivendo sob o jugo de um poder absoluto, os artistas começaram a perder, cada vez mais, o seu "estilo e linguagem".[144] Para Shaftesbury, Horácio e Virgílio são dois autores que tendo vivido a época áurea de Roma, expressam e lamentam o seu fim. Eles "fecham a cena" (*clos'd the scene* = encerram o espetáculo),[145] encerram um período de ascensão e marcam o início da decadência.

O que daí se seguiu foi a barbárie. Ou seja: um retrocesso, uma volta ao mesmo estado no qual os romanos estavam antes de conhecer a cultura grega. Ao contrário do que se pode pensar, diz-nos o autor do *Solilóquio*, o motivo desse retorno não foi o contato, a influência ou a invasão de alguns povos que antes estavam sob o domínio de Roma. O momento em que a pátria de Horácio reencontra o *barbarismo* (*barbarity*), que Shaftesbury também chama de goticismo (*gothicism*), é o mesmo no qual ela decide instaurar "aquele enorme império e poder despótico".[146] Embora a origem etimológica de goticismo esteja intimamente ligada aos costumes e hábitos de uma etnia tida como bruta e incivilizada, *gothicism* deriva de *goth*, isto é: *godo*, que também dá origem a outro adjetivo empregado por Shaftesbury – *gótico*, a ideia que a palavra expressa não

---

143 *Idem, Ibidem*, p. 117.

144 *Idem, Ibidem*, p. 117.

145 *Idem, Ibidem*, p. 117.

146 *Op. cit.*, p. 118.

SHAFTESBURY E A IDEIA DE FORMAÇÃO DE UM CARÁTER MODERNO   143

se limita às tradições desse povo. Em inglês, observa Philip Ayres, o termo designa *rudeza* (*rudeness*) e pode ser aplicado indistintamente a qualquer tribo ou nação.[147] Para o filósofo inglês, independentemente dos godos, desde que apoiaram os seus tiranos e a sua política expansionista, tão "destrutiva para o gênero humano",[148] os romanos podem ser ditos *góticos* (*gothicks*). Desse ponto de vista, a ruína de Roma não se confunde com a queda do Império, mas com a sua instituição: a queda propriamente dita era uma consequência necessária da adoção de um modelo absoluto de poder.

Alguns sábios príncipes que vieram depois, *an after-race of wise and able princes*, diz-nos o *Solilóquio*, compreenderam que esse seria o fim para o qual caminhava o seu país. Como nos mostram Philip Ayres e Danielle Lories, Shaftesbury refere-se aqui a Trajano, Adriano e Marco Aurélio:[149] governantes que buscaram com todas as suas forças recuperar aquele espírito de liberdade e crítica presente em seu país antes que a tirania o dominasse por completo. Mas, apesar do empenho desses homens virtuosos, nada que realmente mudasse a situação pôde ser feito. Nem a sabedoria, tampouco a importância que o autor das *Meditações*, Marco Aurélio, dava aos estudos e à prática filosófica foram capazes de inverter a degradação das artes e das ciências que ocorria na época em que ele governava Roma. Era tarde demais, "a estação (*season* = temporada)", escreve

---

147   Como lembra Phillip Ayres (nota à página 118. *Chararacteristicks of men, manners, opinions, times*, vol. I, p. 290, vol. I), "rudeness, barbarism" são os primeiros exemplos que *Dicionário Oxford* dá para *gothicism*. Em Shaftesbury, *gothicism* e *gothick* designam falta de elegância e polidez.

148   *Solilóquio*, p. 118.

149   Trajano (imperador de 98 a 117), Adriano (de 117 a 138), Marco Aurélio (de 162 a 180). A esse respeito ver: Lories, D. (tradução francesa do *Solilóquio*) *Soliloque ou conseil à un auteur*, p. 121, e Ayres, P. Nota à página 117, *Chararacteristicks of men, manners, opinions, times*, p. 290, vol. I.

Shaftesbury, "já havia passado".[150] "A fatal forma de governo", ele acrescenta, "havia se tornado muito natural".[151] O mundo todo se acostumara à tirania romana e "não tinha nem poder nem vontade para se ajudar".[152] Como vimos, a própria Roma se tornara escrava e vítima de seu poder absoluto e a pátria de Horácio pôde ser considerada como sendo tão inculta e rude quanto os povos que ela mesma taxava de *bárbaros*. Chegou-se então ao fim de um longo processo de deterioração da cultura romana, já sentido e expresso por Horácio e Virgílio muitos anos antes, inutilmente combatido por "bons príncipes" como Marco Aurélio e que Shaftesbury chama de o "declínio da *liberdade*":[153]

> Nenhuma estátua, nenhuma medalha, nenhuma peça tolerável de arquitetura poderia se mostrar depois disso. Filosofia, engenho e erudição, nos quais alguns daqueles bons príncipes haviam sido tão veneráveis, caíram com eles e a ignorância e a escuridão cobriram o mundo e o prepararam para o *caos* e a ruína que se seguiu.[154]

Esse caos que se estabeleceu no mundo após o declínio romano permaneceu por séculos. A filosofia e todas as outras artes e ciências abandonam a vida pública e, como dizia-nos Filócles, recolhem-se em escolas ou conventos. Mesmo que ainda houvesse algumas manifestações artísticas, elas não encontravam em seu tempo aquele elemento sem o qual não poderiam se desenvolver

---

150 *Solilóquio*, p. 117.

151 *Op. cit.*, p. 117-118.

152 *Op. cit.*, p. 118.

153 *Idem, Ibidem*, p. 118.

154 *Idem, Ibidem*, p. 118.

SHAFTESBURY E A IDEIA DE FORMAÇÃO DE UM CARÁTER MODERNO 145

completamente: a liberdade. Se agora o homem moderno (sobretudo o britânico, como nos dizia Shaftesbury) vive um período em que o espírito crítico começa a renascer, onde o desejo de abandonar a barbárie e recuperar a polidez é forte, então a necessidade de se entender o que exatamente aprimora as maneiras e a cultura de um povo é premente. Antes que os modernos consigam apresentar um belo quadro moral e virtuoso de seu tempo, a exemplo do que eram os diálogos para a Antiguidade, eles precisam dirigir a sua atenção para os costumes e para a cultura do povo que pela primeira vez tornou isso possível: "A *nação* grega é tão *original* para nós, em relação às *artes* e *ciências* polidas, quanto, na realidade, foi *original para si mesma*."[155]

Podemos entender o termo inglês *original* empregado nesse trecho como um modelo a partir do qual um pintor trabalha. É nesse sentido que Filócles diz que a Modernidade ainda não pôde realizar um quadro de si mesma, pois lhe falta os *originais*, isto é: algo que possa inspirar o artista e lhe dar uma referência ou orientação para o desenvolvimento de sua pintura. A mesma ideia está contida em uma passagem do *Solilóquio* em que se diz que para a formação do homem de letras o estudo dos clássicos deve assumir a mesma função que os esboços e rascunhos feitos a partir de esculturas antigas têm para a do escultor ou para a do pintor, ou seja: trata-se de um exemplo a ser minuciosamente analisado e seguido.[156] Mas a passagem acima citada vai além desse primeiro sentido aqui considerado: é preciso lembrar que *original* também pode ser vertido por *primitivo, fundamental, inédito* e *criador*. Dizer que a Grécia era *original para si mesma* (*original to it-self*), e não só para a Modernidade, é reconhecer que a pátria de Homero inaugura algo

---

155 *Miscelâneas*, p. 194.

156 *Solilóquio*, p. 110.

146 · LUÍS FERNANDES DOS SANTOS NASCIMENTO

totalmente novo, que não dependeu de qualquer exemplo externo e foi o seu próprio modelo nessa empreitada. Embora outros povos antigos possam ter se aperfeiçoado em algumas áreas determinadas do saber (como a agricultura, a construção, a navegação, sugere as *Miscelâneas*), apenas entre os helenos as artes e ciências "vieram a receber algum tipo de configuração (*shape*) e foram distinguidas em várias ordens e graus".[157] O conhecimento foi sistematizado na Grécia, somente lá ele ganhou um *shape*, uma configuração ou formato que caracterizava todas as suas diversas manifestações. É na cultura clássica grega que encontramos a origem da polidez e de todo pensamento elaborado. E, diz-nos Shaftesbury, não é de admirar que a pátria dos helenos tenha sido o nascedouro das artes e das ciências, sobretudo "quando consideramos a afortunada constituição daquele povo".[158] Embora o mundo helênico fosse constituído de vários estados, cada qual com as suas leis e governos, todos eles estavam "unidos por uma única língua e animados por aquele espírito social, público e *livre*".[159] Não havia um poder absoluto ou totalitário que unificasse todos os estados gregos e o contato, o comércio e mesmo as guerras que existiam entre eles só colaboravam para o seu aprimoramento mútuo.

Shaftesbury pede desculpas ao seu leitor pela quantidade de textos antigos que cita ao longo das páginas do *Solilóquio*.[160] Mas, como ele mesmo explica, tal recurso não é fruto do capri-

---

157 *Miscelâneas*, p. 195.

158 *Idem, Ibidem*, p. 195.

159 *Idem, Ibidem*, p. 195.

160 "Talvez o leitor possa com justiça desculpar o nosso autor por nessa passagem ter sobrecarregado as margens com aquelas pesadas autoridades e citações antigas". (*Miscelâneas*, p. 194). Como ele mesmo deixa claro em nota a esse trecho, Shaftesbury refere-se aqui às páginas do *Solilóquio* em que ele comenta a gênese e o aprimoramento das letras na Grécia. Nessas páginas, que correspondem às de

SHAFTESBURY E A IDEIA DE FORMAÇÃO DE UM CARÁTER MODERNO 147

cho ou da vaidade de um autor que busca exibir sua erudição. Estudar o mundo helênico é antes uma necessidade para todos aqueles que, como Shaftesbury, procuram entender melhor a sua época e, a partir daí, aperfeiçoá-la. Não há como encontrar qualquer maneira considerável de polir a Modernidade sem levar em conta as condições e a nação nas quais a polidez surgiu. São os problemas e questões suscitados pelo seu próprio tempo que fazem com que o filósofo inglês inicie uma "reconstituição da história da literatura grega".[161]

A partir de alguns argumentos expostos por Aristóteles na *Poética* e na *Retórica*, Shaftesbury reconhece em Homero o maior representante (*the chief*, escreve o filósofo inglês) de um estilo de poesia que confere às letras de seu país um grau de sofisticação e requinte que até então lhes faltava.[162] Antes dele, diz-nos o *Solilóquio* ao seguir as ideias apresentadas pelo grande filósofo grego, predominava entre os poetas o estilo *sublime, pomposo* ou *miraculoso*.[163] Na poesia e na prosa, explica-nos o filósofo inglês, "a parte *assombrosa* ou aquela que comumente passa por sublime é formada pela variedade de figuras, pela multiplicidade de metáforas e por renunciar tanto quanto pos-

---

número 128 a 134 na edição do *Solilóquio* aqui empregada, o filósofo inglês faz uso de várias notas onde cita autores como Aristóteles no original.

161 A expressão "reconstituição shaftesburiana da história da literatura grega" é empregada por Márcio Suzuki (SUZUKI, M. *Quem ri por último ri melhor. Humor, riso e sátira no 'Século das Luzes'*, p. 16).

162 Ao trecho em que começa a introduzir Homero como o "pai" das letras gregas, o autor do *Solilóquio* acrescenta uma nota em que cita passagens da *Poética* (Capítulos 22 e 24) e da *Retórica* (Livro 3, Capítulo 1). À passagem que fala do autor da *Ilíada* como o "chefe" (*the chief*) dos reformadores (*reformers*) da "maneira *bombástica*" dos primeiros poetas gregos, segue-se uma citação de um trecho do Capítulo 24 da *Poética*. Ver: *Solilóquio*, p. 128, nota 24.

163 *Solilóquio*, p. 127. Os termos empregados por Shaftesbury são: *sublime, miraculous* e *pompous*.

sível ao modo de expressão natural e suave (*easy*) por aquele que é o mais diferente da humanidade (*humanity*) ou do uso ordinário".[164] O que os termos *easy* (traduzido aqui por *suave* e que pode ser vertido por "brando, desafetado, natural") e *humanity* (que o trecho acima vincula à expressão "uso ordinário", mas que também é empregado por Shaftesbury no sentido de "humanidades", ou seja: o estudo e o aprimoramento das letras e ciências clássicas) indicam aqui é a ideia de uma naturalidade ou de um curso espontâneo das coisas que é quebrado pelo sublime: a profusão de imagens e as "palavras *solenes*" (*high*-sounding words)[165] que caracterizam a maneira miraculosa, a afasta do discurso comum dos homens e causa admiração, espanto e até mesmo pavor. Diferentemente da de seus antecessores, a obra do autor da *Ilíada* passa a valorizar o estilo negligenciado pelos primeiros poetas gregos:

> Do estilo *figurativo* e *metafórico*, ele (Homero) manteve apenas o que era adequado, introduziu o *natural* e *simples* e voltou os seus pensamentos para a beleza da composição, para a unidade do desenho, para a verdade dos caracteres e para a justa imitação da natureza em cada particular (*in each particular* = em cada detalhe).[166]

Ao comentar essa passagem do *Solilóquio*, Márcio Suzuki nos lembra que para Shaftesbury era natural pensar que o estilo sublime deveria anteceder o simples, pois a maneira miraculosa é aquela que primeiro se atinge e com mais facilidade se pratica. Como mostra Suzuki, para provar a anterioridade do sublime, o filósofo inglês

---

164 *Solilóquio*, p. 128.

165 *Miscelâneas*, p. 196.

166 *Solilóquio*, p. 128.

SHAFTESBURY E A IDEIA DE FORMAÇÃO DE UM CARÁTER MODERNO   149

recorre aos seguintes exemplos: as crianças se entretêm com toda sorte de "objetos miraculosos que colocamos diante delas",[167] a música dos bárbaros é feita de "sons chocantes e espantosos",[168] os índios gostam de produzir enormes figuras de "várias cores estranhas e deslumbrantes".[169] No seu início, a poesia grega não era distinta do tipo de arte que tanto encanta as crianças e os povos mais rudes, apenas com Homero ela se torna *simples*. Mas o que exatamente quer dizer essa simplicidade? Ou melhor: como entender a relação que o trecho acima citado estabelece entre o estilo simples do autor da *Odisseia* e a atenção que ele tinha por elementos como a "beleza da composição", a "unidade do desenho", a "verdade dos caracteres" etc.?

De acordo com Shaftesbury, o talento distintivo de Homero está na maneira com que ele compõe os seus personagens. Esse grande poeta "pinta de tal modo a não carecer de inscrição sob suas figuras".[170] Ele não precisava fazer uma descrição detalhada dos seus personagens para que o seu leitor ou ouvinte[171] compreendesse o caráter de cada um deles. Com "um dedo do pé ou da mão",[172] diz-nos o filósofo inglês, Homero era capaz de apresentar o "corpo todo".[173] Pequenas e sutis indicações apresentadas ao longo do poema eram suficientes para caracterizar os seus personagens. Para o público, tudo ocorria como se estivessem diante de pessoas e de situações verdadeiras. No lugar de assumir expli-

---

167 *Idem, Ibidem*, p. 128.

168 *Idem, Ibidem*, p. 128.

169 *Idem, Ibidem*, p. 128.

170 *Op. cit.*, p. 106.

171 Como se sabe, entre os gregos a declamação dos rapsodos foi o maior meio de difusão dos poemas homéricos.

172 *Idem, Ibidem*, p. 106.

173 *Idem, Ibidem*, p. 106.

citamente a figura de autor, Homero "raramente se revela em seu poema"[174] e trabalha para que a sua presença passe desapercebida. A arte do "pai e príncipe dos poetas"[175] estava em fazer com que a própria trama do poema introduzisse os elementos que a compunham. Suas obras não eram outra coisa senão "uma artificiosa cadeia de *diálogos*":[176] nelas os personagens eram apresentados de um modo vivo e direto, como se fossem completamente independentes do plano e da ação do poeta que os criou. Essa era a simplicidade de Homero. Segundo Shaftesbury, a maneira simples é aquela que "*esconde* e *cobre* a arte"[177] e, por isso, "é a mais verdadeiramente *artificiosa*, a do gosto mais gentil, verdadeiro e melhor estudado".[178] Os grandes mestres sabiam fazer com que o seu artifício soasse espontâneo, de tal forma que a sua engenhosidade parecesse um "arroubo de sorte".[179] Eis o fundamento da elegância da poesia que tem em Homero o seu precursor e exemplo maior: o autor polido é aquele que busca naturalizar a sua arte e trabalha para que as suas obras sejam cada vez mais "naturais e suaves" (*natural and easy*).[180]

O estudo e a compreensão das questões que envolvem a criação poética se mostram ainda mais importantes quando notamos que o próprio processo pelo qual o universo se efetiva é artístico. Segundo Laurent Jaffro, o estilo simples "pode ser dito natural precisamente

---

174 *Idem, Ibidem*, p. 106.

175 *Idem, Ibidem*, p. 106.

176 *Idem, Ibidem*, p. 106.

177 *Miscelâneas*, p. 197.

178 *Idem, Ibidem*, p. 197.

179 *Solilóquio*, p. 123.

180 *Idem, Ibidem*, p. 123.

SHAFTESBURY E A IDEIA DE FORMAÇÃO DE UM CARÁTER MODERNO   151

porque a natureza é uma arte escondida".[181] Tal como vimos em nosso capítulo anterior, *Os moralistas* nos mostra que há no universo uma "mão diligente"[182] que o ordena e o mantém. Essa "mão" é o *princípio designante* (*designing principle*) do mundo: Deus. Embora o desenho (*design*) do universo seja quase imperceptível, aqueles que o estudam e seguem de perto o seu movimento de formação são capazes de entender a grandiosa arte que ali se oculta. As obras de Homero são o maior testemunho do quão aplicado à observação e ao exame da ordem natural ele foi. Os verdadeiros artistas estão conscientes de que "a natureza caracterizou temperamentos e mentes de modo tão peculiar quanto as faces"[183] e, por essa razão, sabem que para serem naturais "não basta nos mostrar meramente faces que podemos chamar de *faces dos homens*, cada face tem de ser a de um *determinado homem*".[184] O que se vê na obra do autor da *Ilíada* não é distinto das cenas que o *palco do mundo* nos oferece: a partir da ordem que rege a natureza, Homero compreendeu que para fazer de seus poemas um todo coerente, tinha de caracterizar muito bem cada uma de suas partes, dando a elas o seu devido lugar na trama. O que temos aqui é uma concepção segundo a qual a poesia de Homero não é um produto que se parece ou copia a natureza, ela é verdadeiramente natural, pois foi composta seguindo o mesmo princípio que atua no mundo, isto é: caracterizando. Bons personagens ou caracteres são partes de uma totalidade bem constituída. É pelo papel ou função que desempenham no interior desse universo que podemos entender os traços que os distinguem

---

181 JAFFRO, L. *Le Socrate de Shaftesbury: comment raconter aux Modernes l'histoire de Socrate?*, p. 73.

182 *Moralistas*, p. 89.

183 *Solilóquio*, p. 108.

184 *Idem, Ibidem*, p. 108.

uns dos outros. Cabe então ao artista criar esse mundo, dar-lhe um *design* e estabelecer uma ordem natural, ou seja: encontrar uma proporção ou harmonia para os elementos que o compõem. A busca por esse equilíbrio entre as partes e o todo é o grande desafio para o autor que almeja ser simples, exigindo dele muita aplicação e preparo. Eis a razão pela qual Shaftesbury chama as artes e as ciências gregas de "plantas generosas",[185] opondo-as às "plantas desnaturadas e forçadas"[186] que surgem em países ou em tempos em que a tirania impera: livres das restrições impostas por um poder absoluto, os helenos tiveram as condições para estudar o universo a sua volta e aperfeiçoar a sua expressão artística a ponto de torná-la uma manifestação natural, tão espontânea quanto o florescimento de um vegetal. Embora simples, esse processo de naturalização da arte não é algo que se conquiste com facilidade, e mesmo vivendo em total liberdade os homens ainda têm de se esforçar e aperfeiçoar sua maneira de compor para atingi-lo.

Shaftesbury admite que pode parecer estranho dizer que a naturalidade é conquistada pela prática, mas não se trata de uma exclusividade da composição da poesia ou das letras em geral: "Quem quer que tenha sido um observador das *ações* e das *graças* dos corpos humanos", afirma o filósofo inglês, reconhece a diferença entre as pessoas que "foram ensinadas apenas pela natureza" e aquelas que "pela reflexão e pela assistência da arte aprenderam a formar aqueles movimentos que comumente são considerados os mais suaves e naturais".[187] Ser "natural" exige então um desenvolvimento daquilo que a natureza nos ensina: a arte e a reflexão são imprescindíveis para aquele que quer aprimorar os seus movimentos corporais. Formar a

---

185 *Op. cit.*, p. 126.

186 *Op. cit.*, p. 117.

187 *Op. cit.*, p. 102.

postura de um corpo e encontrar para os seus membros uma relação harmônica é algo tão trabalhoso quanto chegar a um estilo simples de composição literária. É com muito estudo e ginástica que os cavalheiros atingem o refinamento e vencem a rudeza de seus primeiros movimentos. O mesmo ocorre no mundo dos eruditos, quando se trata de formar e harmonizar o corpo de um texto. São os exercícios que aprimoram a maneira de escrever de um autor. A ajuda de alguns professores ou de algumas pessoas que são tidas como exemplos é de grande importância tanto para aqueles que anseiam por uma postura corporal elegante quanto para os que querem tornar-se bons escritores. Por esse motivo, afirma Shaftesbury no *Solilóquio*, a Antiguidade considerou o estudo da obra deste grande mestre muito importante para o aperfeiçoamento das letras: analisar e buscar entender o modo com o qual Homero molda os seus poemas ajuda o jovem escritor a encontrar o seu próprio estilo.

Mas não são unicamente os homens que têm alguma pretensão literária que se beneficiam com os poemas do autor da *Ilíada*. Sem jamais prescrever normas ou estabelecer um código de conduta, Homero indica aquela que para Shaftesbury é a verdadeira lição de moral: ao nos colocar diante de personagens (*characters*) e situações tão bem compostos, essas peças (*pieces*) "não só nos ensinavam a conhecer *os outros*, mas principalmente, e isso era o que havia de mais virtuoso nelas, ensinavam-nos a conhecer a *nós mesmos*".[188] Como já dissemos, dificilmente poderíamos tomar consciência das características que compõem um personagem e a relação que ele estabelece com a economia da obra da qual faz parte, sem que isso acabe por sugerir alguma consideração a respeito do nosso próprio caráter e do vínculo que mantemos com o mundo. Foi desse modo, estimulando o autoconhecimento de seu público, que a poesia

---

188 *Op. cit.*, p. 104.

aperfeiçoou os modos e os costumes das pessoas. Com a sua arte, os poetas podiam "encantar as mais selvagens bestas e levar as florestas e pedras rudes à forma das mais belas cidades (*fairest citys*)".[189]

Os poemas homéricos eram um tipo de *escrito-espelho* (*mirrour-writing*)[190] que não apenas refletia certos hábitos e costumes de seus conterrâneos, mas que, sobretudo, os ensinava a olhar para eles mesmos, dando-lhes assim a oportunidade de formar e polir suas maneiras. A partir de Aristóteles, Shaftesbury afirma que nas obras de Homero já estavam contidos os principais gêneros literários que, depois dele, surgiram na Grécia:

> Depois dele (Homero), nada mais foi deixado para a *tragédia* senão erguer um palco e levar à cena os seus diálogos e personagens (...). Até mesmo a *comédia* foi atribuída a esse grande mestre, sendo ela derivada daquelas *paródias* ou troças (*mock-humours*), das quais ele deu o exemplo em uma sorte de zombaria escondida [e] misturada ao sublime.[191]

Como o próprio Shaftesbury deixa claro, essa passagem do *Solilóquio* baseia-se no capítulo IV da *Poética*, onde Homero é apresentado como o poeta que dá origem à tragédia e à comédia. "Na verdade", escreve Aristóteles, "o *Margites* tem a mesma analogia com a comédia que têm a *Ilíada* e a *Odisseia* com a tragédia".[192] Indo um pouco além do célebre filósofo grego, o autor das *Características* acrescenta uma nota ao trecho acima citado para dizer que tam-

---

189 *Op. cit.*, p. 125-126.

190 *Op. cit.*, p. 107.

191 *Op. cit.*, p. 106.

192 ARISTÓTELES, *Poética*. Porto Alegre: Editora Globo, 1966, p. 72. As citações da *Poética* referem-se à tradução de Eudoro de Souza.

bém a *Ilíada* e a *Odisseia* podem ser consideradas como fontes da comédia, e não apenas o poema *Margites*.[193] Para Shaftesbury, não existe um privilégio de uma dessas três obras em relação ao gênero cômico ou ao trágico, pois em todas elas o grande poeta grego havia trabalhado com aqueles elementos que os caracteriza: os elevados (cuja imitação é feita pela tragédia) e os inferiores (imitados pela comédia).[194] Como nos diz a passagem do *Solilóquio* acima mencionada, em seus poemas Homero foi capaz de mesclar a zombaria ao sublime. Shaftesbury reconhece na poesia desse grande mestre uma justa proporção entre os dois *humores* presentes na natureza humana. De acordo com Márcio Suzuki, para o filósofo inglês ocorre no indivíduo o mesmo que acontece na sociedade, nas artes e nas letras: todos estão divididos em um "humor sério e um humor jovial".[195] A oscilação e a alternância entre esses dois polos (o sério e o jovial) estabelecem o próprio movimento que marca e constituí os âmbitos individual, social e artístico. É então preciso considerar três elementos: o sério ou elevado, o jovial ou inferior e, por fim, o equilíbrio entre eles. Em cada momento da formação do indivíduo, das artes ou da sociedade um desses três elementos prepondera. Na literatura, eles correspondem aos seguintes estilos: o sublime (que tende para o elevado), o cômico (cuja tendência é o jovial) e o simples (que equilibra os dois últimos). Shaftesbury pretende mostrar que historicamente o primeiro gênero que surgiu da simplicidade de Homero foi o trágico:

---

193 *Solilóquio*, p. 106.

194 No conhecido Capítulo V da *Poética*, Aristóteles define a comédia como a imitação de homens inferiores e a tragédia como a de superiores. No Capítulo seguinte, ele acrescenta que o gênero trágico é a "imitação de uma ação de caráter elevado". (Ver: ARISTÓTELES, *Poética*, p. 73-74).

195 SUZUKI, M. *Quem ri por último, ri melhor. Humor, riso e sátira no 'Século das Luzes'*. In: Revista Terceira Margem 10. Rio de Janeiro, 2004, p. 20.

> A maneira desse pai dos poetas (Homero) foi depois imitada de modo variado e dividida em diversos quinhões, especialmente quando veio a ser copiada pelo *dramático*. A tragédia veio primeiro e tomou o que era mais *solene* e *sublime*. Nessa área (*in this part*), os poetas foram bem sucedidos antes de o serem na comédia ou gênero *brincalhão*, como de fato era natural supor, uma vez que, na realidade, essa era das *duas* a maneira mais fácil e a que mais cedo foi capaz de ser levada à perfeição.[196]

Embora a tragédia seja mais sofisticada do que os objetos que encantam as crianças, a música dos bárbaros e as cores extravagantes que agradam os índios, ela compartilha com eles o mesmo pendor pelo estilo elevado e pomposo. Por essa razão, o trágico tem de ser o primeiro gênero a surgir da poesia homérica. Shaftesbury segue aqui o mesmo argumento segundo o qual há no homem e em suas diferentes manifestações culturais uma sequência natural que sempre parte daquele humor que antecede os outros: o sublime. Todas as vezes que aparece algo novo ou há uma reestruturação no processo de formação da cultura humana, tal como foi a passagem de Homero à tragédia, é natural que se observe uma volta do estilo elevado e pomposo. Isso não significa nivelar e tornar idênticos todos os gêneros e expressões artísticas que seguem a maneira sublime: em um mesmo estilo podemos encontrar graus distintos de elaboração. Como dissemos, apesar de possuir uma propensão pelo solene e elevado, o gênero trágico apresenta um requinte em sua composição que não pode ser encontrado nem na arte dos povos bárbaros, tampouco na obra dos primeiros poetas gregos. A filiação homérica da tragédia a torna polida, nela podemos reconhecer o mesmo cuidado

---

196 *Solilóquio*, p. 128-129.

SHAFTESBURY E A IDEIA DE FORMAÇÃO DE UM CARÁTER MODERNO

157

na elaboração dos personagens que caracterizam os poemas do autor da *Ilíada*. Nesse sentido, podemos entender o gênero trágico como uma nova forma ou figura do estilo sublime que está intimamente ligado à poesia que a precede e lhe dá origem. A relação que a tragédia estabelece com Homero não é apenas importante para o seu surgimento, mas também para a sua manutenção: segundo o filósofo inglês, o término da tragédia coincide com o momento em que os autores se tornaram excessivamente solenes, exageraram no estilo pomposo ao qual o seu gênero já era naturalmente propenso e, assim, perderam de vez a referência à simplicidade e ao equilíbrio que caracterizam a elegância de sua origem homérica. Shaftesbury recorre a Aristóteles para mostrar que no tempo desse ilustre filósofo o gênero trágico havia chegado ao seu fim. No século IV a.c., o autor da *Poética* já reconhece que "passadas muitas transformações, a tragédia se deteve, logo que atingiu a sua forma natural".[197] Aristóteles compreendeu que Sófocles e

---

197 ARISTÓTELES, *Poética*, p. 72. Esse mesmo trecho do Capítulo VI da *Poética* é citado no original grego por Shaftesbury (*Solilóquio*, p. 129, nota 26). Jean-PierreVernant e Pierre Vidal-Naquet também fazem menção a essa passagem do Capítulo IV da *Poética* quando dizem: "A tragédia surge na Grécia no fim do século VI. Antes mesmo que se passassem cem anos, o veio trágico se tinha esgotado e, quando no século IV, na *Poética*, procura estabelecer-lhe a teoria, Aristóteles não mais compreende o que é o homem trágico que, por assim dizer, se tornara estranho para ele" (*Mito e tragédia na Grécia antiga*, p. 17). É interessante notar que apesar das diferenças entre a análise que Vernant e Naquet-Vidal fazem da tragédia e aquela exposta pelo *Solilóquio*, as duas têm em Aristóteles uma fonte em comum e acabam por chegar a uma conclusão semelhante no que diz respeito ao esgotamento do gênero trágico. Como vimos, para Shaftesbury a tragédia encontra o seu término quando se torna excessivamente pomposa, negligenciando por completo a simplicidade da poesia homérica. Vernant e Vidal-Naquet mostram que a tragédia atingiu o seu fim no momento em que os poetas abandonaram a prática de buscar nos mitos (dos quais Homero era a maior expressão) as intrigas que levavam aos palcos e começaram a criar por si mesmos os seus próprios personagens e tramas: "O liame com a tradição", eles concluem, torna-se "tão frouxo que não mais se sente a necessidade de um debate com

Eurípides eram o ápice ou o limite da tragédia, a partir do qual teria início um processo de decadência. "Esse grande homem", diz-nos Shaftesbury a propósito do autor da *Poética*, "era um profeta tão *verdadeiro* quanto um *crítico*".[198] Aristóteles não foi apenas capaz de entender que em seu tempo a tragédia "alcançara os seus fins",[199] como também pôde prever (*forsee*) que esse mesmo momento era aquele no qual a comédia começaria a progredir. Diferentemente dos trágicos, os poetas cômicos tinham então muito por fazer: o seu gênero "ainda estava à mão" (*'twas still in hand*, expressão que poderíamos talvez traduzir por "ainda estava em obra" ou "em execução").[200] Embora já contasse com autores como Aristófanes, a comédia contemporânea de Aristóteles não era composta a partir dos principais elementos da poesia homérica (a saber: "a verdade dos caracteres, a beleza da ordem e a imitação simples da natureza"[201]), e isso porque ou os desconhecia por completo ou os negligenciava "por petulância ou por humor debochado".[202] "Até

---

o passado 'heroico'" (*Mito e tragédia na Grécia antiga*, p. 15). O argumento exposto no *Solilóquio* se aproxima do dos helenistas franceses quando eles reconhecem que o final da tragédia é dado por um afastamento frente à poesia que lhe deu origem.

198 *Solilóquio*, p. 129.

199 *Idem, Ibidem*, p. 129.

200 *Idem, Ibidem*, p. 129.

201 *Idem, Ibidem*. Esse mesmo trecho é citado por Márcio Suzuki: "Com a comédia tudo se passa de outra maneira. Como 'insinua claramente' Aristóteles (*as he plainly insinuates*), em sua época ela ainda não havia chegado ao seu *télos*, ao seu fim (*it lay yet unfinish'd*), a despeito de todo o trabalho engenhoso (*witty*) de Aristófanes e de outros poetas cômicos da geração anterior à do grande crítico. Por mais perfeitos no estilo e na linguagem e por mais férteis que tenham sido em todas 'as variedades e giros do humor', 'a verdade dos caracteres, a beleza da ordem e a imitação simples da natureza eram, de certa maneira, totalmente desconhecidas deles'". (SUZUKI, M. *Quem ri por último ri melhor. Humor, riso e sátira no 'Século das Luzes'*, p. 16).

202 *Solilóquio*, p. 129.

SHAFTESBURY E A IDEIA DE FORMAÇÃO DE UM CARÁTER MODERNO   159

então", acrescenta Shaftesbury "um Menandro, que surgiu logo depois, ainda não tinha aparecido para realizar a profecia do nosso grande mestre da arte e consumado *filólogo*".[203]

O filósofo inglês explica-nos que era natural que a comédia sucedesse o humor exageradamente pomposo e solene ao qual a tragédia havia chegado: o ar zombeteiro e jovial que os cômicos introduziram nos palcos serviu como um "tipo de *cáustico* para aquelas erupções e *fungos* da dialética intumescida e para a maneira magnificente do discurso".[204] Recorrendo ao justo contrário do humor elevado, a cultura grega reencontrou o equilíbrio desestabilizado pelos últimos poetas trágicos. De acordo com Shaftesbury, o mesmo ocorreu com a comédia algum tempo depois. Quando a jovialidade se tornou por demais debochada, o que havia funcionado como remédio para o exagero começou a promovê-lo e transformou-se em veneno.[205] Dessa vez, o meio empregado para estabilizar o humor dos espetáculos teatrais veio por parte dos magistrados. Como comenta Márcio Suzuki, em 404 a.C. proibiu-se em Atenas a "menção dos nomes de pessoas reais nas comédias".[206] Não é difícil imaginar o tipo de distúrbio que tal prática provocava: nem todos os cidadãos tinham o mesmo humor de Sócrates que, como vimos, não apenas assistiu como também riu da sátira que Aristófanes dirigiu a ele em *As nuvens*. Mas, acrescenta Suzuki, o argumento de Shaftesbury para explicar a proibição da referência aos nomes dos cidadãos nas comédias vai além da preocupação com a possível

---

203 *Op. cit.*, p. 129-130.

204 *Op. cit.*, p. 131.

205 *Idem, Ibidem*, O trecho diz o seguinte: "Mas depois de um tempo, mesmo esse próprio remédio se transformou em uma doença, tal como, nós sabemos, os medicamentos se tornam corrosivos quando as matérias pútridas nas quais eles agem são suficientemente purgadas e as obstruções removidas".

206 *Idem, Ibidem*, p. 17.

indignação das pessoas mencionadas, tal decreto "demonstra apuramento da sensibilidade dos censores: era preciso uma medida extrema para que a comédia não retrocedesse a seus primórdios e avançasse – aristotelicamente – para a perfeição de sua natureza".[207] Aos olhos de Shaftesbury, essa lei não pode ser entendida como um ato tirânico que restringe o desenvolvimento das artes. Ao contrário: mantendo o nome das pessoas longe dos palcos, o governo ateniense salvaguardou ao mesmo tempo a privacidade dos cidadãos, evitando que fossem humilhados em público, e impediu que a comédia perdesse de vez a medida ou o equilíbrio do humor jovial que a caracterizava. A proibição foi um "aumento de liberdade"[208] tanto para os cidadãos quanto para o gênero cômico, que arriscava se tornar um mero meio debochado de escarnecer os outros. Esse é um bom exemplo do que a *Carta sobre o entusiasmo* afirma ser um uso correto da lei. Como nos indicava um trecho citado em nosso capítulo anterior, para o filósofo inglês o magistrado deve atuar como um médico que emprega "os mais suaves bálsamos",[209] evitando procedimentos radicais como as amputações. O bom governante tem de saber aplicar o remédio e a dosagem convenientes à doença e ao estágio no qual ela se encontra: como vimos, por vezes mesmo os cáusticos são necessários. Promover a liberdade de um povo é então buscar as medidas que garantem um desenvolvimento sadio para as suas manifestações culturais, interferindo somente quando elas começam a desviar do seu caminho natural e espontâneo. A lei ateniense não visava eliminar a comédia da cena pública com um corte drástico, tal como o faz um médico ao amputar um membro,

---

207 Suzuki, M. *Quem ri por último ri melhor. Humor, riso e sátira no 'Século das Luzes'*, p. 17.

208 *Solilóquio*, p. 132.

209 *Entusiasmo*, p. 14.

mas apenas corrigi-la e, por assim dizer, devolvê-la à sua natureza. Agindo desse modo, os governantes gregos atestavam o seu profundo conhecimento do modo como o seu país se formava. Eles sabiam que o aprimoramento de sua sociedade dependia do equilíbrio das duas tendências presentes na natureza humana: o humor elevado e o jovial. "Assim", diz-nos Shaftesbury, "a Grécia em geral se tornava mais e mais polida e, como já havia sido adiantado a esse respeito, mais avessa à obscena maneira da bufonaria".[210]

A liberdade e o consequente aprimoramento do humor na Grécia deram origem a uma das mais expressivas manifestações da cultura helênica: a filosofia. De acordo com as *Miscelâneas*, a prática filosófica só pode nascer depois que "as outras *artes* tenham surgido e, em uma certa proporção, se desenvolvido antes dela".[211] A filosofia é vista como um estágio já avançado do processo de formação das letras gregas: como a grande arte do filósofo "era de maior dignidade e peso", comenta Shaftesbury, "ela se formou *por* último".[212] Há aqui a ideia de um percurso que se inicia com a poesia e culmina na filosofia. Vejamos então como Shaftesbury entende essa relação entre as atividades do poeta e aquela do filósofo.

O olho do crítico

O *Solilóquio* nos mostra que existe um vínculo tão íntimo entre o âmbito filosófico e o poético que é mesmo possível estabelecer uma relação entre o que Homero representa para os poetas e aquilo que Sócrates é para os filósofos. Semelhantemente ao que aconteceu com a tragédia e a comédia em relação ao autor da *Ilíada*, cada

---

210 *Solilóquio*, p. 132.

211 *Miscelâneas*, p. 194.

212 *Idem, Ibidem*, p. 194.

discípulo de Sócrates tomou do mestre uma parte ou polo de seu humor e caráter: nele estavam unidos todos os estilos ou maneiras nos quais a filosofia se desenvolveu.

Platão era o aluno de "nascimento nobre e gênio soberbo, que aspirava à poesia e à retórica"[213] e, por isso, foi aquele que adotou a parte sublime de seu mestre. A origem mais humilde de um outro discípulo o fez pender para o lado reprovador (*reproving*) de Sócrates e abraçar o estilo satírico. Posteriormente sua sátira foi aperfeiçoada por um sucessor que a transformou em gênero cômico. Segundo Danielle Lories, Shaftesbury refere-se aqui a Antístenes e a Diógenes.[214] Por fim, havia um outro nobre discípulo "cujo gênio era voltado para ação e que depois se mostrou o maior herói de seu tempo":[215] esse era Xenofonte e a ele coube a "parte *mais gentil*"[216] do mestre. Para Shaftesbury, o autor dos *Memoráveis* estava tão longe do estilo elevado e pomposo quanto da sátira e do deboche, isto é: encontrava-se na exata proporção entre o jovial e o sério. Xenofonte é o discípulo que conseguiu "unir o que havia de mais profundo e sólido na filosofia ao que havia de mais fácil e refinado em educação, no caráter e na maneira de um cavalheiro".[217] Graças ao seu estilo simples, Xenofonte pôde recuperar toda a complexidade e a riqueza contidas em seu mestre. O Sócrates que figura na obra do autor dos *Memoráveis* é o homem que muda a maneira de se expressar de acordo com o seu interlocutor e sabe entender o humor daquele com quem conversa. Era assim que o grande

---

213 *Solilóquio*, p. 134.

214 A esse respeito, ver: Tradução francesa do *Solilóquio ou conselho a um autor* (*Soliloque ou conseil à un auteur*, nota às páginas 147 e 148).

215 *Op. cit.*, p. 134.

216 *Idem, Ibidem*, p. 134.

217 *Idem, Ibidem*, p. 134.

SHAFTESBURY E A IDEIA DE FORMAÇÃO DE UM CARÁTER MODERNO 163

filósofo de Atenas ensinava e instruía: encontrando o modo certo de falar com cada indivíduo, buscando os temas e as palavras mais pertinentes a um determinado momento ou situação. Um exemplo desse método que Shaftesbury chama de "a arte de Sócrates"[218] é dado pelo Capítulo XI do Livro III dos *Memoráveis*, onde o tema do amor e da amizade é discutido com Teódota, uma meretriz.[219] Toda a oposição de humores presente nessa situação (a grandiosidade do tema, a baixeza dos modos e da profissão de Teódota) é equilibrada por Sócrates, que demonstra sua maestria ao lidar com elementos díspares e tornar filosófico o que, em um primeiro instante, poderia parecer indigno desse nome: uma conversa com uma prostituta. Como Shaftesbury não deixa de salientar, por trás desse episódio tão bem construído está a arte e a engenhosidade de Xenofonte. Segundo o filósofo inglês, ao encontrar a boa medida para os temas baixos e elevados o autor dos *Memoráveis* reconstituiu o humor e a pessoa de Sócrates, dando ao seu leitor a possibilidade de o conhecê-lo "como ele verdadeiramente foi".[220] É curioso notar que para Shaftesbury a figura do grande filósofo de Atenas está tão ligada a de Xenofonte que, por vezes, ele chega a confundir os nomes dos dois ao escrever *Desenho de uma história socrática*.[221] Embora Platão seja aquele que "brilhou acima de seus outros condiscípulos",[222]

---

218 *Socratick*, p. 130. O trecho todo diz: "Isso mostra a arte de Sócrates e as diferentes descrições dos caracteres por Xenofonte, mudando a maneira como Sócrates agia de acordo com a pessoa com quem conversava".

219 A conversa de Sócrates com Teódota é comentada por Shaftesbury em *Socratick*, p. 95 e p. 97.

220 *Socratick*, p. 103.

221 O manuscrito do *Design of Socratick History* apresenta algumas passagens em que Shaftesbury começa a escrever "Xenofonte", rasura a palavra e a corrige escrevendo "Sócrates" (Ver: *Socratick*, p. 91, p. 102, p. 120).

222 *Solilóquio*, p. 134.

tendo conquistado uma notoriedade superior a de Xenofonte, o seu próprio estilo e maneira sublimes o impediram de alcançar a completude do caráter de seu mestre:

> Platão (...) tão ligado às coisas sublimes e místicas e, no que diz respeito ao caráter de Sócrates, perdendo-se perpetuamente em seus arroubos poéticos, não apenas pondo em sua boca coisas absolutamente distintas dele (*far from him* = "distantes dele"), mas por vezes o fazendo um completo cético (...). Por vezes, um sofista e cavilador. Por vezes, um poeta e um *vate* em fúria divina, fazendo coisas totalmente fora de seu caráter.[223]

Como indica Laurent Jaffro ao comentar essa passagem, para Shaftesbury não se trata de menosprezar a obra e a importância de Platão, filósofo de quem ele sempre foi admirador, mas de mostrar que a maneira com a qual esse autor apresenta o seu mestre faz dele um ser divino e não um homem.[224] Sócrates se torna o portador de uma doutrina e de um saber desconhecidos por todos os outros e que, por isso, ganha um certo ar de mistério e grandiosidade. A pompa e a sublimidade do texto de Platão tende a priorizar os elementos díspares da personalidade e das ideias do grande filósofo de Atenas, perdendo de vista a união entre eles. Como mostra o trecho acima citado, Sócrates podia ser um cético, um sofista, um vate em fúria divina etc.: a sua personalidade permanecia um tanto imprecisa e perdida em meio às variações que davam ao seu discurso um tom ele-

---

223 *Socratick, Discours concerning Plato*, 4, p. 35, *apud* JAFFRO, L. *Le Socrate de Shaftesbury: comment raconter aux Modernes l'histoire de Socrate?*, p. 78.

224 Ver: JAFFRO, L. *Le Socrate de Shaftesbury: comment raconter aux Modernes l'histoire de Socrate?*, p. 80.

SHAFTESBURY E A IDEIA DE FORMAÇÃO DE UM CARÁTER MODERNO 165

vado. Há aqui uma diferença considerável em relação a Xenofonte, para quem as alternâncias só confirmavam o caráter do mestre: como vimos, o Sócrates de Xenofonte era o homem que conversava com os mais diversos cidadãos, oriundos das mais diferentes classes sociais, que mudava o seu modo de falar de acordo com quem conversava e com aquilo que pretendia dizer para uma determinada pessoa. Tal habilidade revela alguém tão equilibrado a ponto de identificar o humor das outras pessoas e poder se igualar a ele quando busca se aproximar delas e instruí-las. Era isso que fazia de Sócrates um caráter bem marcado: ele foi virtuoso o bastante para não desprezar as particularidades de cada indivíduo e optou por indicar do modo mais sutil e discreto certos caminhos e condutas que auxiliariam os seus interlocutores a formar as suas próprias personalidades, no lugar de lhes oferecer um conjunto de ideias ou opiniões pré-concebidas que em nada se relacionava com aqueles com quem dialogava. Para Shaftesbury, é em Xenofonte que Sócrates assume por completo o seu caráter exemplar e se torna verdadeiramente um filósofo: alguém que antes de tudo soube ser *um homem* e, assim, pôde ser o modelo para os que estavam a sua volta.[225]

Para além das diferenças entre os estilos dos herdeiros de Sócrates, o filósofo inglês também pretende demonstrar que existe

---

225 Tal argumento pode parecer estranho ao leitor contemporâneo. Se levarmos em conta o que escrevem M. Nancy e A. Tordesillas na Introdução a um volume que reúne estudos sobre o Sócrates de Xenofonte, esta postura de Shaftesbury vai de encontro a uma tendência dos historiadores da filosofia dos séculos XIX e XX a dar prioridade a Platão e "relegar à margem o testemunho de Xenofonte ou simplesmente eclipsá-lo". Como resultado dessa posição, a obra de Xenofonte foi, "durante toda a segunda metade do século XX", "objeto de um desinteresse quase total por parte dos historiadores da filosofia". No entanto, afirmam os organizadores deste volume, recentemente "assiste-se a uma retomada do interesse por essa parte da obra de Xenofonte" e, novamente, o Sócrates que figura em seus textos começa a ser considerado pelos estudiosos (Ver: NARCY, M. TORDESILLAS, A. *Xénophon et Socrate*, p. 8). A propósito da questão do "Sócrates histórico", ver também: HADOT, P. *Eloge de Socrate*.

entre eles um laço que vai além de sua filiação socrática: um vínculo com a tradição das letras gregas. De uma maneira ou de outra, todos os discípulos acabavam por seguir o modelo homérico de composição, fazendo de seus textos diálogos nos quais Sócrates era "o *herói* filosófico".[226] Para Shaftesbury, em sua acepção mais abrangente o termo diálogo não designa um gênero ou um estilo literário específico, é antes um modo tipicamente grego de compor que o *Solilóquio* define como "*discursos personificados*, nos quais os próprios personagens (*persons* = pessoas) têm o seu caráter preservado do princípio ao fim, [e] suas maneiras, humores e distintas variações de temperamento e entendimento mantidos de acordo com a mais exata *verdade poética*".[227] Como vimos, esses diálogos ou "discursos personificados" nasceram com a simplicidade de Homero, tornam-se poesia dramática sublime com a tragédia e, na mesma época em que começam a se desenvolver como teatro cômico, são também incorporados a um então recente âmbito do mundo erudito: o filosófico. De acordo com Shaftesbury, ao tomar o "conhecei-vos a vós mesmos" como um princípio fundamental da filosofia, Sócrates está dando continuidade a um saber que já estava presente na poesia homérica: os poetas tinham consciência de que não poderiam produzir diálogos e personagens elaborados se fossem incapazes de compreender a sua própria personalidade. "Aquele que lida com *caracteres*", diz-nos Shaftesbury, "tem necessariamente de conhecer a si próprio ou não conhecerá nada".[228] Embora a atividade do poeta faça com que um Homero esconda a autocrítica que ela exige, isso não passará despercebido para a parte mais atenta de seu público ou para aqueles que estudam sua maneira de compor. O pressuposto indispensável

---

226 *Solilóquio*, p. 104.

227 *Idem, Ibidem*, p. 104.

228 *Op. cit.*, p. 102.

SHAFTESBURY E A IDEIA DE FORMAÇÃO DE UM CARÁTER MODERNO 167

para a feitura de uma obra com personagens bem caracterizados é o autoconhecimento e a consciência do papel que desempenhamos no palco do mundo. Tal como ocorre na poesia, o indivíduo que se dedica à arte filosófica não pode estabelecer as relações entre os elementos que formam o universo de seu discurso se ignora por completo aquelas que ele mantém com a natureza. A prática do solilóquio é a herança que os filósofos receberam dos poetas: é a partir desse legado que a filosofia se desenvolve.

Contemporânea do momento em que se sente a necessidade de contrabalançar o humor demasiado pomposo ao qual chegaram os poetas trágicos, período no qual a comédia começa a se desenvolver,[229] a filosofia é também uma manifestação dessa época que procura reencontrar o equilíbrio e na qual a atividade da crítica se torna premente. Tal situação imprime no discurso filosófico certas características que não estavam contidas na obra daqueles que o antecederam. Ainda que Sócrates seja apresentado por seus discípulos como um personagem composto de uma maneira semelhante aos que figuram na *Ilíada* ou na *Odisseia*, é preciso notar que ele não faz parte de um universo mitológico. Mesmo quando se busca fazer de Sócrates um ente divino, como era o caso de Platão, ele ainda permanece sendo um homem com preocupações eminentemente humanas: em seu discurso, a inscrição délfica não se refere mais ao mundo dos deuses, mas ao da virtude. Com a filosofia, a questão do autoconhecimento ganha o primeiro plano: Sócrates não apenas age moralmente, mas fala abertamente de moral e se mostra capaz de analisar os mais diversos assuntos, como o amor, a amizade, a justiça, a liberdade etc.

Não obstante as diferenças entre o âmbito do filósofo e aquele do poeta, para o autor do *Solilóquio* a postura socrática não

---

229 Como salienta Shaftesbury, Sócrates ("o patrono da filosofia") viveu na mesma época que o autor de *As nuvens*.

representa uma ruptura drástica em relação à tradição homérica. Ao contrário: como vimos, a relação da filosofia com a poesia tem de ser pensada como uma continuidade. Isso quer dizer que o surgimento do filósofo não torna a arte do poeta algo superado ou ultrapassado, mas que a atividade filosófica complementa a poética. Como o seu próprio nome indica, a filosofia caracteriza-se pela busca do saber e pelas condições nas quais ele se efetiva, porém, para investigar e transmitir conhecimentos, o filósofo necessita de um discurso, de personagens e de argumentos muito bem compostos e, assim, também agradam àquele que o lê ou o escuta. Por sua vez, os poetas visam entreter o seu público, mas "secretamente *aconselham* e dão instrução",[230] tal como o faz um filósofo de uma maneira mais aberta. Essa relação de complementaridade entre os âmbitos poético e filosófico, um tornando mais evidente o que no outro permanece implícito, aponta para o parentesco entre eles. O *Solilóquio* nos mostra que a filosofia já existia em Homero na forma de germe, e é como raiz do gênero filosófico que o autor da *Ilíada* permanece vivo na obra dos filósofos. Para Shaftesbury, não se pode negar o vínculo entre filosofia e poesia: paradoxalmente, o discípulo de Sócrates que não quis admitir essa ligação era aquele que estava mais próximo dos homens que pretendia expulsar de sua república: os poetas. "Platão, o poeta dos filósofos", diz-nos o *Desenho de uma história socrática*, "assim como Homero [é] o filósofo dos poetas".[231] Todo o conhecimento da natureza humana que está pressuposto nos poemas desse que foi o grande pioneiro das letras gregas o aproxima tanto da filosofia que Shaftesbury pode reconhecer nele muito do que séculos depois fará de Sócrates um filósofo. Por sua vez, a pompa e a linguagem elevada de Platão o as-

---

230 *Solilóquio*, p. 86.

231 *Socratick*, p. 34 (*Discours concerning Plato*, 1).

SHAFTESBURY E A IDEIA DE FORMAÇÃO DE UM CARÁTER MODERNO 169

socia à maneira dos poetas anteriores ao autor da *Ilíada*. Os diálogos platônicos eram verdadeiros poemas e isso, acrescenta o *Solilóquio*, pode ser "coletado"[232] (*collected* = extraído) da *Poética*. Reencontramos aqui aquele que Shaftesbury chama de o "príncipe dos críticos":[233] Aristóteles. Para o filósofo inglês, o autor da *Poética* é um homem que tinha uma maior propensão "para a erudição polida e para as artes do que para as partes profundas e sólidas da filosofia"[234] e, por essa razão, "em sua escola não havia outras ciências com as quais se tomava mais cuidado do que com a ética, a *dialética* ou a *lógica*, cujas províncias foram principal-

---

232 *Solilóquio*, p. 134, nota 40. Ao parágrafo 4 do Capítulo I da *Poética* de Aristóteles (mais precisamente ao trecho do parágrafo 4 em que o autor diz: "Efetivamente, não temos denominador comum que designe os mimos de Sófon e de Xenarco, os diálogos socráticos e quaisquer outras composições imitativas, executadas mediante trímetros jâmbicos ou versos elegíacos ou outros versos que tais"), Eudoro de Souza acrescenta a seguinte nota: "Nesta passagem deparam-se-nos indiscutíveis reminiscências do diálogo *Dos Poetas*, que Ateneu (XI, pág. 505 C = Arist. Frg. 72, Rose [Dos Poetas, frg. 3, Ross]) cita deste modo: 'Portanto, não podemos negar que mesmo os mimos de Sófron, que não foram compostos em versos, sejam diálogos (lógous), ou que os diálogos de Alexâmeno de Teo, os primeiros diálogos socráticos que se escreveram, sejam imitações, e assim, o sapientíssimo Aristóteles expressamente declara que Alexâmeno escreveu diálogos antes de Platão.'" (*Poética*, nota ao parágrafo 4 do Capítulo I, p. 107). O tradutor e estudioso da *Poética* cita em seguida uma passagem de Diógenes Laércio que também se refere ao diálogo *Dos Poetas* e a partir desses trechos (o de Ateneu e o de Diógenes) diz o seguinte: "A maioria dos comentadores da *Poética* (Rostagni, Gudeman, Else) denunciam nestes fragmentos a mal disfarçada polêmica de A. [Aristóteles] contra Platão, e a ironia com que o discípulo insinua que também o Mestre, grande artista e exímio imitador, devia ser excluído de sua República, em que não dera lugar para os poetas dramáticos." (*Poética*, nota ao parágrafo 4 do Capítulo I, p. 107). O *Solilóquio* não apenas trata dessa questão exposta aqui por Eudoro de Souza, como também cita em grego o mesmo trecho de Aristóteles mencionado por Ateneu (Ver: *Solilóquio*, p. 134, nota 40).

233 *Op. cit.* p. 126.

234 *Op. cit.*, p. 135.

mente cultivadas pelos sucessores da Academia e do Pórtico".[235] Podemos então considerar Aristóteles como alguém que não apenas entendeu suas aptidões naturais, mas que também as estudou e as desenvolveu. Aos olhos de Shaftesbury, há na obra do autor da *Poética* uma justa proporção entre profundidade e polidez: sua filosofia é tão elegante quanto rigorosa. O crítico que com tanta astúcia destacou as relações entre a tragédia e a comédia, também reconheceu o seu pendor pela arte e, a partir daí, pôde acrescentar à seriedade de seus pensamentos e investigações o requinte que caracteriza o seu estilo equilibrado. E foi exatamente essa capacidade de analisar e inspecionar o seu próprio caráter que ele começou a aplicar na compreensão de outros autores.

De acordo com o *Solilóquio*, embora houvesse alguns pensadores que antes dele já tratavam de seus temas *"metodicamente"*,[236] Aristóteles foi o maior representante de um gênero (o metódico) "que surgiu principalmente da crítica e da mais acurada inspeção dos mestres precedentes".[237] Com o autor da *Poética*, a filosofia torna-se uma atividade que incorpora a análise de sua história ao seu próprio desenvolvimento. É esse tipo de exame crítico que permite a Aristóteles compreender o processo pelo qual as letras gregas se formaram e se aperfeiçoaram. Para tanto, é preciso que o autor descreva, divida, disseque e esmiúce os temas e as obras com os quais trabalha. Sem a subdivisão das partes que compõem a obra de Homero, por exemplo, a *Poética* não poderia ter identificado nele a fonte dos estilos trágico e cômico, tampouco seria capaz de estabelecer a relação de continuidade entre a poesia e a filosofia. A partição e a distribuição dos temas é uma característi-

---

235 *Idem, Ibidem*, p. 135.

236 *Idem, Ibidem*, p. 135.

237 *Idem, Ibidem*, p. 135.

SHAFTESBURY E A IDEIA DE FORMAÇÃO DE UM CARÁTER MODERNO 171

ca básica do gênero metódico, porém o modo como Aristóteles o emprega "está tão longe de fazer alguma ostentação do método, que esconde o artifício tanto quanto possível, esforçando-se apenas para expressar o efeito da arte sob a aparência da maior facilidade e negligência".[238] Ou seja: a crítica do autor da *Poética* é de estilo simples. Seus argumentos e análises parecem tão naturais para os seus leitores que eles sequer pensam no trabalho que o autor teve para construí-los. Ao examinar as obras que o precederam, Aristóteles confere ao gênero metódico requinte e polidez, e nisso lembra o Sócrates de Xenofonte: tal como fazia o pai da filosofia em relação aos seus interlocutores, o autor da *Poética* é suficientemente equilibrado para levar em conta o estilo e o humor daqueles que analisa, esforçando-se para compreender o caráter e a natureza que os distingue. Como nos mostra Márcio Suzuki ao comentar um trecho das *Miscelâneas*, o exame de uma obra literária ou filosófica exige o respeito por ela. Mas, ele acrescenta, "saber respeitá-la significa também saber *mimetizar* os autores que se critica, explicando seus procedimentos à luz dos ideais que ela supõe ser os padrões do bom gosto".[239] Foi a mimese e a recomposição de temas como a poesia homérica, a tragédia e a comédia que permitiram a Aristóteles o entendimento das particularidades que distinguem cada um desses gêneros e dos vínculos que os unem: procedendo dessa maneira, ele pôde não somente compreender que em seu tempo a arte do poeta trágico já estava em plena decadência, mas também prever a ascensão do cômico. O respeito pelas características particulares de seus temas é a marca da simplicidade de um autor que não assume uma postura arrogante ou superior frente aos objetos que analisa. Para que se realize em sua plenitude, a crítica exige daquele que a

---

238 *Op. cit.*, p. 136.

239 SUZUKI, M. *Quem ri por último ri melhor. Humor, riso e sátira no 'Século das Luzes'*. Rio de Janeiro: Terceira Margem, 2004, p. 20.

pratica uma tarefa dupla: ao mesmo tempo em que precisa mimetizar os objetos de sua análise e reconstituir o processo pelo qual eles se formam e se mantém, o crítico também necessita imprimir ao seu exame algo que lhe seja peculiar: um estilo próprio. Por mais que a maneira escolhida por um autor para mimetizar e analisar as obras de outros esteja escondida e não se deixe explicitar tão facilmente (como era o caso de Aristóteles, segundo Shaftesbury), ela tem de estar presente em seu texto. O exame depende do *"olho do crítico"*,[240] uma *visão* que organiza e dispõe as relações entre as partes e subdivisões dos temas estudados. Para entender as razões internas ao seu objeto, a análise pressupõe um ponto ou lugar a partir do qual o examina.

Essa mesma questão da tarefa dupla da crítica também aparece em *Desenho de uma história socrática*. Nesse manuscrito, Shaftesbury diz que para comentar os textos de Platão que ele planejava traduzir, seria preciso imitar o estilo sublime desse autor. O mesmo deveria ser feito em relação à análise dos outros autores que o filósofo inglês desejava verter para o seu idioma: a intenção era a de respeitar a maneira peculiar a cada um deles. No entanto, para além das particularidades dos escritores traduzidos e comentados, o livro como um todo teria de ter o seu próprio estilo: "Imitar por toda a parte a simplicidade de Xenofonte",[241] diz-nos Shaftesbury. Laurent Jaffro explica-nos que a escolha que o *Desenho de uma história socrática* faz pela maneira simples não é casual. Além da grande vantagem de propiciar ao seu público a possibilidade do que Jaffro chama de "uma dupla leitura"[242] (a *fácil*, que ignora

---

240 *Solilóquio*, p. 124.

241 *Socratick*, p. 52 (*Cautions*, 2).

242 JAFFRO, L. *Le Socrate de Shaftesbury: comment raconter aux Modernes l'histoire de Socrate?*, p. 73.

todo o trabalho que o autor teve para compor sua obra, e a *apro-fundada*, "que apreende a ordem conceitual secreta"[243]), o estilo de Xenofonte é também altamente benéfico para o escritor. Apenas alguém de humor equilibrado pode entender e analisar o dos outros. Do mesmo modo, somente um estilo literário intermediário (como é o simples) tem condições de guardar a distância exata em relação ao sublime e ao cômico: suficientemente afastado para observá-los e examiná-los, próximo o bastante para compreender a natureza e as particularidades de cada um deles. Por essa razão, o estilo simples pode ser considerado como o mais adequado ao exame crítico: a simplicidade está dada na boa medida entre a maneira do autor examinado e aquela da do examinador.

Quando se trata de analisar um autor que já é simples, como é o caso de Xenofonte ou Aristóteles, o recurso ao mesmo estilo é ainda mais crucial: só um crítico pode entender o quanto um outro exerceu a arte de criticar. O autor do *Solilóquio* não poderia ter reconstituído todo o processo de formação das letras clássicas, identificando o seu surgimento na Grécia e o seu declínio em Roma, se não compartilhasse a postura crítica com aqueles que cita para endossar os seus argumentos. Ao seguir as análises de escritores como Aristóteles, Horácio e Marco Aurélio, Shaftesbury nos mostra que, a exemplo do que ocorre na compreensão de textos literários ou filosóficos, o entendimento dos acontecimentos históricos também exige a arte da crítica. Ao bom historiador não basta relatar o que é circunstancial e momentâneo. É preciso que ele busque entender os vínculos e conexões entre o presente e o passado, e, assim, possa projetar (ou "prever", como fez Aristóteles) o futuro:

> Aquele que não tem ajuda da erudição para observar os mais extensos períodos ou revoluções

---

243 *Idem, Ibidem*, p. 73.

> do gênero humano, as alterações que ocorrem
> nas maneiras e o fluxo e refluxo da polidez, do
> engenho e da arte são propensos a sempre fazer
> da época presente o seu padrão e nada imaginam
> como [sendo] bárbaro e selvagem, senão o que é
> contrário às maneiras do seu próprio tempo.[244]

Esse trecho apresenta aquele que para Shaftesbury é o grande problema posto pela Modernidade: quando limitam os seus olhares à situação presente e mais imediata, os homens perdem de vista a possibilidade de compreender a sua época. Analisar o passado, considerar os costumes e as maneiras de outros povos são condições sem as quais não podemos obter um entendimento profundo acerca do nosso próprio tempo. No que diz respeito ao entendimento do período em que vivia, Shaftesbury pretende mostrar o quão inábeis eram os seus contemporâneos pelo exame de um tipo de literatura que estava em voga no início do século XVIII: os livros de viajantes. A característica básica desses textos era a descrição de lugares mágicos repletos de seres fantásticos e de povos exóticos. Toda essa atmosfera sublime e sobrenatural causava no leitor uma mescla de admiração e terror que culminava em censura: o fascínio provocado pelo relato de hábitos e costumes estranhos ao público era acompanhado da reprovação desse mundo tão diferente. No entanto, diz-nos o autor do *Solilóquio*, aqueles seus conterrâneos que se deleitavam com os livros desses *"contadores de historinhas"*[245] (*tale-teller*) e, a partir deles, julgavam bárbaro o comportamento dos ditos "selvagens", jamais lembravam que os britânicos eram um povo bastante rude e inculto "no tempo em que César fez a sua

---

244 *Solilóquio*, p. 142.

245 *Op. cit.*, p. 179.

SHAFTESBURY E A IDEIA DE FORMAÇÃO DE UM CARÁTER MODERNO 175

primeira invasão".[246] "Tal juízo", ele acrescenta, "tem de ser necessariamente [emitido] por aqueles que são apenas *críticos pela moda* (*criticks by fashion*)".[247] Se os ingleses fossem capazes de ir além do que é circunstancial e passageiro em sua cultura, eles entenderiam que os seus hábitos e maneiras não são necessariamente melhores do que os dos povos tidos como brutos. Ao contrário: de acordo com Shaftesbury, é a "inocência do comportamento"[248] dos selvagens que está sendo corrompida "pelo nosso comércio (*commerce* = "convívio") e pelo triste exemplo ensinado por todo tipo de traição e desumanidade".[249]

Para o autor do *Solilóquio*, ainda mais surpreendente que constatar o apreço que os seus compatriotas tinham pelos relatos dos viajantes, é verificar que um dos mais ilustres pensadores de seu país se deixou levar pelos argumentos desse tipo de literatura. Em seu célebre *Ensaio sobre o entendimento humano*, John Locke diz que pretende refutar uma opinião sustentada por alguns segundo a qual "existem no entendimento certos *princípios inatos*, algumas noções primárias, κοιναὶ ἔννοιαι, como se estivessem cunhadas na mente do homem".[250] Quando busca provar que nem mesmo a moral pode ser dita inata ao homem, Locke lança mão do seguinte argumento:

> Os *caribenhos* são conhecidos por castrar suas crianças, para que engordem e sejam devoradas. *Garcilasso de la Vega* fala de um povo no *Peru* conhecido por engordar e alimentar-se das crianças

---

246 *Op. cit.*, p. 142.

247 *Idem, Ibidem*, p. 142.

248 *Op. cit.*, p. 180.

249 *Idem, Ibidem*, p. 180.

250 LOCKE, J. An essay concerning human understanding. Peter H. Nidditch. Oxford: Clarendon, 1979. L. I, Cap. II, 1, p. 48.

que têm com mulheres capturadas, mantidas prisioneiras para esse fim, quando já não podem mais parir, também são mortas e devoradas. A virtude pela qual os *tupinambás* acreditavam merecer o paraíso era vingar-se de seus inimigos, alimentando-se deles: eles não têm nenhuma palavra para Deus, não reconhecem nenhum Deus, não têm religião nem louvor. Os santos canonizados pelos *turcos* levam vidas que a decência impede de relatar.[251]

Segundo Shaftesbury, o recurso ao testemunho dos viajantes não mostra apenas a total incapacidade que o seu antigo preceptor tinha para perceber um tipo de escritor que se pautava pelo exagero e pela adição de elementos cujo único propósito era causar assombro em seu leitor, Locke também deixa claro o seu desconhecimento em relação à natureza humana. É preciso admitir que por mais rudes e terríveis que sejam os costumes de um povo, eles ainda têm de ser considerados como tradições e dizem respeito a uma determinada organização sociocultural. A exemplo do que ocorria com a maior parte dos homens do seu tempo, Locke não admitia como sendo "moral" qualquer comportamento que fugisse ao padrão com o qual estava habituado. Embora diga na *Introdução* de sua mais famosa obra que sua intenção ali era a de adotar um "método histórico"[252] que descrevesse, dissecasse e analisasse as vias ou

---

251 *Op. cit.*, L. I, Cap. III, 9, p. 71. Nesse trecho, Locke faz referência aos seguintes autores: Garcilasso de la Veja (*História dos Incas* – 1633), Martino Martini (*Sinicae historiae decas prima* – 1658) e J. D. Lery (*Histoire d'une Voyage fait au Brésil* – 1758).

252 *Op. cit.*, Introdução, L. I, I, 2, p. 44. Locke diz: "this historical, plain method". De acordo com Pedro Paulo Pimenta, o propósito do autor é aplicar o mesmo método empregado pelos naturalistas, ou seja: observar, dissecar, descrever e analisar o seu objeto de estudo, no caso o entendimento humano (Ver: PIMENTA, P. P. A *linguagem das formas – natureza e arte em Shaftesbury*, p. 11).

SHAFTESBURY E A IDEIA DE FORMAÇÃO DE UM CARÁTER MODERNO   177

modos (ways) pelos quais "nosso entendimento alcança as noções que temos das coisas",[253] para Shaftesbury ele não consegue cumprir o planejado. Para que se possa ser verdadeiramente metódico e alcançar os mesmos êxitos daquele que foi o grande mestre dessa maneira de tratar os objetos que se analisa (Aristóteles), é necessário ser um crítico de si mesmo: antes de começar a dissecar o tema do entendimento humano, Locke tinha de ter se exercitado em uma "autodissecação",[254] primeiro e importante passo para qualquer investigação que pretenda se deter em temas ou questões que dizem respeito à natureza do homem.

Na Modernidade, os pensadores e formadores de opinião (poetas, artistas, filósofos) carecem de autocrítica: falta-lhes a prática do solilóquio. Como consequência do desconhecimento dos inúmeros benefícios que a "conversa consigo mesmo" poderia trazer ao seu trabalho, os autores modernos acabam por deturpar o papel e a importância daqueles que propõem uma análise mais detalhada de suas obras. De acordo com Shaftesbury, a grande preocupação dos escritores de seu tempo reside na promoção de sua própria pessoa e de seus interesses particulares. Ou seja: eles são o que o filósofo inglês chama de *egoístas*. Na tentativa de se autopromover, esses homens estão sempre dispostos a incitar todo tipo de disputa com os outros autores. Para eles, examinar a obra de alguém é o mesmo que estabelecer com ela algum tipo de controvérsia ou disputa: a análise de um texto visa criar uma polêmica que atraia a atenção do público e angarie partidários para as ideias defendidas pelo analista. A figura do crítico passa a ser a do inimigo: ele é o vilão que busca difamar e conquistar os leitores de um autor. O mundo das letras se transforma então em um campo de batalha e a nobre arte da crítica é reduzida

---

253 *Idem, Ibidem*, L. I, I, 2, p. 44.

254 *Solilóquio*, p. 87.

ao que o *Solilóquio* chama de "método do *porrete*":[255] a polidez, a maneira de compor ou estilo daquele que se critica não são mais os elementos primordiais, o que importa é estabelecer uma contenda e encontrar os meios mais eficazes para vencê-la. Entre os eruditos, cada grupo elege o seu próprio representante ou "campeão"[256] e nele confia toda a sua esperança de derrotar os que são considerados como adversários. "Excelente esporte!",[257] comenta o autor das *Miscelâneas* em um trecho em que os debates dos intelectuais são comparados às lutas entre gladiadores. A situação atinge tal nível que mesmo antes de serem atacados, os autores já começam a se defender e a revidar os prováveis golpes que receberão:

> De fato, a julgar pelas circunstâncias de um *autor* moderno, pelo padrão dos seus *prefácios, dedicatórias* e *introduções*, alguém pensaria que no momento em que escrevia sua peça, alguma conjuração havia sido formada contra ele, alguns poderes diabólicos se uniam para fulminar sua obra e se entrecruzavam no seu generoso engenho. Portanto, ele evoca sua indignação, enrijece sua fronte e com muitos e furiosos desafios e *fora* Satanás! (*Avant Satans!*) inicia os seus afazeres sem a menor consideração pelo que lhe pode ser devidamente objetado no modo da *crítica*, mas com um absoluto desprezo pela própria *maneira* e *arte*.[258]

---

255 *Op. cit.*, p. 140.

256 *Miscelâneas*, p. 134.

257 *Idem, Ibidem*, p. 134.

258 *Solilóquio*, p. 122-123.

SHAFTESBURY E A IDEIA DE FORMAÇÃO DE UM CARÁTER MODERNO 179

Quando se recusa terminantemente a comentar os textos que a primeira edição de sua *Carta sobre o entusiasmo* havia suscitado, Shaftesbury mostra que não está disposto a aceitar essa concepção então em voga que reduz a crítica a um mero meio de se sobressair às custas da detratação de um outro. Eis o conteúdo de uma anedota contada pelo próprio Shaftesbury nas *Miscelâneas*: ciente de que esse tipo de discussão entre homens letrados poderia lhe render uma boa soma de dinheiro, o seu editor tentou persuadi-lo de todas as maneiras a publicar uma resposta às críticas a ele endereçadas. "Senhor, uma dúzia de folhas seriam suficientes. Deveis despachar isso imediatamente. Não achais?",[259] insiste o editor que diz já ter o papel e uma boa fonte tipográfica para a publicação de uma resposta. "Basta", diz o autor da *Carta sobre o entusiasmo*, "mas ouça lá (Senhor A, a, a, a), meu valoroso engenheiro e administrador da guerra das letras! Antes de preparar a sua artilharia ou me envolver em atos de hostilidade, deixe-me ouvir, eu vos rogo, se meu adversário foi ou não notado. Esperais por sua *segunda* edição".[260] Shaftesbury considera fundamental não responder aos ataques recebidos do modo como os seus críticos esperam que ele o faça: pronta e calorosamente. É com frieza e calma que ele pretende analisar a relevância dos textos que se posicionaram contra a sua obra. Por que, pergunta o filósofo inglês, se preocupar com um tipo de literatura que jamais atingirá uma segunda edição e cuja maior utilidade é servir de papel de embrulho para os *"confeiteiros"*?[261] A prática que Shaftesbury defende e promove não tem nada a ver com "o brilho superficial"[262] e com o espírito panfletário dos escri-

---

259 *Miscelâneas*, p. 136.

260 *Idem, Ibidem*, p. 136.

261 *Op. cit.*, p. 135.

262 *Solilóquio*, p. 124.

tores modernos. No lugar de se deixar levar pelo egoísmo e tentar destruir os seus companheiros, o escritor moderno deveria se preocupar com a sua própria formação. A verdadeira crítica é o pilar do edifício das letras:[263] diferentemente do que pensam os contemporâneos de Shaftesbury, o propósito dessa atividade não é o de destruir, trata-se de erigir e proporcionar o aperfeiçoamento cultural de um povo ou de uma época.

Como vimos, para que um autor como Aristóteles desenvolva a sua arte, é preciso que ele saiba respeitar e até mesmo imitar a natureza de seu objeto de análise. Ao fazer da Modernidade o assunto (*subject*) de uma análise crítica, Shaftesbury constata que esse tipo de exame havia se transformado em algo completamente estranho à sua época. Para o filósofo inglês, as análises propostas pelos seus contemporâneos perderam por completo a elegância e a polidez que marcavam os textos do autor da *Poética*: o emprego que os modernos fizeram do gênero metódico o tornou pomposo e enfadonho. De acordo com o *Solilóquio*, as separações e as subdivisões que ele encontra nos tratados e nos livros dos pensadores de seu tempo "têm pouca força para ganhar a nossa atenção"[264] e podem mesmo causar sono em seus leitores. A conclusão a qual chega Shaftesbury confirma o argumento desenvolvido ao longo do *Solilóquio*: o modo de proceder dos escritores modernos não apenas revela uma inadequação em relação ao que reinava na Antiguidade, ele também mostra algo peculiar à Modernidade – trata-se de uma

---

263 *Op. cit.*, p. 124-125. O trecho todo afirma: "A partir dessas considerações, eu tomo a responsabilidade de condenar por completo o costume predominante e em voga de atacar os críticos como inimigos comuns, pestes e incendiários do bem comum do engenho e das letras. Ao contrário, eu afirmo que eles são os *sustentáculos* e os *pilares* desse prédio (das letras e do engenho) e que sem o encorajamento e propagação de tal raça, nós permaneceremos *arquitetos* **góticos** para sempre".

264 *Solilóquio*, p. 136.

época (*age*) que anseia por sua identidade, mas que apenas começou a trilhar o caminho de sua formação. Assim como ocorre no início do processo de formação de um caráter individual, é preciso dar um crédito à Modernidade, acreditar na sua existência (*take upon trust*) e, a partir daí, perguntar-se por suas características. Toda a reconstituição histórica apresentada no *Solilóquio* pressupõe essa aposta na Modernidade. O caminho de formação de um caráter moderno é traçado pelo questionando acerca de suas origens, na investigação sobre os possíveis vínculos e diferenças entre os tempos modernos e os antigos. Para encontrar a sua identidade, a Modernidade precisa se autoanalisar e é por essa razão que Shaftesbury se preocupa em encontrar para a crítica uma maneira de expressão que possa dar conta do desprezo que os seus contemporâneos nutrem por todo tipo de investigação séria e consequente:

> A única maneira deixada na qual a crítica pode ter
> sua justa força entre nós é a *antiga* cômica, gênero
> do qual faziam parte as primeiras miscelâneas
> *romanas* ou peças *satíricas*: um tipo de escritura
> próprio deles, depois refinado pelos melhores e
> mais polidos poetas daquela nação, que, no entanto, reconheciam que a maneira tinha sido tomada da comédia *grega*.[265]

É o próprio egoísmo e um ar de pompa presentes entre os modernos (que o *Solilóquio* não tarda em definir como uma "*coqueteria*",[266] dada a afetação que caracteriza os costumes modernos) que exigem uma crítica que seja feita em um tom satírico. A ignorância e o desprezo que os contemporâneos de Shaftesbury

---

265 *Idem, Ibidem*, p. 136.

266 *Op. cit.*, p. 107.

demonstram frente àquilo que o filósofo inglês considera como sendo a verdadeira crítica, só atesta a necessidade que têm dela. Analisemos então como a própria obra de Shaftesbury vai ao encontro dessa necessidade quando busca empregar algo da maneira como as miscelâneas antigas eram escritas e em que sentido tal postura pode ser vista como uma tentativa de recuperar aquela tarefa dupla que o autor das *Características* considera própria da análise crítica: ser rigoroso diante do objeto que se critica, a ponto de mimetizá-lo, mas sem deixar fazer desse exame uma composição que também seja a expressão da maneira de seu autor.

III

A COMPOSIÇÃO DE UM CARÁTER

> *Vós tendes estudado para saber não tanto o que gregos, romanos ou bárbaros fizeram, mas o que eles pensaram e ensinaram.*
>
> James Harris[1]

QUANDO O JOVEM MICHAEL AINSWORTH escreve a Shaftesbury para lhe dizer que tinha a intenção de estudar a língua e a cultura gregas, o filósofo inglês não esconde a sua satisfação: "Peço a Deus que vos ajude nesta vossa audaciosa investida e que vos abençoe para que tenhais tanta modéstia e simplicidade em todas as outras empreitadas e práticas de vossa vida quanto tivestes de coragem e de ousadia nesta".[2]

Shaftesbury passa então a dar alguns conselhos ao seu *protégé*: ele diz que a melhor postura para o iniciante nos estudos dos clássicos é a de começar com aqueles textos gregos que são os menores e mais simples, pois, acrescenta, "é preciso ir por graus e evitar obstáculos em vosso caminho, aquilo que no lugar de vos adiantar,

---

1 HARRIS, J. *Treatise concerning happiness*. In: *The works of James Harris*, vol. I. Bristol: Thoemmes Press, 2003, p. 63.

2 Carta a Ainsworth de 28 de janeiro de 1709. In: *Several letters written by a noble Lord to a young man at the university, Letter V*. In: Shaftebury Standard Edition II, 4, p. 376.

vos retardaria (...). Lede e relede essas obras (...), limitai-vos às passagens simples e fáceis, as que podeis marcar e copiar".[3] Ler, reler, copiar – esse método sugerido ao jovem Ainsworth não é distinto daquele praticado pelo próprio Shaftesbury. Uma análise superficial dos manuscritos do filósofo inglês já seria suficiente para provar que ele realmente lia, relia, copiava, examinava e traduzia os autores que estudava. O *Desenho de uma história socrática*, por exemplo, apresenta-nos um minucioso comentário dos *Memoráveis* de Xenofonte. Shaftesbury cita trechos, analisa os termos gregos empregados por esse discípulo de Sócrates, indica possíveis soluções para traduzi-los para o inglês, compara algumas passagens de sua obra com outras da de Platão etc. O mesmo rigor está presente nos *Exercícios*, quando nomes de filósofos como Epiteto e Marco Aurélio são mencionados. Mas Shaftesbury não se limita a citar e a comentar os autores que estudava: o filósofo inglês também lê, relê e copia os seus próprios escritos. Pelos seus papéis, podemos constatar que ele constantemente se autocorrigia, examinava as suas ideias e buscava a melhor maneira de desenvolvê-las. Manuscritos como os *Exercícios* e o *Desenho de uma história socrática* estão repletos de indicações e notas onde se lê os termos *infra* ou *supra*, sempre seguidos por um número de página: esse era o modo utilizado por Shaftesbury para referir-se e indicar um vínculo temático com outro trecho (precedente ou posterior) de um mesmo texto. Tal prática mostra-nos que a atividade do escritor para Shaftesbury já pressupõe a leitura e o aprimoramento do que primeiro foi registrado: escrever é reler. Esse recuo permite o avanço do texto. É a partir dele que as diversas ideias ali presentes podem ser conectadas. Apenas a releitura garante a continuidade dos argumentos – ela é o grande

---

3   Carta a Ainsworth de 28 de janeiro de 1709. In: *Several letters written by a noble Lord to a young man at the university*, *Letter V*. In: Shaftebury Standard Edition II, 4, p. 378.

recurso que os escritores têm para estruturar os seus pensamentos: "Mantenha esses pensamentos noite e dia à mão, *escreve-os, lê-os*".[4]

O trecho acima é uma passagem de Epiteto citada no início dos *Exercícios*. Nele, podemos reconhecer uma ideia bastante importante para a filosofia de Shaftesbury: o pensamento tem de ser moldado ou "manipulado". Como vimos em nosso capítulo anterior, o melhor método para entender as nossas ideias é dar-lhes "voz e entonação".[5] A mente em seu estado bruto é "uma linguagem obscura e implícita".[6] Nesse sentido, a atividade mental não é senão um esforço para tornar essa língua primitiva cada vez mais clara. Para Shaftesbury, explica-nos Jaffro, o "interior [da mente] é uma dobra que é preciso desdobrar, a expressão é uma explicação".[7] Toda manifestação da mente pode ser entendida como um momento do processo que é a sua autocompreensão. O que nesse percurso ainda permanece confuso e indeterminado não é uma completa ausência de significado ou sentido, e sim a própria capacidade que a mente tem de entender a si mesma. Trata-se de um elemento originário que sempre está presente em nós: ele é a fonte de tudo aquilo que podemos pensar, dizer ou escrever. Essa faculdade de autocompreensão da mente faz-se mais evidente nos momentos em que o *espírito* (palavra que também traduz o inglês *mind*) necessita "se desdobrar" ou refletir. A reflexão e o modo (*way* = "caminho") de aprimoramento mental pressupõem esse retorno às origens: não há como formar uma

---

4   EPITETO, *Entretiens* III, 24, 103, *apud* tradução francesa dos *Exercícios*. Shaftesbury cita Epiteto no original grego. Citamos aqui a partir da tradução francesa que Laurent Jaffro fez para esse trecho: "Garde ces pensées nuit et jour sous la main; *écris*-les *lis*-les" (*Exercices*, p. 48).

5   *Solilóquio*, p. 104.

6   *Idem, Ibidem*, p. 104.

7   JAFFRO, L. Introdução à tradução francesa dos *Exercícios* (*Exercices*, p. 28).

nova maneira de nos expressarmos sem uma volta à faculdade que possibilitou todas as nossas expressões anteriores.

A mente jamais eliminará por completo o que nela é obscuro e primitivo, pois isso significaria destruir a sua própria capacidade de entendimento e autocomposição: o que não pode ser inteiramente compreendido é a simples faculdade de compreender, que sempre está além do objeto de compreensão. No entanto, isso não quer dizer que devemos abandonar toda a tentativa de tornar os nossos pensamentos mais claros para outros e para nós mesmos. Muito pelo contrário: só existe aprimoramento porque ainda há algo de indeterminado a ser esclarecido – a atividade mental estaria fadada ao fracasso se em seu percurso não houvesse essa escuridão que sempre retorna e que, por assim dizer, lhe serve de impulso e combustível. A grande vantagem da escrita para o aperfeiçoamento mental é que ela torna mais fácil esse recuo que o espírito necessita fazer para se desenvolver, ou seja: ao contrário do discurso oral, que se perde minutos depois de ser proferido, a letra é um registro e, por isso, é o meio mais eficaz de retraçar o processo de formação de uma mente. Escrever nossas ideias, concepções e opiniões é a melhor maneira de praticarmos o solilóquio, pois assim poderemos reler essas anotações e, a partir daí, reformulá-las. De acordo com Jaffro,[8] esta era a função dos *Exercícios*: tratava-se de uma primeira manifestação de ideias a respeito de alguns temas determinados, tais como *deidade, afecção natural, vida, belo* etc. Muitas das formulações presentes nesses que eram cadernos de estudos para o uso privado do autor (nos quais o filósofo inglês literalmente exercitava suas opiniões e os modos de expressá-las) são recuperadas pela sua obra impressa: uma comparação entre as *Características* e os temas presentes nos *Exercícios* revela-nos o quanto esses últimos foram

---

8   *Op. cit.*, p. 7-34.

SHAFTESBURY E A IDEIA DE FORMAÇÃO DE UM CARÁTER MODERNO   189

importantes para a elaboração da primeira.[9] As várias correções e versões que fazia de seus textos são outro exemplo que confirma a atenção que Shaftesbury dava à releitura daquilo que escrevia. Com exceção das *Miscelâneas*, todos os outros tratados que compõem as *Características* já haviam sido publicados separadamente. Isso, no entanto, jamais impediu o seu autor de revisá-los a cada reimpressão. O *Solilóquio ou conselho a um autor*, por exemplo, passou por três versões: a de 1710, a de 1711 e a de 1714, as duas últimas correspondem às primeiras edições das *Características*, obra na qual o *Solilóquio* foi anexado como o *Terceiro Tratado*. Como nos diz Robert Voitle, "quase todas as páginas dessa terceira e última edição do *Solilóquio* envolve alguma mudança".[10] O mesmo pode ser dito das *Características* como um todo: Shaftesbury era um "perfeccionista",[11] ele enviava ao seu editor várias instruções que iam para além das correções de estilo, de ortografia e de gramática, e também se detinham sobre a disposição do texto e as letras ou fontes tipográficas a serem usadas. "Isso explica", afirma Voitle, "porque as *Características* é um livro tão belo em uma época em que os livros ingleses estavam entre os mais feios produzidos".[12] Shaftesbury supervisionava todos os detalhes relacionados à publicação de seus textos. Tal cuidado mostra-nos um autor que soube entender a importância de cada momento ou manifestação particular de sua filosofia. Manter o pensamento à mão, como dizia-nos o trecho de Epiteto citado pelos *Exercícios*, significa estar pronto para

---

9   *Idem, Ibidem*, p. 7-34.

10   VOITLE, R. *The Third Earl of Shaftesbury – 1671-1713*. Baton Rouge/Londres: Louisiana State University Press, 1984, p. 333.

11   *Idem, Ibidem*, p. 390. O trecho todo diz o seguinte: "O conde é um perfeccionista e vê muitas ocorrências onde mudanças são necessárias, abundantemente em estilo e gramática".

12   *Op. cit.*, p. 339.

reformar ou reformular as ideias. A *mão* simboliza aqui o cultivo ou atividade do autor que busca aprimorar sua obra ou mesmo a leitura que faz das de outros pensadores. As inúmeras correções e mudanças dos textos de Shaftesbury indicam menos uma superioridade das últimas versões em relação às primeiras do que um escritor que continua a "manipular" – a moldar ou a formar – os seus pensamentos. Todo esse trabalho "manual" evidencia a presença de um plano: ali, um *design* está sendo aprimorado.

> Por que escrever? Por que esse florear, embelezar, desenhar, rabiscar, de novo e de novo, sempre a mesma coisa? Para que isso? – Por que, senão pela arte? Não para mostrá-la, mas para a prática, o exercício, o progresso... Escrever e queimar em seguida. Desenhar e apagar. O giz, uma parede, uma tábua, tudo o que cair nas mãos. (...) Aplica-te então, exercita-te. Escreve. Compõe. Faz os teus cálculos. Rabisca o esboço, os delineamentos, as proporções. Examina. Pratica. Experimenta. Tem em mente uma regra, uma demonstração, um desenho, um plano ou um outro, e deixa de lado outros tipos de planos.[13]

É preciso escolher um plano (um *design*) e então segui-lo, desenvolvê-lo. Como vimos, para o escritor o constante estudo de suas fases e obras anteriores é um exercício sem o qual ele não poderá progredir na arte das letras. Tal concepção da atividade literária e do papel que nela desempenha a releitura não é um assunto que apenas podemos encontrar na correspondência, nos manuscritos ou nas indicações e notas que Shaftesbury fazia para as novas versões

---

13 *Exercícios*, p. 191. O mesmo trecho é citado por Jaffro (Ver: JAFFRO, L. *Shaftesbury et les deux écritures de la philosophie*).

SHAFTESBURY E A IDEIA DE FORMAÇÃO DE UM CARÁTER MODERNO   191

de suas publicações. As *Miscelâneas* são a maior prova de que esse não é um tema marginal, limitado ao que poderíamos chamar de bastidores da obra do autor: o processo de elaboração e de revisão de seus textos. A releitura ganha um lugar de destaque e passa a ser um dos protagonistas do pensamento de Shaftesbury. Nesse sexto e último tratado das *Características*, as *Miscelâneas*, o filósofo inglês assume explicitamente o papel de crítico de si mesmo e passa a examinar minuciosamente o conjunto de sua obra. Tomando a distância certa para iniciar uma autoanálise de suas qualidades literárias, Shaftesbury nomeia o escritor das *Características* "nosso autor" e começa a trabalhar como se os textos que critica não tivessem sido escritos por ele mesmo. Cada uma das partes das *Miscelâneas* é dedicada a um dos cinco tratados que a precedem. Aqui o filósofo inglês cita os seus próprios textos, tece comentários e especula a respeito do significado de algumas passagens, sempre com a intenção de torná-las mais claras ao leitor. É apenas a partir da leitura desse sexto tratado que podemos chegar ao entendimento de uma figura fundamental: o autor das *Características*. Como um bom ator cuja destreza lhe permite representar os mais diversos personagens sem deixar de imprimir em cada um deles o seu estilo próprio, Shaftesbury foi capaz de escrever seis textos de caráter distinto e que, no entanto, formam uma unidade e um sistema: "Embora [o autor das *Características*] pareça atacar outras hipóteses e esquemas, ele ainda tem algo de seu em reserva e sustenta um certo *plano* ou *sistema* que lhe é peculiar ou, ao menos, que tem poucos companheiros ou seguidores atualmente".[14]

Mas qual seria esse plano? Como entender a peculiaridade do "sistema" de Shaftesbury? O próprio filósofo inglês sugere-nos a maneira pela qual devemos responder a essa questão: precisamos

---

14   *Miscelâneas*, p. 192.

considerar sua obra como um todo e buscar a compreensão dos vínculos e relações que existem entre as diferentes partes que a compõem. De acordo com as *Miscelâneas*, nos dois primeiros tratados das *Características* (respectivamente, a *Carta sobre o entusiasmo* e *Sensus communis: um ensaio sobre a liberdade do engenho e humor*), Shaftesbury tomaria uma posição que lembra a de um cético. Como vimos em nossos capítulos anteriores, a *Carta sobre o entusiasmo* afirma que o humor é o melhor remédio contra o que ela mesma considera como um dos piores males aos quais o mundo está sujeito: o fanatismo religioso. Segundo Robert Voitle, *Sensus communis* retoma e confirma a opinião expressa na *Carta*.[15] Para Shaftesbury, escrever essa obra teria sido uma maneira de aprimorar um tema já trabalhado e de responder a algumas das críticas que as ideias contidas no texto sobre o entusiasmo haviam suscitado. As *Miscelâneas* afirmam que o filósofo inglês tinha consciência de que o elogio do uso do humor feito pelos dois primeiros tratados das *Características* poderia ser interpretado pelo leitor como uma falta de seriedade e rigor, isto é: como uma típica postura de um homem que não quer outra coisa senão abalar as convicções alheias. Sem defender explicitamente nenhuma ideia ou opinião própria, esses textos visariam somente destruir aquelas que já estão estabelecidas. É nesse sentido que os autores da *Carta sobre o entusiasmo* e do *Sensus communis* assumem um "ar de *ceticismo*":[16] nessas duas *peças* (*pieces*, como diz Shaftesbury) eles trabalhariam mais com o

---

15 "*Sensus communis: um ensaio sobre a liberdade do engenho e do humor* (1709) defende a *Carta sobre o entusiasmo* (…). Mesmo o subtítulo de *Sensus communis* parece ser uma resposta às críticas à *Carta sobre o entusiasmo*." (VOITLE, R. *the Third Earl of Shaftesbury – 1671-1713*, p. 330).

16 *Miscelâneas*, p. 192.

SHAFTESBURY E A IDEIA DE FORMAÇÃO DE UM CARÁTER MODERNO   193

"método de *destruir alicerces*"[17] do que com a sua "verdadeira capacidade de *arquiteto*".[18]

O terceiro tratado ainda mantém muito desse "aspecto *cético*"[19] que não revela com clareza quais são as suas intenções. "De fato", acrescenta Shaftesbury, "o que ele (o *Solilóquio*) mostra da *forma* e do *método* está tão acompanhado de um aleatório ar de *miscelânea* que antes passa por zombaria do que por sinceridade".[20] No entanto, a descrição e as análises que essa obra faz do nascimento e dos progressos das artes e ciências já são "a entrada ou a introdução"[21] para a filosofia do autor das *Características*. A crítica aos escritores modernos e o argumento segundo o qual o autoconhecimento é a melhor maneira de aperfeiçoar as maneiras e os hábitos de um povo e de uma época, preparam a chegada do texto que se segue: a *Investigação sobre a virtude*. Nela, como vimos no primeiro capítulo desse trabalho, Shaftesbury adota um discurso mais formal. Temas como a relação do gênero humano com o universo, a afecção natural, a simpatia, a diferença entre os homens e os animais e o egoísmo são tratados de tal modo que o leitor acredita estar diante do discurso de um "*dogmático*".[22] De todos os tratados que formam as *Características*, esse é o que mais se assemelha à maneira como filósofos da época escreviam. Bastante metódica e escolar, a *Investigação sobre a virtude* enumera os temas com os quais trabalha, apresenta definições precisas e pretende dar ao seu público a aparência de um rigor que em muito difere da irregularidade e do ar zombeteiro dos três textos que a

---

17   *Op. cit.*, p. 193.

18   *Idem, Ibidem*, p. 193.

19   *Idem, Ibidem*, p. 193.

20   *Idem, Ibidem*, p. 193.

21   *Op. cit.*, p. 194.

22   *Op. cit.*, p. 193.

antecede. O que é exposto com seriedade nesse quarto tratado, ganha feições poéticas no quinto: *Os moralistas*

Segundo Jean-Paul Larthomas, em 1709 ao dar o nome de *Os moralistas, uma rapsódia filosófica* a um texto que em sua versão original de 1705 se chamava *O entusiasta sociável* Shaftesbury visa deixar claro que essa sua obra não está centrada em apenas um dos personagens que a compõem. Com a alteração do título, o autor "quis assinalar uma distribuição de papéis – que corresponde ao que está em jogo na discussão – entre diferentes participantes que são considerados como representantes das diferentes teses de filosofia moral que se afrontavam na época".[23] O plural *Os moralistas* é então mais condizente com a estrutura da obra, que se parece com um diálogo platônico, do que o singular *O entusiasta sociável*. Por certo, como tentamos mostrar em nosso primeiro capítulo, Teócles é a figura principal, mas sua existência no livro depende do embate das outras duas: Palemon e Filócles. Há então a ideia de uma proporção ou equilíbrio entre os personagens e as convicções que eles defendem: no texto, Teócles é a boa medida entre o dogmatismo melancólico de Palemon e o ceticismo zombeteiro de Filócles.

Dissemos acima que *Os moralistas* é uma obra cujo gênero "se parece" com aquele que Platão tornou célebre e, de fato, essa é uma das questões que mais intrigam os comentadores dessa obra. Mas, se o quinto tratado fosse realmente um diálogo, por que ele teria como subtítulo *uma rapsódia filosófica*? Como se sabe, o termo *rapsódia* designa uma multiplicidade ou uma reunião de vários gêneros. As *Miscelâneas* afirmam que essa palavra deve ser reservada àqueles textos que não têm "começo, meio ou fim",[24] e que, por isso, não poderiam ser considerados como uma verdadeira

---

23 LARTHOMAS, J-P., *De Shaftesbury a Kant*. Paris: Didier Érudition, 1985, p. 85.

24 *Miscelâneas*, p. 253, nota 211.

SHAFTESBURY E A IDEIA DE FORMAÇÃO DE UM CARÁTER MODERNO   195

"obra".[25] Ao chamar *Os moralistas* de *uma rapsódia filosófica*, o autor pretende unicamente criar uma atmosfera de "negligência e irregularidade",[26] cujo verdadeiro fim é esconder "sua estrita imitação do diálogo antigo e *poético*".[27]

Ora, mas por que ocultar o fato do texto ser do mesmo gênero daqueles escritos por Platão, perguntaria com justiça o leitor do filósofo inglês? A leitura de *Os moralistas* leva-nos a crer que essa obra não pode ser dita aberta ou explicitamente um diálogo, pois é ela mesma quem põe o problema de se escrever em tal gênero: "Por que nós, modernos, tão prolíferos em *tratados* e *ensaios*, somos tão econômicos no modo do *diálogo*, que outrora foi considerado como o melhor e o mais polido modo de conduzir os assuntos mais sérios?",[28] questiona Filócles. A resposta para essa pergunta já havia sido dada no terceiro tratado das *Características*, a saber: compor obras como a dos autores antigos demanda uma prática que está em completo desuso no início do século XVIII – o solilóquio. *Os moralistas* é então um texto que atua no limite do diálogo e que, em certo sentido, o ultrapassa ao mostrar-se consciente da incompatibilidade entre essa maneira antiga de escrever e os tempos modernos. Uma obra que questiona a possibilidade do gênero literário ao qual em princípio pertenceria ainda pode fazer parte dele? Eis o problema que *Os moralistas* suscitam quando criticam a Modernidade e apontam para impotância que a dificuldade em escrever um diálogo coloca: a percepção e a consequente crítica da carência de um gênero filosófico que o represente, tal como havia na Antiguidade, já não é algo que ajuda a pensar a ideia e a necessidade da formação de um caráter moderno? Vale lembrar,

---

25   *Miscelâneas*, p. 253, nota 211.

26   *Op. cit.*, p. 265, nota 225.

27   *Idem, Ibidem*, p. 265, nota 225.

28   *Moralistas*, p. 6.

196   LUÍS FERNANDES DOS SANTOS NASCIMENTO

como o faz Laurent Jaffro,[29] que o quinto tratado das *Características* é escrito por um dos seus personagens (Filócles) e endereçado a um segundo (Palemon) e, assim, também guarda uma semelhança com outro gênero: o epistolar. Desse ponto de vista, chamá-lo de *rapsódia* não é uma atitude tão despropositada, visto que há uma indefinição: afinal, trata-se de uma carta ou de um diálogo? No entanto, se, como nos dizia Shaftesbury, os textos ditos rapsódicos são aqueles totalmente irregulares (sem início, meio e fim), o termo continuará sendo inadequado aos *Moralistas*. O quinto tratado das *Características* apresenta personagens e enredo bem construídos, que são preservados por toda a obra e a unificam. Essa é a marca do *design* do autor, de alguém que produz uma "obra" e não uma mera mistura amorfa. Mais do que isso: é preciso levar em conta que o *Solilóquio* nos diz que o diálogo é um gênero cuja característica é a de ser um "*discurso personificado*".[30] Trata-se, portanto, de uma definição bastante ampla segundo a qual o único traço distintivo dessa maneira de escrever está em construir uma cena na qual um número determinado de personagens é apresentado. Vimos em nosso capítulo anterior que, para Shaftesbury, tanto Homero como Xenofonte e Platão podem ser considerados autores de diálogos, justamente por saberem trabalhar com personagens muito bem caracterizados. Se assim é, por que então manter o termo *rapsódia* como subtítulo? As presenças de Palemon, Filócles e Teócles já não seriam suficientes para assegurar ao quinto tratado das *Características* o nome de diálogo?

A grande questão posta pelo título de *Os moralistas* é a seguinte: como entender que uma certa indefinição do gênero literário tenha sido necessária para assegurar a totalidade do texto? Uma possível resposta passa pela compreensão do momento histórico no qual

---

29   A esse respeito ver: JAFFRO. L. *Ethique de la communication et art d'écrire – Shaftesbury et les Lumières anglaises*, p. 237-245.

30   *Solilóquio*, p. 104.

Os moralistas foi escrito: o único modo de fazer um diálogo moderno é problematizar a respeito dessa possibilidade. O *Solilóquio* mostra-nos que a grande habilidade dos escritores antigos estava em produzir obras que refletiam os costumes e maneiras de seu tempo. Para Shaftesbury, saber imitá-las é poder realizar o mesmo em relação à Modernidade. Dizer que *Os moralistas* são uma imitação dos diálogos da Antiguidade não significa afirmar que essa obra os reproduz com fidelidade, mas que foi capaz de trabalhar com um elemento primordial desse gênero: a caracterização de personagens que espelham a sua época. O ar de negligência presente no subtítulo desse quinto tratado das *Características* pode então ser considerado como um reflexo de seu tempo: releva a dificuldade que a Modernidade encontra quando busca se conhecer e aponta para a necessidade de formar um caráter para essa época. Como salienta Pedro Paulo Pimenta, é preciso também lembrar que no interior mesmo das *Características* essa indefinição em relação ao gênero literário de *Os moralistas* tem a sua razão de ser. Ela revela um aspecto importante da filosofia de Shaftesbury e do modo que ele encontra para expressá-la:

> O próprio título do 'tratado' seguinte, *Os moralistas, uma rapsódia filosófica*, indica o revés que a certeza dogmática está por sofrer. Indicação confirmada pela leitura de um texto que se inicia despretensioso e se encerra numa aporia, após discutir *todos* os conceitos sistematizados pela *Investigação*.[31]

Para quem segue o desenvolvimento das *Características* e atenta para a maneira como são introduzidos e ordenados os tratados

---

31 PIMENTA, P. P. G. *A linguagem das formas: natureza e arte em Shaftesbury*. São Paulo: Alameda, 2007, p. 153.

que compõem essa obra, a dita "negligência" de *Os moralistas* releva-se parte de um plano elaborado. O modo livre e despretensioso com o qual o *Quinto Tratado* expõe os mesmos assuntos (*subjects*) apresentados na *Investigação sobre a virtude* é uma maneira de Shaftesbury retomar e aperfeiçoar a relação entre suas concepções de moral e de natureza. O que em um primeiro momento pode parecer imprecisão, apresenta-se agora como signo de uma flexibilidade sem a qual o aperfeiçoamento dos temas trabalhados pelo autor estaria comprometido. A mudança da postura séria e metódica da *Investigação sobre a virtude* para a rapsódia poético-filosófica de *Os moralistas* justifica-se: faz parte do propósito do autor das *Características* efetuar essa transição. Não podemos dizer que existam irregularidades onde as alternâncias correspondem a um movimento que busca expor as diversas manifestações ou configurações de um mesmo *design*. Apenas a ausência de um projeto ou de um propósito pode tornar uma obra completamente desregrada. Por sua vez, o plano que orienta e unifica o trabalho de um autor nada seria se não fossem as suas múltiplas expressões. A coerência de um projeto depende das variações pelas quais ele passa. A reformulação é o melhor meio de assegurar e manter a unidade de uma obra. Tal constatação é válida tanto para a prática do escritor quanto para a do leitor: também o público terá de saber alterar os seus modos de ler quando pretende entender os desígnios de um autor. Ao tratar de seus objetos de análise, a grande vantagem desse procedimento que Shaftesbury chama de *miscellaneous* é a de permitir que se incorpore ao seu exercício o que foi anteriormente dito a respeito dos temas que examina, ou seja: já se apresenta como uma releitura ou reavaliação de assuntos e argumentos estabelecidos anteriormente. Advogando em causa própria, o autor das *Miscelâneas* afirma que pode "escrever sobre todos os temas e todos os métodos, tal como desejo, usar a ordem ou dispensá-la tal como considerar adequado,

SHAFTESBURY E A IDEIA DE FORMAÇÃO DE UM CARÁTER MODERNO 199

e tratar da *ordem* e do *método* em outras obras, embora livre e inconfinado no que diz respeito a mim mesmo".[32] Esse método que se explicita no sexto e último tratado das *Características* se revela como sendo o da obra como um todo: um procedimento que advoga a liberdade para variar os pontos de vista ou as posturas a partir dos quais considera os seus objetos de análise e que, nesse sentido, apresenta-se como uma fusão ou mistura de variadas ordens ou modos de atuar. Agora, a ausência de uma ordem que seja fixa ou rígida não é suficiente para provar a irregularidade do método. Ao contrário, a liberdade de mudar e variar faz parte da regra e do propósito. O traço distintivo dos autores *miscellaeous* é a capacidade de alterar o seu "humor" e, assim, poder se adequar aos distintos aspectos dos variados temas que analisam. Por exemplo: adequar-se ao temperamento (*temper* = "disposição") da obra que se lê é condição inicial e necessária para a compreensão de seus sentidos e dos propósitos de seu autor. Como vimos em nosso capítulo anterior, para Shaftesbury é preciso levar em conta o temperamento sublime que caracteriza as obras de Platão quando queremos analisá-las e criticá-las. Ao escrever as *Miscelâneas*, ele age segundo esse mesmo princípio quando pretende examinar as ideias apresentadas nos cinco primeiros tratados das *Características*: tomando-os como textos de diferentes autores, seguindo e se adequando aos modos como em cada um deles os argumentos são formulados. Como fica claro no início da análise que as *Miscelâneas* fazem do *Solilóquio*, o método a ser empregado para o exame de um texto é o do respeito pela maneira em que ele foi composto: "E esse é o método ou manejo (*management*) que como seu intérprete ou parafrasta eu

---

32 *Miscelâneas*, p. 192.

me propus a imitar e acompanhar até onde meu **caráter** *miscível* (*miscellaneous* **character**) me permitir".[33]

Não há como criticar um autor ou um gênero literário sem esse acompanhamento que se faz pela imitação. De acordo com o *Solilóquio*, foi assim que a *Poética* de Aristóteles pôde entender e desvendar os vínculos entre a poesia homérica, a tragédia e a comédia: respeitando as relações e seguindo o movimento de formação de cada uma delas. Nesse sentido, imitar um determinado escritor não se limita à prática de copiá-lo e parafraseá-lo, embora as pressuponha. A cópia e a paráfrase só farão sentido se corresponderem a um plano previamente determinado pelo crítico ou imitador: a presença da intenção e do projeto do examinador tem de estar manifesto a cada passagem em que se cita, menciona ou comenta a obra analisada. Em princípio, o crítico não quer "mudar o ser das coisas e levar a verdade e a natureza ao seu *humor*, mas deixando a natureza e a verdade tal como as encontrou, acomoda o seu *humor* e *fantasia* ao padrão *delas*".[34] Seu trabalho é meticuloso e busca recompor o objeto de estudo: quando se trata de um livro, como vimos acima, é necessário que ele tome a modesta posição de um parafrasta, que dê a palavra ao autor que analisa e, por assim dizer, anule-se para que os seus próprios argumentos não rivalizem com aqueles apresentados pelo texto que examina. Porém, à medida que o crítico estuda e recompõe o seu objeto, ele também se torna um autor: estabelecer uma leitura exige uma autoria. A miscelânea é um gênero privilegiado justamente porque permite recuperar o que havia de fundamental na maneira de ler e escrever dos autores da Antiguidade: o modo crítico, esse tipo de operação complexa que alia um estudo meticuloso das obras que se estuda (citando-as e

---

33 *Op. cit.*, p. 207.

34 *Op. cit.*, p. 209.

parafraseando-as) a uma liberdade de tratar os temas sobre os quais se discorre. A grande vantagem do autor de miscelâneas está no fato de poder ser ao mesmo tempo sério e jocoso: ele acompanha o texto que comenta, está sempre próximo das linhas que lê, mas sabe manter-se livre para apresentar uma interpretação ou versão, e não uma cópia.

É desse ponto de vista que a indecisão referente ao gênero de *Os moralistas* aponta para algo de miscelânea e crítica em sua forma. Como vimos, o que Shaftesbury apresenta nesse quinto tratado das *Características* não visa ser uma mera reprodução dos diálogos, trata-se de *imitar* esse modo antigo de escrever, isto é: recompô-lo para examiná-lo. O modo como Shaftesbury concebe essa obra pressupõe um meticuloso estudo das diferenças que envolvem a elaboração dos textos na Antiguidade e na Modernidade. No limite, *Os moralistas* pode ser lido como uma análise do que os diálogos representaram para a época em que foram escritos e, sobretudo, da necessidade de encontrar para os tempos modernos um gênero que assuma o mesmo papel que eles desempenharam na Antiguidade: o de um espelho. Ou seja: o texto é menos uma cópia do diálogo antigo do que uma expressão da questão que o estudo desse gênero literário traz para a Modernidade. Trabalhar o tema do diálogo tal como é feito em *Os moralistas* requer um autor crítico que seja capaz de reproduzir a natureza de seu objeto de tal maneira que reforce a concepção que tem dele: a seriedade e o respeito que um examinador demonstra pelo assunto que analisa tem de reforçar e indicar o ponto de vista a partir do qual ele o observa. Essa mesma postura que alia o estudo sério e meticuloso a uma visão própria dos temas que se estuda, também pode ser encontrada no sexto tratado das *Características*. Por exemplo, ao analisar o *Solilóquio* o autor das *Miscelâneas* reconhece ali algo que considera muito importante: a reconstituição histórica que esse texto faz do surgimento das letras e das ciências gregas mostra o papel fundamental que a liberdade desempenhou na origem da cultura desse povo e é um excelente meio de promovê-la nos dias de hoje. Indo muito além da mera paráfrase, o escritor das *Miscelâneas* começa a expor os seus ideais e propósitos ao mesmo tempo em que cita e examina os do *Solilóquio*. A análise e o estudo do terceiro tratado (o *Solilóquio*) faz com que o autor do sexto (as *Miscelâneas*) entenda que há um "esforço conjunto"[35] que une as duas obras. O tema comum a esses dois textos é a defesa da crítica e o ataque aos "*critick*-haters",[36] homens que temem e odeiam a liberdade de investigação. Há ainda outro ponto a ser considerado: a maneira com que o *Solilóquio* é escrito. O autor do terceiro tratado também participa da "província de nossos escritores de *miscelâneas*".[37] A simplicidade e liberdade com que o *Solilóquio* compara a sua época à dos antigos não difere do modo como o sexto tratado das *Características* examina os outros cinco. De acordo com as *Miscelâneas*, quando sugere a prática da conversa interna aos literatos modernos, o principal propósito do *Solilóquio* é o de incentivar o desenvolvimento dos hábitos e das maneiras de pensar de toda uma época.

O grande ensinamento desse terceiro tratado das *Características* é apresentado da maneira mais simples possível: no lugar de prescrever normas, Shaftesbury apenas aconselha, sugere e deixa o seu leitor tão livre para praticar a conversa interna quanto ele mesmo estava ao escrever sobre esse tema. O aprimoramento do juízo crítico da Modernidade é um assunto fundamental para o *Solilóquio*, mas está longe de ser uma exclusividade dele. É verdade que ele se torna um tema um pouco mais explícito nesse terceiro tratado

---

35   *Op. cit.*, p. 207.

36   *Op. cit.*, p. 208.

37   *Op. cit.*, p. 218.

SHAFTESBURY E A IDEIA DE FORMAÇÃO DE UM CARÁTER MODERNO   203

das *Características* ou em *Os Moralistas*, mas também está presente na defesa que a *Carta sobre o entusiasmo* e o *Sensus communis* fazem do humor e no incentivo ao desenvolvimento de uma visão cosmológica exposto na *Investigação sobre a virtude*. A leitura que as *Miscelâneas* fazem do *Solilóquio* torna evidente o que já vinha sendo exercido e dito, ainda que de modo implícito, ao longo dos cinco tratados que a antecedem: não há filosofia sem a promoção da liberdade de investigação. Shaftesbury diz ter o propósito de "suscitar o magistral espírito da *justa* crítica em meus leitores e elevá-los [a uma posição] um pouco acima da preguiça, do temor, da mediocridade ou do estado de resignação no qual geralmente encontram-se".[38] Ele quer oferecer as condições para que o seu público desenvolva "o olhar mais agudo sobre o seu *autor*, convidá-lo a criticar honestamente sem favor ou afeição".[39] No entanto, o próprio Shaftesbury admite que não será uma tarefa fácil fazer com que os seus contemporâneos adquiram uma postura examinadora e passem a analisar com afinco as obras que leem. Os homens foram acostumados a considerar os autores de livros como portadores de verdades incontestáveis: o que eles escrevem é visto como certezas dignas de submissão e jamais de questionamentos. Para que um filósofo passe por respeitável e sério diante do público, é preciso que ele elimine de seu texto tudo o que sugira minimamente as ideias de dúvida, confusão ou irregularidade. Em um trecho das *Miscelâneas* dedicado à análise de *Os moralistas*, Shaftesbury mostra-nos que esse modo de conceber a filosofia e que ainda impera na Modernidade é o justo oposto do dos antigos:

---

38   *Op. cit.*, p. 249.

39   *Idem, Ibidem*, p. 249.

> De fato, parece que quanto mais nosso autor (em sua capacidade *crítica*) pretende sustentar a maneira refinada e a acurada simplicidade dos antigos, menos ele ousa tentar unir (em seu próprio modelo e execução principal) sua filosofia a um corpo sólido e uniforme, tampouco conduzir seu argumento por *uma* cadeia ou fio contínuos.[40]

Quanto mais o texto de *Os moralistas* se aproxima da maneira antiga de escrever, mais crítico ele se torna. Quanto mais crítico o texto se torna, mais capaz de analisar e espelhar a sua própria época ele será. Paradoxalmente, é ao imitar os antigos que nos tornamos mais modernos e isto porque, como vimos, imitar não significa copiar, mas entender a importância de certos procedimentos que podem nos servir de exemplos. A própria imitação é um desses procedimentos. Para entendermos melhor essa ideia, recorramos mais uma vez à figura de Sócrates, tal como a concebe Shaftesbury: ao tomarmos a história do filósofo de Antenas como um modelo a ser imitado, não buscamos outra coisa senão formar a nós mesmos – não queremos e nem poderíamos ser Sócrates. É nesse sentido que *Os moralistas* imitam os clássicos. De acordo com Shaftesbury, todos os grandes autores da Antiguidade foram examinadores de suas próprias obras. Havia aqueles que chegaram a misturar suas críticas às "suas profundas obras *filosóficas*":[41] Aristóteles e Platão (sobretudo no *Fedro*, acrescenta o filósofo inglês, "onde uma peça inteira do orador Lísias é critica"[42]) são alguns dos exemplos entre os gregos; Cícero, Horácio, Quintiliano e Plínio, em meio aos romanos. Ao recorrer à autoridade dos antigos, o intuito de Shaftesbury é o de

---

40 *Op. cit.*, p. 265-266.

41 *Op. cit.*, p. 262.

42 *Op. cit.*, p. 262, nota 217.

SHAFTESBURY E A IDEIA DE FORMAÇÃO DE UM CARÁTER MODERNO   205

lembrar aos homens de seu tempo que a verdadeira filosofia não tem nada a temer das constantes revisões e alterações às quais o exercício crítico a submete. Muito pelo contrário: "O modo mais engenhoso de se tornar um tolo", diz-nos o filósofo inglês, "é por um sistema".[43] Limitar-se a *um* único modo de conceber as coisas sobre as quais pensamos, significa prejudicar o próprio movimento que constitui e mantém nossa mente. A crítica torna possível a compreensão de que o saber não é distinto de seu exercício. É necessário cultivar o sistema, isto é: trabalhar para que ele se desenvolva, tome diversas formas e apareça sob múltiplas figuras. Por essa razão, o homem que impede o movimento de suas ideias é considerado um "tolo": sem as mudanças, não há como aperfeiçoá-las. Quando apresenta as seis diferentes *personas* que correspondem aos autores dos textos que compõem sua obra, Shaftesbury amplia e aperfeiçoa o seu sistema filosófico, mas jamais perde a sua unidade. Postos em um só livro, os seis personagens (*characters*) indicam a presença de um sétimo: o autor das *Características*. Essa figura principal estabelece as relações entre os tratados que constituem a obra e, ao mesmo tempo, assegura a particularidade de cada um deles. Esse autor foi tão eficaz na feitura de seu trabalho como um todo, que, a exemplo do que faziam os melhores escritores antigos, incorporou ao desenvolvimento de sua filosofia uma "peça crítica" que no interior da obra revela muito do modo como ela foi construída. Seria um erro separar as *Miscelâneas* do restante das *Características* e

---

43   *Solilóquio*, p. 151. O trecho original diz: "The most ingenious way of becoming foolish, is *by a System*" Algo muito similar é afirmado por F. Schlegel: "Quem tem um sistema, está espiritualmente tão perdido quanto quem não tem nenhum. É preciso justamente vincular as duas coisas. – " Athenäum, 53, *apud* SUZUKI, M. O *gênio romântico – crítica e história da filosofia em Friedrich Schlegel*, p. 244. Um preciso comentário acerca da concepção romântica de sistema filosófico é apresentado nesse mesmo livro de Márcio Suzuki, ver, por exemplo, a sua conclusão: *Gênio e sistema*, p. 239-244.

não considerar o crítico que nelas fala como uma das manifestações do autor que assume ares céticos na *Carta sobre o entusiasmo* e no *Sensus communis*, que foi dogmático nas *Investigações sobre a virtude*, poeta em *Os moralistas*, e pensador *miscellaneous* no *Solilóquio*. O que faz um autor é a capacidade de estabelecer o vínculo entre os seus vários pontos de vista. Enquanto ele puder manter esse liame, suas ideias poderão assumir múltiplas figuras sem que com isso percam coerência. A noção shaftesburiana de sistema filosófico é dinâmica e corresponde àquela sua de razão já enunciada em *Sensus communis*:

> A isso (ao fato de seus contemporâneos acharem que a filosofia tem de evitar todo tipo de mudanças e fixar-se em um único modo de pensar os seus objetos), eu respondo que, de acordo com a noção que tenho de *razão*, nem os tratados escritos dos eruditos, nem os rígidos discursos dos oradores, são capazes de ensinar por eles mesmos o uso dela (da razão). É apenas o hábito que faz *aquele que raciocina*. E os homens jamais podem ser mais bem convidados ao hábito do que quando sentem prazer nisso. Uma liberdade de zombaria, uma liberdade na linguagem decente para questionar cada coisa e uma permissão para desembaraçar ou refutar qualquer argumento sem ofensa ao arguidor são os únicos termos que podem tornar uma conversa especulativa de algum modo agradável. Para dizer a verdade, elas tornaram-se incômodas para a humanidade pela rigidez das leis prescritas a elas e pelo prevalente pedantismo e fanatismo

daqueles que nelas reinam e assumem serem, para eles próprios, os ditadores nessa província.[44]

Um autor sério e rigoroso não pode ser rígido o bastante para restringir e prejudicar o fluxo natural de seus pensamentos. É com exercício e prazer que a razão progride. O humor e a zombaria tornam-se grandes aliados da investigação filosófica não apenas por conferirem alegria à sua prática, mas também por possibilitar algo essencial a ela: o olhar crítico. Ver o que nas coisas é passível de riso não significa torná-las ridículas por inteiro ou depreciá-las, explica--nos o *Sensus communis*. Para Shaftesbury, zombar de algo ou de alguém não é o mesmo que escarnecê-lo, trata-se simplesmente de assegurar a liberdade para analisá-lo. Podemos pensar em dois exemplos que ilustram bem a noção de zombaria aqui proposta. Um deles é a relação entre dois amigos, tais como aqueles apresentados em *Os moralistas*. A amizade entre Palemon e Filócles fortalece-se à medida que cada um deles critica o outro e o ajuda a aperfeiçoar suas posturas e opiniões. Existe entre eles o que o *Sensus communis* chama de uma *"colisão amigável"*:[45] um tipo de contato que promove a polidez e a sociabilidade. É esse mesmo tipo de embate cordial que encontramos nas linhas que compõem as *Miscelâneas*. Para efetuar o exame de seus textos, Shaftesbury tem de zombar deles, isto é: assumir esse ar aparentemente irresponsável e um tanto incrédulo, que toma o livro que analisa como algo a ser minuciosamente investigado. Graças à zombaria o filósofo inglês pode estabelecer uma intimidade com a sua obra. Não seria exagerado dizer que a autocrítica faz do escritor um "amigo" de seus livros, uma vez que ela torna possível uma convivên-

---

44 *Sensus communis*, p. 42.

45 *Op. cit.*, p. 39.

cia entre ambos. Assim como ocorre com Palemon e Filócles, é zombando dos textos que escreve que o filósofo inglês pode poli-los. *"Filosofar* em uma justa significação", diz-nos Shaftesbury, "não é senão levar a *boa educação* (*good-breeding* = "boa formação") um passo adiante".[46] A filosofia requer um constante aprimoramento do modo como ela mesma se porta frente as suas questões. Por esse motivo, o filósofo tem de conviver com o seu sistema: é preciso cultivá-lo, examiná-lo e, quando necessário, alterá-lo. Trata-se de um movimento próprio à razão, que se desenvolve ao refletir sobre os seus objetos. Tal processo pressupõe o que Shaftesbury chama de *"um certo* gosto":[47]

> Alguém que aspira ao caráter de um homem edu-
> cado e polido preocupa-se em formar o seu juízo
> sobre as artes e ciências a partir dos corretos mo-
> delos de perfeição. Se ele viaja a Roma, pergunta
> quais são as mais verdadeiras obras da arquitetura,
> as melhores ruínas de estátuas, as melhores pintu-
> ras de um Rafael ou um Carracci. Embora à pri-
> meira vista eles lhe pareçam antiquados, grosseiros
> ou funestos, ele resolve vê-los várias vezes até que
> seja levado a saboreá-los e a encontrar suas *graças* e
> *perfeições* escondidas. Ele toma um cuidado parti-
> cular em desviar seus olhos de todas as coisas exage-
> radas, exuberantes e de *um falso gosto*. Tampouco
> toma menos cuidado em desviar seus ouvidos de
> toda sorte de música, exceto aquela que é da me-
> lhor maneira e da harmonia mais verdadeira.[48]

---

46   *Miscelâneas*, p. 206.

47   *Op. cit.*, p. 207.

48   *Solilóquio*, p. 174.

Se a preocupação em tornar ouvidos e olhos mais acurados é fundamental para polir as pessoas em geral, então ela deve ser ainda mais importante para aquela disciplina que busca aperfeiçoar e formar o caráter dos homens: a filosofia. Um bom gosto é indispensável a um autor como Shaftesbury, sobretudo porque foi ele quem definiu a atividade filosófica como uma prática capaz de educar. Mais do que ninguém, o filósofo necessita olhar várias vezes para os "quadros" que compõe. Como vimos, só assim ele desenvolve suas concepções, apenas desse modo as torna mais claras para si mesmo e para o seu leitor. Em Shaftesbury, há uma correspondência ou interação entre as noções de *design* e de *taste* (gosto). Já sabemos que pela primeira entende-se o plano de um autor (suas ideias e intenções). Por sua vez, a segunda designaria o olhar crítico que permite aprimorar a outra. O modo como o filósofo inglês trabalha com esses conceitos mostra-nos que estão sempre ligados: mesmo quando carece da elaboração dos sistemas dos grandes autores, a mera intenção de formar o nosso gosto já é um projeto a ser desenvolvido, da mesma maneira todo plano tem de pressupor algum tipo de análise prévia, sem a qual não poderia ser formulado. Como a obra de Shaftesbury não cessa de indicar, em sua filosofia há uma fusão de conteúdo e forma: as alterações e mudanças no corpo do texto e na maneira de pensar as mesmas questões não fazem outra coisa senão afirmar que atividade do filósofo caracteriza-se nesse e por esse exercício de revisão.

Os frontispícios

No mesmo ano em que publica pela primeira vez as *Características* (1711), Shaftesbury decide partir para a Itália. Seguindo orientações médicas, o filósofo inglês foi em busca de um ambiente mais favorável às suas condições de saúde. A asma e os problemas pulmonares que o afligiram por toda a sua vida haviam se agravado e ele precisa abandonar o frio e poluído ar da Inglaterra.[49] Depois de uma viagem conturbada, Shaftesbury chega ao seu destino: Nápoles. Nessa cidade, ele instala-se em uma grande e luxuosa residência: o *Pallazzo Mirelli*.[50] Lá, o filósofo inglês dá continuidade às recém-iniciadas revisões da primeira edição das *Características* e começa a aplicar-se ao estudo de um assunto que sempre lhe interessara. Em uma carta a Pierre Coste, ele diz ao amigo que se esse lhe desse a honra de uma visita, o encontraria entretido "com desenhos, esboços, gravuras, medalhas e antiguidades, que assim como pinturas e outros implementos virtuosos são frequentemente trazidos ao meu quarto e à beirada de minha cama".[51] As cartas que Shaftesbury escreve da Itália mostram que o filósofo inglês empenha-se com afinco ao que ele mesmo denomina *virtuoso studies*, *virtuoso schemes* ou *virtuoso businesses*, isto é: a análise da pintura, da arquitetura, da escultura e de todas as outras manifestações artísticas, sobretudo as da Antiguidade. Quando sua saúde permitia, ele recebia ou ia à casa de Don Giuseppe Valetta, rico italiano "jurisconsulto e doutor em lei civil",[52] dono de uma bela e grande coleção de obras de arte. Entusiasmado por esse ambiente onde se aprecia e discute-se o valor da pintura, Shaftesbury toma decisão de desenvolver um ambicioso projeto. De acordo com Robert Voitle, antes de partir de sua terra natal Shaftesbury já planejava acrescentar à segunda edição das *Características* algumas

---

49 A correspondência de Shaftesbury apresenta várias passagens em que ele reclama do ar frio do seu país e da poluição de Londres, um bom exemplo disso pode ser encontrado nas cartas endereçadas ao seu amigo Molesworth.

50 A respeito do Palazzo Mirelli, ver: VOITLE, R. *The Third Earl of Shaftesbury – 1671-1713*, p. 384-385.

51 Carta a Pierre Coste, 5 de junho de 1712 (*Lulpr*, p. 494).

52 VOITLE, R. *The Third Earl of Shaftesbury – 1671-1713*, p. 394.

SHAFTESBURY E A IDEIA DE FORMAÇÃO DE UM CARÁTER MODERNO   211

ilustrações. A ideia era a de fazer três frontispícios para cada um dos volumes da obra (o primeiro formado pela *Carta sobre o entusiasmo*, o *Sensus communis* e o *Solilóquio*, o segundo pela *Investigação sobre a virtude* e *Os moralistas*, e o terceiro pelas *Miscelâneas*). Essas ilustrações deveriam seguir o mesmo estilo de uma outra já publicada na edição de 1711: o *round-frontispiece* (figura 1).

O centro do "frontispício redondo" apresenta uma bacia d'água iluminada por um raio de sol, atrás dela vê-se o mar e uma pequena enseada onde navegam alguns barcos. No alto, lê-se a seguinte divisa (*motto*, como diz Shaftesbury): Πάντα ῾Υπόληψισ ("tudo é opinião"). Trata-se, como indica Felix Paknadel,[53] de uma referência a uma passagem das *Miscelâneas* que faz menção às *Meditações* de Marco Aurélio. Após chegar à conclusão de que a grande tarefa para os homens é a de "regular a fantasia e retificar a opinião, das quais tudo depende",[54] Shaftesbury acrescenta uma nota em que cita em grego um trecho da famosa obra do Imperador romano no qual a questão do controle das opiniões é tratada.[55] Na mesma nota, o filósofo inglês também faz menção a uma passagem de Epiteto que diz o seguinte: "A alma é como uma bacia d'água e as impressões externas são como o raio de luz que incide sobre a água. Ora, quando a água é agitada, parece que o raio de luz também o é, mas não é. Assim, portanto, quando um homem tem um ataque de vertigem, não são as artes e as virtudes que estão em completa confusão, mas o espírito no qual elas existem e quando ele

---

53 PAKNADEL, F. *Shaftesbury's illustrations of Characteristicks*, p. 297.

54 *Miscelâneas*, p. 223.

55 Trata-se das *Meditações*, Livro XII, 22. A tradução de Jaime Bruna diz o seguinte: "Tudo é opinião e esta depende de ti. Suprime, pois, a opinião quando queiras e, como se tivesses dobrado um cabo, tudo será calma e quietude numa enseada mansa". (*Meditações*, p. 163).

212 LUÍS FERNANDES DOS SANTOS NASCIMENTO

de novo se torna calmo, elas também ficarão assim".[56] Fica então claro que o *round frontispiece* visa ilustrar o argumento contido nas passagens dos dois grandes filósofos: o exercício da razão está ligado à disciplina e ao saber lidar com as paixões. O mar que essa gravura apresenta lembra o estado de calmaria e tranquilidade que a mente alcança quando tem o controle de suas opiniões e fantasias, uma referência direta à passagem citada de Marco Aurélio. Em torno do centro, várias outras figuras fortalecem a ideia do que aqui se quer assinalar: segundo Paknadel,[57] a esfinge no topo representaria as falsas opiniões que a filosofia e a erudição (expressas pelo livro aberto, o rolo de pergaminho e as tochas acesas) têm de combater, os freios de cavalo à esquerda e o leão mordendo uma coluna à direita seriam os símbolos do controle, assim como o escudo de Atena que se vê abaixo indicaria a virtude e a sabedoria opostas a tudo o que a esfinge representa.

Era exatamente esse tipo de desenho que Shaftesbury queria para os seus três volumes. A importância que o filósofo inglês dava a esses frontispícios era tanta que as notas e cartas a respeito desse tema são "muito mais abundantes do que aquelas sobre a revisão do texto das *Características*".[58] Em meados de janeiro de 1712, ele

---

56 *Arrian's Discourses of Epictetus.* Tradução inglesa de W. A. Oldfather. Loeb edn, London, 1959, III, iii, 20-22, *apud* nota à página 224, In: *Characteristicks of Man, Manners, Opinions, Times*, vol. II, p. 312-313. A tradução inglesa desse trecho de Epiteto citada por Philip Ayres na sua edição das *Caracterísitcas* diz o seguinte: "The soul is something like a bowl of water, and the external impressions something like the Ray of light that falls upon the water. Now when the water is disturbed, it looks as though the ray of light is disturbed too, but it is not disturbed. And so, therefore, when a man has an attack of vertigo, it is not the arts and the virtues that are thrown into confusion, but the spirit in which they exist; and when this grows steady again, so do they too".

57 PAKNADEL, F. *Shaftesbury's illustrations of Characteristicks*, p. 298.

58 PAKNADEL, F. *Shaftesbury's illustrations of Characteristicks*, p. 290.

resolve ir além do plano inicial, sua intenção agora é a de também fazer uma ilustração para cada um dos textos que formam a obra. Ao todo, o projeto de Shaftesbury contabilizava nove frontispícios, três para os volumes, seis para os tratados. Ele escreve a um conhecido seu de Roma e pede a sugestão de alguns nomes de pintores que possam ajudá-lo nessa empreitada.[59] O amigo envia uma lista com vários pretendentes e Shaftesbury decide contratar um inglês chamado Trench.[60] Em abril do mesmo ano (1712), o jovem pintor já está morando no *palazzo Mirelli* e passa os dias trabalhando com Shaftesbury na feitura dos frontispícios. Para se ter uma ideia da complexidade que envolvia esse projeto, basta lembrar o modo como foi realizado: sob as orientações do filósofo, Trench fazia os desenhos que eram enviados a Londres, onde Simon Gribelin, um francês radicado na Inglaterra, os transformava em gravuras, meio que então se dispunha para a impressão de figuras. Gribelin, que já havia feito para a primeira edição das *Características* o *round--frontispiece*, era o artista mais indicado para efetuar a tarefa.[61] Ao manifestar seu desapontamento diante dos desenhos do jovem Trench, Shaftesbury lembra que a habilidade e o talento do francês corrigirão os erros do primeiro.[62] A grande diferença entre o *round--frontispiece* (que também deveria estar presente na nova edição, de acordo com as instruções do autor) e as imagens que começaram a

---

59   Carta ao Reverend Doctor Fagan, 23 de Janeiro de 1712 (*Lulpr*, p. 466-468).

60   Como mostra Robert Voitle, em sua edição da correspondência de Shaftesbury, Bejamin Rand comete um erro de transcrição. O nome do pintor contratado por Shaftesbury aparece como "Mr. French" e não "Mr. Trench" (Ver: VOITLE, R. *The Third Earl of Shaftesbury – 1671-1713*).

61   Como indica Andrea Gatti, Gribelin também fez as ilustrações para *The art of painting*, de John Dryden e para *De arte graphica*, de Charles-Alphonse Du Fresney. In: GATTI, A. *Il gentile Platone d'Europa – quattro saggi su Lord Shaftesbury*, p. 84.

62   Ver: PAKNADEL, F. *Shaftesbury's illustrations of Characteristicks*, p. 294.

ser preparadas na Itália, diz respeito ao formato. As novas imagens são retangulares (*figuras 2-10*): no centro está o que o filósofo inglês chama de "parte lapidar",[63] acima e abaixo estão as extremidades superiores e inferiores (*upper and lower borders*), cuja finalidade é a de "amparar (*to support* = "suportar, corroborar") o sentido do que está no meio".[64]

Para ilustrar o volume que abre as *Características*, Shaftesbury produz um frontispício que remete aos temas do entusiasmo, da política e da tolerância religiosa, assuntos debatidos nos três primeiros tratados de sua obra. No centro dessa imagem, vemos um legislador romano sentado em seu imponente trono (*figura 2*). Em sua mão esquerda ele segura um livro, a direita indica uma mulher deitada aos seus pés. Seu gesto dá a entender que ele está conferindo poderes a essa personagem. Ela, por sua vez, segura em uma das suas mãos uma balança equilibrada e na outra um cetro. Do lado direito do magistrado estão os entusiastas. Alguns deles erguem as mãos para cima, um outro segura algo que lembra um estandarte. O ambiente ao redor é sombrio, vê-se nuvens negras e raios que caem dos céus, ao fundo figuras estranhas e demoníacas. À esquerda do legislador está um grupo de filósofos ou estudiosos. Com uma das mãos erguidas, segurando um livro ou talvez uma prancha onde lê ou escreve algo, um deles parece discursar. À sua volta, estão quatro personagens em posturas que indicam o pensamento e a reflexão. Atrás do lugar onde estão, pode-se ver um cavalo alado e uma bela montanha ("o Monte

---

63   "lapidary part", a esse respeito ver as cartas de Shaftesbury endereçadas ao seu primo Thomas Micklethwayte e PAKNADEL, F. *Shaftesbury's illustrations of Characteristicks*, p. 293.

64   Carta a Thomas Micklethwayte, 29 de dezembro de 1711 (*Lulpr*, p. 456). Esse mesmo trecho é citado por PAKNADEL, F. *Shaftesbury's illustrations of Characteristicks*, p. 292.

Olimpo",[65] segundo Paknadel). O céu está claro e não há nada de aterrorizador. No centro da extremidade (*border*) superior desse frontispício, objetos que representam o poder político (tal como um cetro) estão em cima de um pedestal, no chão vê-se "símbolos da religião – o jarro, a travessa de sacrifício e objetos usados por adivinhos". Na parte inferior, símbolos da confraternização: duas mãos que se apertam, instrumentos musicais, no centro a divisa "FEL. TEM". Trata-se, diz-nos Paknadel, de uma abreviação para "Felicia Tempora". Antes de chegar a essa *divisa* (*motto*), o filósofo inglês teria pensado no grego "ΜΑΥΘΕΟΝ e na palavra latina CONCORDIA".[66] O frontispício destaca a harmonia que o bom magistrado pode promover quando se mostra sábio no controle do fanatismo religioso. A ideia aqui apresentada é a mesma daquela exposta na *Carta sobre o entusiasmo*: o bom legislador é aquele que cuida do mal da superstição tal como o médico assiste o seu doente. Como já vimos, as amputações e todo tipo de intervenções drásticas têm sempre de ser consideradas como o último recurso.

Os frontispícios do segundo e do terceiro volumes (*figuras 3 e 4*) seguem as mesmas diretrizes da do primeiro: representam temas gerais ou passagens específicas dos textos que ilustram, sempre indicando os números das páginas dos trechos aos quais se referem. O mesmo ocorre em relação aos seis tratados (*figuras 5 -10*). O frontispício do *Solilóquio* (*figura 7*), por exemplo, apresenta em sua parte central a figura de um grande espelho preso à parede de um gabinete. Bem abaixo, em cima de uma escrivaninha, está um caderno ou livro aberto e uma pena. Reconhecemos aqui uma imagem dos elementos próprios à prática da conversa interior: o retiro, o estudo, a escritura. Do lado direito do gabinete, vemos um garoto

---

65 PAKNADEL, F. *Shaftesbury's illustrations of Characteristicks*, p. 299.

66 *Idem, Ibidem*, p. 299.

aterrorizado. Ele segura em sua mão um espelho, mas o mantém longe de seus olhos. Seu olhar detém-se nas harpias que o sobrevoam. A exemplo do que ocorre com a parte onde, na ilustração do primeiro volume, estão os entusiastas, tudo aqui é sombrio. Do outro lado, vê-se um menino que observa o seu reflexo em um espelho que segura com a sua mão esquerda. Ao contrário do que acontece com o primeiro garoto, esse segundo não está amedrontado, sua postura e forma física indicam alguém equilibrado, em uma boa disposição de humor. Ele não se preocupa com as harpias, que voam longe em um céu aberto e claro. A passagem do texto indicada pelo próprio frontispício mostra que os dois meninos são uma representação do argumento das duas partes da alma, apresentado no final da história do nobre cavalheiro que se apaixona pela bela princesa, tal como vimos em nosso capítulo anterior. Um deles é a parte boa, o outro a má. Segundo Paknadel, as harpias são a imagem das fantasias e das paixões que perturbam os homens e que podem levá-los a destruição, quando deixadas sem nenhum controle. A escolha desses seres é bastante conveniente ao propósito do frontispício: de acordo com a mitologia grega, essas criaturas aladas compostas de uma cabeça de mulher e um corpo de pássaro roubam as almas das pessoas.[67] Apenas o espelho faz frente a elas: somente a prática reflexiva do solilóquio pode garantir que as fantasias não excedam certos limites e comecem a "voar" por lugares indesejados.

Pois bem, agora que fizemos uma descrição de algumas das ilustrações que o filósofo inglês preparava para a segunda edição das *Características* e que já temos uma noção geral do que elas representam e indicam, cabe-nos a seguinte pergunta: em que sentido elas podem ser pensadas como uma contribuição ou acréscimo

---

67 A esse respeito, ver por exemplo: Grimal, P. *Dicionário da mitologia grega e romana*, verbete *Harpias*, p. 192.

ao plano geral dessa obra? Ou, posto de uma maneira direta: para que elas servem? Como comenta John Barrell, os frontispícios de Shaftesbury são "alegóricos e emblemáticos", *"fantásticos, miraculosos ou hiperbólicos"*,[68] ele acrescenta. Isto é: eles têm o deliberado propósito de trabalhar com uma multidão de elementos, ideias ou temas que "antes escondem os seus significados no lugar de revelá--los".[69] São tantos os detalhes e as minúcias apresentados por essas imagens, que é impossível determinar um único sentido para elas. O próprio Shaftesbury chama os seus frontispícios de "grotescos": a sua função, como dissemos, não é apresentar uma ideia acabada do texto que ilustra, mas, ao contrário, dar ao leitor uma visão um tanto geral e confusa da obra que está prestes a ler. Um frontispício, como o nome já explicita, tem de ser uma "peça" (*piece*) que vem à frente (*front*) ou que introduz outra (peça). Assim como os títulos e as epígrafes, eles são as primeiras coisas que o leitor observa. Em si mesmas, as imagens das *Características* podem ser consideradas como incompletas – elas não dizem nada de preciso àquele que as contempla, pois os significados que expressam alegoricamente só podem ser esclarecidos pela leitura do corpo da obra, isto é: são completamente dependentes do texto e apenas fazem sentido quando unidas a ele. Ao indicarem as páginas nas quais se encontram as passagens que representam, os frontispícios já pressupõem desde o início que o leitor voltará a observá-los à medida que lê a obra e reconhece neles uma figuração das linhas que a compõem. Esse movimento de retorno às imagens pode ser entendido como uma espécie de complementação que esclarece e precisa o significado que ali estava oculto e, de certa maneira, inacabado: a letra vai aos poucos desmistificando cada uma das alegorias. Já que os

---

68   BARRELL, J. *The political theory of painting from Reynolds to Hazlitt*. New Haven/ Londres: Yale University Press, 1986, p. 29.

69   *Idem, Ibidem*, p. 29.

frontispícios estão repletos de detalhes, é preciso então que se faça essa volta várias vezes.

As imagens acabam então por incentivar aquilo que Shaftesbury mais quer do seu leitor: um exame acurado de sua obra. Nas cartas que escreve ao seu primo Thomas Micklethwayte,[70] o filósofo inglês deixa claro que todo o esforço e trabalho exigidos para a realização dos frontispícios seriam em vão se o seu público permanecesse indiferente à importância a eles atribuída por seu autor. Essas imagens não são um mero adorno, elas têm o intuito de "suportar"[71] (*to support* = "amparar, corroborar") os argumentos e ideias apresentadas nas *Características*. Como vimos há pouco, esse mesmo verbo (*to support*) foi usado por Shaftesbury para definir o liame entre as extremidades superior e inferior (*upper and lower borders*) e o centro dos frontispícios. A parte principal é suportada, corroborada ou amparada pelas menos importantes, dizia-nos o filósofo inglês. Mas, evidentemente, o contrário também pode ser afirmado, visto que o significado do que é "sub-parte" (*under-part*) jamais subsistiria sem a relação com aquele que é central para a peça (*piece*). Ou seja: existe no interior das imagens uma interação ou codependência entre os elementos que a compõem. Há, por certo, uma hierarquia das partes, uma delas sempre tomará a posição mais importante, mas isso só confirma a harmonia e a interação entre elas. Independentemente do fato de ser elemento central ou secundário, o fundamental é saber que ambas estão atuando em prol de um mesmo fim: a composição do sentido maior da peça da qual participam.

Quando tomamos as *Características* como um todo, percebemos que aquele agregado de figuras misteriosas que formam os frontispícios é uma "sub-parte" do que ali é central: o texto. Mas ao fazer

---

70 Thomas Micklethwayte cuidava da segunda edição das *Características* e intermediava as relações de Shaftesbury com Simon Gribelin e com o Senhor Darby, o editor.

71 Carta a Thomas Micklethwayte, 19 de julho de 1712 (*Lulpr*, p. 500).

SHAFTESBURY E A IDEIA DE FORMAÇÃO DE UM CARÁTER MODERNO   219

isso, estamos também reconhecendo a interação que existe entre ambos. Ao introduzir os frontispícios nos seus três volumes, Shaftesbury dá-nos a possibilidade de compreender algo extremamente importante para a análise de sua obra: sem dúvida, os textos que ali lemos são os elementos primordiais do livro, mas, a exemplo do que ocorre com as imagens, ainda são partes e não o todo. Palavras escritas e figuras estão ali submetidas ao *design* do autor. Uma vez que os frontispícios foram anexados aos textos, eles formam uma totalidade com as linhas que ilustram. Desse ponto de vista, negligenciar o papel desempenhado pelos frontispícios acarretaria a perda do sentido maior que Shaftesbury atribuiu a essa bela e elegante manifestação do seu pensamento: as *Características* de 1714.

A obra inacabada

As cartas e os papéis do período da Itália mostram que os *virtuoso studies* tinham um propósito muito mais amplo do que o de produzir ilustrações para as *Características*. Na mesma época em que trabalhava nos frontispícios, Shaftesbury também desenvolvia outro projeto: *Os caracteres secundários ou a linguagem das formas* (*The second character or the language of forms*), uma reunião de quatro tratados cujo tema era as artes, em especial a pintura. De acordo com o plano do autor, estes eram os textos que formariam o seu novo livro, pela ordem de apresentação: *Uma carta sobre a arte ou a ciência do desenho* (*A letter concerning art, or science of design*), *Uma noção do esboço histórico ou* tablatura *do julgamento de Hércules* (*A notion of the historical draught or* tablature *of the judgment of Hercules*), *Um apêndice sobre o emblema de Cebes* (*An appendix concerning the emblem of Cebes*) e, por fim, o tratado que, de acordo com Shaftesbury, deveria ser o mais extenso de todos: *Plástica ou a origem, progresso e poder da arte designatória* (*Plasticks, or the original, progress and power of designatory art*). Desses quatro, apenas os dois primeiros foram terminados. Embora haja nos papéis do filósofo inglês uma versão em inglês do original grego do texto de Cebes, um discípulo de Sócrates,[72] nenhum apêndice, análise ou comentário a respeito desse tema foi encontrado. Tudo leva a crer que o filósofo inglês morreu antes de iniciar o trabalho planejado.

Ao publicarem a tradução inglesa encontrada junto aos manuscritos do filósofo, os editores da *Shaftesbury's Standard Edition* afirmam que a letra que ali se vê não é a do autor das *Características* nem a de nenhum de seus secretários.[73] Não há como saber quem é o autor dessa versão. Mesmo quando ditava ou pedia que os seus secretários passassem a limpo os seus textos, o filósofo inglês ainda os revisava. As inúmeras observações que ele escrevia às margens são para os estudiosos um dos grandes indícios que comprovam a autoria de seus textos. Nada disso é encontrado nessa versão do "*Quadro de Cebes*" (*The picture of Cebes, disciple of Socrates*): "em contraste com os manuscritos revisados por Shaftesbury, esse contém numerosos erros",[74] acrescentam os editores da *Standard Edition*.

A presença dessa tradução nos papéis do filósofo inglês permanece sendo um mistério. Menos misterioso, no entanto, é o projeto de fazer de um comentário sobre o texto de Cebes o terceiro tratado dos *Caracteres secundários*. Evidentemente, não há como determinar com precisão o que ali seria realizado, uma vez que o plano sequer foi iniciado. Mas pode-se afirmar que há uma ligação direta entre o tema trabalhado por Cebes e aquele que Shaftesbury deseja conferir à sua obra. Em seu texto, o discípulo

---

72 *The picture of Cebes, dispicle of Socrates*, PRO 30/24/27/27.

73 *The picture of Cebes, Disciple of Socrates*. In: *Anthony Ashley Cooper, Third Earl of Shaftesbury, Standard Edition*, I, 5 *Aesthetics*, p. 457-477.

74 *Op. cit.*, p. 457.

SHAFTESBURY E A IDEIA DE FORMAÇÃO DE UM CARÁTER MODERNO 221

de Sócrates fala de um estranho quadro posto na frente do Templo de Saturno que chama a atenção de todos que por lá passam. Nele vê-se uma espécie de fortaleza murada no interior da qual há outras duas semelhantes, ligadas por portões. Como os que contemplam a pintura não compreendem o seu significado, um homem aproxima-se e começa a explicá-lo. Em linhas bastante gerais, essa é a história narrada por Cebes: o homem sábio faz com que os outros percebam que o quadro que veem é uma imagem de uma jornada virtuosa ou de uma disciplina moral. No interior das fortalezas, a cada etapa do percurso, são vistas figuras que representam as paixões e os sentimentos com os quais os homens têm de lidar para progredir no caminho da virtude. O objetivo do quadro que está na frente do Templo de Saturno e, por consequência, o da obra de Cebes, é então o de chamar a atenção dos homens para a importância de uma conduta virtuosa e da formação moral.[75] O interesse de Shaftesbury por essa história fica então muito claro: ela é bastante adequada a alguém que, como o filósofo inglês, vinculava a moralidade à contemplação e ao exame das artes. Referindo-se às leituras que fazia na Itália, Shaftesbury diz o seguinte ao seu amigo Benjamin Furly: "o que quer que sejam esses meus estudos ou entretenimentos, eu ainda me

---

75 Como nos mostra Andrea Gatti, o diálogo que ficou conhecido como *Tabula Cebetis* foi um texto bastante difundido entre os séculos XVI e XVIII. Algumas edições o publicavam junto com o *Manual* de Epiteto, dentre elas muitas apresentavam ilustrações que reproduziam o quadro descrito na obra, como é o caso da edição latina de Hieronymos Wolf, de 1561 (*figura 16*). Há tempos, diz-nos Gatti, já se sabe que o diálogo foi erroneamente atribuído a Cebes, embora ele continue vinculado ao seu nome (GATTI, A. *Il gentile Platone d'Europa – quattro saggi su Lord Shaftesbury*, p. 84). Para maiores informações sobre a *Tabula Cebetis*, suas edições e sua influência em escritores e literatos, ver por exemplo: POZA, S. L. *La tabula de Cebes y los Sueños de Quevedo*.

esforço para direcioná-los ao interesse da virtude e da liberdade".[76] Esse "esforço" em vincular a arte à virtude e à moral deveria estar presente em todos os textos que formariam a sua nova obra.

Segundo Robert Voitle, é em *Plástica ou a origem, progresso e poder da arte designatória* que Shaftesbury tencionava ser mais explícito ao "ligar a arte à moralidade".[77] Desse que seria o quarto e último tratado dos *Caracteres secundários* restou um grande número de apontamentos e observações organizados a partir de rubricas, tais como "Pensamentos", "Caracteres, Personagens", "Do *decorum*"[78] etc. A parte que leva o nome de "título e ideia da obra" (*title, & idea of the work*) mostra-nos que a *Plástica* seguiria "o modo indireto, como em *Miscelâneas*".[79] Isto é: o tema central do texto (os progressos e desenvolvimentos das artes plásticas e suas relações com a moral) deveria ser discutido de uma maneira livre e simples, assim como o último tratado das *Características*, (as *Miscelâneas*) havia exposto as principais ideias contidas naquela obra. No que diz respeito à forma, a *Plástica* lembra muito os *Moralistas*: de acordo com o plano de Shaftesbury, o quarto texto dos *Caracteres secundários* seria composto de epistolas endereçadas a Lord Somers, o mesmo amigo para quem o filósofo inglês havia escrito a *Carta sobre o entusiasmo*. Porém, ao apresentar um modo livre de tratar os seus temas, misturando vários estilos e maneiras de escrever, o texto não poderia ser dito meramente epistolar: assim como ocorre com *Os moralistas*, onde diálogo e carta estão presentes, à *Plástica* também poderia ser atribuído o nome de miscelânea.

---

76   Carta a Benjamin Furly de 22 de março de 1712, *apud* Gatti, A. *Il gentile Platoni d'Europa – Quattro saggi su Lord Shafetesbury*, p. 74, nota 69.

77   VOITLE, R. *The Third Earl of Shaftesbury – 1671-1713*, p. 392.

78   Ver: *Plástica*, p. 153-297.

79   *Op. cit.*, p. 163.

É preciso, diz-nos Shaftesbury, preservar "tal mistura de estilos"[80] quando se quer trabalhar determinados temas de modo simples. Tal observação torna-se ainda mais perspicaz quando consideramos o modo como a *Plástica* estava sendo elaborada. A simplicidade que esse texto propõe é ainda mais radical do que aquela das *Características*: as citações em grego, latim, francês ou em qualquer outra língua estrangeira teriam de ser reservadas às notas. Nas principais linhas da obra permaneceria apenas aquilo que é "de uma fácil, suave e polida leitura, sem aparentar dificuldade ou estudo rigoroso, de modo que os melhores e mais gentis pintores e artistas, as senhoritas, os elegantes (*beaux*), os cavalheiros da corte, o mais refinado tipo de engenho do campo e da cidade e notáveis palestrantes possam compreender ou estar persuadidos que compreenderam o que é escrito *no texto*".[81]

Se levarmos em conta a observação de Laurent Jaffro[82] segundo a qual essas notas da *Plástica* não dizem respeito unicamente àquele que seria o quarto tratado, mas aos *Caracteres secundários* como um todo, então teremos de admitir que o filósofo inglês buscava expandir o seu público. Não se trata mais de escrever apenas para eruditos, pessoas que gostam de filosofia, sabem grego, latim e têm interesse pelos clássicos da Antiguidade. Shaftesbury quer agora falar para o que ele mesmo chama de "mundo elegante" (*fashionable world*): o universo das conversas, dos salões e da sociedade. Porém, essa mudança na maneira de escrever e de dirigir-se ao público poderia ser entendida como o produto de uma interferência externa ao desenvolvimento de sua filosofia, como se Shaftesbury

---

80 *Op. cit.*, p. 173.

81 *Op. cit.*, p. 165. A tradução do termo "beaux" por "elegantes" segue uma solução de Laurent Jaffro (Ver: JAFFRO, L. *Les manuscrits de Shaftesbury: typologie et théorie*, p. 172)

82 Ver: JAFFRO, L. *Les manuscrits de Shaftesbury: typologie et théorie*, p. 171.

tivesse abandonado ou rejeitado seu antigo modo de lidar com a virtude, a moral ou outros temas presentes nos textos anteriores, visando com isso algum tipo de reconhecimento ou popularidade? Tentemos responder essa pergunta a partir da análise do termo escolhido para nomear o livro em questão: *Caracteres secundários*. De acordo com uma classificação apresentada na *Plástica*, haveria três gêneros (*kinds*) de *caracteres*. O primeiro (*first characters*) é composto de "notas" ou "marcas"[83] de sons, sílabas, sentimentos, sentidos e significados. Esse é o âmbito do que Shaftesbury denomina "discurso":[84] palavras faladas ou escritas. O segundo (*second characters*) designa o domínio da representação plástica, linear ou gráfica de "formas reais e [de] seres naturais",[85] isto é: compreende a pintura, o desenho, a gravura etc. Há ainda um terceiro gênero: o *"emblemático e enigmático"*.[86] Nele, os caracteres do segundo tipo são usados para "transmitir"[87] (*to convey* = "transportar, carregar") os do primeiro: as imagens aqui sempre estão relacionadas a algo dito em um discurso escrito ou falado. Por essa razão, esse terceiro gênero pode ser considerado como "intermediário" ou "misturado" (*mix´d*),[88] ele é o ponto de contato entre os outros dois. Um bom exemplo desse terceiro tipo são os frontispícios das *Características* de 1714.

Assim, quando consideramos o modo com que a *Plástica* apresenta os diferentes caracteres, somos levados a crer que ao dar a um conjunto de quatro textos o título de *Caracteres secundários*, Shaftesbury está referindo-se ao tema ali tratado: o desenho, a pintura e

---

83   *Plástica*, p. 215.

84   *Idem, Ibidem*, p. 215.

85   *Idem, Ibidem*, p. 215.

86   *Idem, Ibidem*, p. 215.

87   *Op. cit.*, p. 216.

88   *Op. cit.*, p. 215.

SHAFTESBURY E A IDEIA DE FORMAÇÃO DE UM CARÁTER MODERNO 225

tudo mais que se classifica como sendo do segundo gênero. Teríamos então uma distinção significativa entre esse livro e aquele que o precedeu – as *Características*. A prioridade que essa última obra confere à analise da poesia, da literatura e da filosofia determina o seu objeto de estudo como sendo do primeiro tipo – seu âmbito é o dos *first characters*. Os quatro novos tratados não introduzem uma mera alteração na maneira de escrever ou trabalhar os temas das *Características*, mas uma mudança no gênero dos caracteres examinados: da primeira classe para a segunda ou secundária (*second*). No entanto, essa diferença de gênero não tem como consequência uma ruptura ou afastamento entre os dois textos. Ao contrário, é graças a essa distinção que Shaftesbury poderá estabelecer o vínculo entre suas duas obras. O prefácio que ele escreveu para os *Caracteres secundários* mostra-nos que esse livro foi desde o início pensado como um desenvolvimento das *Características* e que sempre teria de pressupô-la e indicá-la:

> Se por essa última maneira o nosso autor que tratou anteriormente de caracteres em um sentido mais elevado, parecer ter perdido algo da posição que mantinha na ordem dos escritores, isso será de pouca consideração para ele. Será honra suficiente (pensa ele), se por esses Caracteres secundários ou subpartes ele possa ser capaz de amparar (to support) aqueles mais elevados que uma vez sustentou em benefício das principais preocupações e interesses do gênero humano.[89]

A partir da leitura dessa passagem, podemos perceber que os *Caracteres secundários* têm por objetivo destacar a importante função que

---

89 *Op. cit.*, p. 170.

as artes plásticas podem ter para o argumento das *Características*. A continuidade do trecho acima citado deixa claro que embora manifestações artísticas como as pinturas sejam comumente tomadas por "prazeres e diversões ordinários do mundo elegante",[90] elas são aptas a servir de apoio (*support*) para os "elevados sentidos" (*high senses*) da filosofia e da moral. Mais uma vez, Shaftesbury põe-nos diante do significado contido no verbo inglês *to support*: sua nova obra pretende corroborar, amparar ou sustentar aquela que a antecedeu. Essa ideia de "suporte" ganha mais força quando o filósofo inglês estabelece uma relação de sinonímia entre *caracteres secundários* e *sub-partes*. Não é a primeira vez que essa ligação aparece na obra de Shafetsbury. Já no *Solilóquio*[91], as duas expressões são apresentadas como tendo o mesmo significado e é a ele que o autor da *Plástica* retorna ao explicar que há "um tipo de encenação no termo *caracteres secundários*, tal como nas partes secundárias no drama".[92] Trata-se de "sub-partes" (*under-parts*),[93] acrescenta o filósofo inglês. Semelhantemente ao que ocorre com os personagens coadjuvantes em uma peça de teatro, a expressão *caracteres secundários* designa a ideia de um ou mais elementos, cuja função é promover e realçar a presença de outro mais importante: o que o *Solilóquio* chama de "caráter (character = "personagem") principal".[94]

Desse modo, o título escolhido por Shaftesbury para o seu novo volume não exprime apenas o seu objeto (as artes plásticas), mas também o papel que tal livro ocuparia no conjunto de sua obra como um todo. Como o poeta dramático que monta a sua peça a partir de personagens principais e secundários, o filósofo inglês organizou a exposição

---

90 *Idem, Ibidem*, p. 170.

91 *Solilóquio*, p. 105.

92 *Plástica*, p. 251.

93 *Idem, Ibidem*, p. 251.

94 *Solilóquio*, p. 105.

de sua filosofia de tal forma que um dos seus livros seria o protagonista e o outro o coadjuvante. A reunião dos quatro tratados que Shaftesbury escrevia na Itália pode ser dita "second" (secundária), pois prepara a cena e busca destacar a atuação desse que é o grande personagem da sua filosofia: as *Características*. Ela também é *second* (segunda), pois naturalmente segue aquela que a antecedeu: a passagem dos primeiros para os caracteres segundos é um movimento interno ao pensamento shaftesburiano. A analogia que o filósofo faz com o teatro permite-nos pensar que é a própria "trama" da sua filosofia que torna necessária essa gradação de funções ou papéis. Essa dramatização já estava operando nas *Características*. Não podemos nos esquecer que há uma ordem na qual o autor introduz as diferentes figuras que assume nesse livro: ao ceticismo zombeteiro dos três primeiros tratados segue-se o dogmatismo do quarto, a poesia do quinto e a crítica do sexto. Essa sequência está longe de ser aleatória, ela respeita a maneira como Shaftesbury deseja apresentar seus argumentos e conduzir o seu leitor. Isso não significa estabelecer um critério de qualidade entre as partes do livro, como se um determinado tratado das *Características* fosse menos elaborado ou mais imperfeito quando tomado isoladamente e comparado com aquele que o segue. Não se trata de dizer, por exemplo, que a *Investigação sobre a virtude* é menos importante do que *Os moralistas*, mas que para a totalidade da obra a sua importância está em ocupar o posto que lhe é devido: ser o quarto tratado e jamais outro. Como vimos, as *Miscelâneas* explicitam a função e o vínculo que existe entre os seis "autores" presentes nas *Características*: eles são como personagens que em um mesmo palco atuam em prol da união da peça (*piece*) da qual fazem parte. Para que o livro se sustente basta que as suas partes desempenhem ou cumpram os seus papéis, ou seja: que correspondam ao *design* do autor.

Com o projeto dos *Caracteres secundários*, Shaftesbury prova que o plano dessa nova empreitada não é estranho ao das *Caracte-*

rísticas. Segundo o filósofo inglês, passagens desse último livro nas quais temas relacionados às artes e à beleza são mencionadas já exigem o aprimoramento e um *modo virtuoso* (*virtuoso way*) de tratar essas questões. Existe uma "mútua semelhança"[95] entre essas duas obras e, acrescenta Shaftesbury, isso poderia ser atestado pelo *round--frontispiece* que também deveria figurar nas primeiras páginas dos *Caracteres secundários.* A presença dessa imagem indica a comunhão dos gêneros de caracteres e atesta a função intermediária dos emblemas. Apesar do seu caráter eminentemente dúbio e confuso, os frontispícios desempenham uma função fundamental para Shaftesbury: é a partir deles que se aproxima a linguagem verbal da pictórica e vice-versa. Uma vez dada essa aproximação, escrever sobre as artes plásticas torna-se uma consequência natural. Vejamos então o que significa esse *modo virtuoso* de abordar temas tão importantes para a filosofia de Shaftesbury, tais como a virtude e a moral.

O quadro histórico

O *Julgamento de Hércules* pode ser lido como um mero conjunto de notas ou observações que visam instruir um artista acerca da realização de uma pintura. De fato, como nos atesta o próprio Shaftesbury na notificação (*advertisement*) que a introduz, esse foi o objetivo original de sua obra. No início de 1712, o filósofo contrata Paolo de Matteis, "considerado o primeiro dentre os pintores napolitanos da época".[96] Para auxiliar o pintor e esclarecê-lo a respeito do plano que o motivara a encomendar um quadro, Shaftesbury começa a pôr suas ideias no papel. Essas notas são redigidas em francês. Em princípio, a escolha desse idioma se justificaria como meio

---

95 *Plástica*, p. 169.

96 VOITLE, R. *The Third Earl of Shaftesbury – 1671-1713*, p. 392.

SHAFTESBURY E A IDEIA DE FORMAÇÃO DE UM CARÁTER MODERNO   229

de suprir uma carência que os separava: o filósofo não era versado em italiano, tampouco o pintor em inglês. No entanto, o futuro desse texto deixa margens para se supor que, com a língua francesa, Shaftesbury já vislumbrava uma possibilidade de veiculação de sua obra. Em 29 de março do mesmo ano, o filósofo inglês envia uma cópia do texto para Pierre Coste e sugere ao amigo que faça uma revisão do seu francês.[97] Em resposta, Coste elogia a mais recente obra de Shaftesbury e diz estar disposto a ajudá-lo com possíveis mudanças e correções estilísticas.[98] Em outubro, o mesmo amigo já está trabalhando em uma nova versão francesa do *Julgamento de Hércules*, "com o propósito de publicá-la em Amsterdã".[99] Um mês depois, a obra é publicada no famoso *Journal des Sçavans* (editado na capital holandesa) com o seguinte título: *Raisonnement sur le tableau du jugement d'Hercule*. Ao mesmo tempo, antes que ele seja "traduzido por uma mão estranha",[100] o próprio Shaftesbury prepara uma versão inglesa desse seu texto. Vertido para a língua materna de seu autor, o *Julgamento de Hércules* seria incluído aos *Caracteres secundários* como o seu segundo tratado.

O caminho percorrido pelo *Julgamento de Hércules* prova que essa obra não pode ser reduzida a uma simples coleção de instruções cujo único fim é a feitura de uma determinada pintura. Por certo, Shaftesbury realmente a escreveu para Paolo de Matteis, que cumpriu o serviço e pintou o quadro de acordo com as diretrizes do filósofo inglês (*figura 14*), mas há algo no texto que extrapola os limites da ocasião na qual foi concebido. O próprio autor mostra-se consciente disso ao enviá-lo a outras pessoas e,

---

97 Ver: carta de Shaftesbury a Coste, 29 de março de 1712 (*Refúgio*, p. 201-202).

98 Ver: carta de Coste a Shaftesbury, 1 de maio de 1712 (*Refúgio*, p. 151).

99 Carta de Coste a Shaftesbury, 21 de outubro de 1712 (*Refúgio*, p. 155).

100 *Hércules*, p. 72.

sobretudo, ao permitir sua publicação. Esse aspecto mais abrangente do *Julgamento de Hércules* começa a evidenciar-se logo nas primeiras linhas de sua introdução:

> Antes de entrarmos no exame de nosso plano (*sketch*) histórico, seria adequado notar que pela palavra *tablatura* (da qual não temos nenhum nome em *inglês* além do geral *retrato*) nós designamos, de acordo com a palavra original **Tabula**, uma obra não apenas distinta do mero *retrato*, mas de todos aqueles vastos tipos de pinturas que são de certa maneira absolutas e independentes, tais como pinturas *in fresco* em paredes, tetos, escadas, cúpulas ou qualquer outro local de destaque em palácios ou igrejas.[101]

Dando continuidade à explicação do que chama de *tablatura*,[102] Shaftesbury diz que tal pintura não se define por sua dimensão, tampouco por seu formato. O traço distintivo desse tipo de arte está no fato de ela ser "*uma peça única*, compreendida em *uma* visão e formada de acordo com *uma única* inteligência, significado ou desígnio".[103] Uma *tablatura* (ou um *tableau*, termo empregado na versão francesa) tem de ser uma totalidade, ou seja: deve existir entre as partes que a constitui uma relação que ateste a unidade da pintura.

---

101 *Op. cit.*, p. 74.

102 Como mostra o *Dicionário Oxford*, Shaftesbury foi o primeiro autor a dar ao inglês *tablature* o sentido de uma pintura que forma um todo. O significado mais comum do termo é o de uma "notação musical" ("musical notation"), tal como o português *tablatura* (Ver: verbete *tablature* do *The Oxford English Dictionary* e o verbete *tablatura* do *Dicionário Houaiss da Língua Portuguesa*).

103 *Hércules*, p. 74. O original diz o seguinte: "*a single Piece*, comprehended in *one* View, and form'd according to *one single* Intelligence, meaning, or Design".

SHAFTESBURY E A IDEIA DE FORMAÇÃO DE UM CARÁTER MODERNO   231

É preciso que o seu espectador "possa ver de uma só vez, em uma correspondência agradável e perfeita, tudo o que é exibido aos olhos".[104] Qualquer elemento que ponha em risco o sentido do quadro tem de ser eliminado. Por essa razão, o pintor deve tomar muito cuidado com os elementos emblemáticos que introduz em sua obra. Ao contrário dos frontispícios das *Características*, a *tablatura* é simples e direta: seu significado deve ser apresentado da maneira mais clara possível. Se o artista sente a necessidade de incluir algumas figuras emblemáticas à composição de sua pintura, é preciso que o faça de tal modo que elas estejam a serviço do *design* da obra. Toda beleza, diz-nos Shaftesbury, depende de uma ordenação: a verdadeira obra de arte tem de ter um elemento principal muito bem definido, ao qual todos os outros estão submetidos. Sem essa submissão não há totalidade e perde-se por completo a simplicidade e a coerência. Tal relação de dependência pode ser encontrada até mesmo na representação emblemática: como vimos, os frontispícios de Shaftesbury eram dispostos de maneira a apresentar uma parte principal e outras subordinadas. Mas, ao contrário do que deve ocorrer com a *tablatura*, a ordenação das enigmáticas imagens das *Características* não forma um todo coerente. A confusão de elementos e sentidos dos frontispícios é o justo oposto daquilo que o pintor deve buscar. Para Shaftesbury, há na pintura uma beleza ou simplicidade muito parecida com a encontrada na poesia:

> O *poeta* jamais pode (enquanto sustentar com justiça esse nome) torna-se um *relator* ou *historiador* em um sentido amplo. A ele é apenas consentido descrever uma *única* ação [e] não as ações de um único homem ou povo. O *pintor* é um historiador do mesmo nível, mas ainda mais estreitamente

---

104 *Op. cit.*, p. 124.

confinado, como, de fato, parece, já que certamente se mostraria uma tentativa mais ridícula compreender duas ou três ações ou partes distintas da
história em um quadro, do que abarcar dez vezes
esse número em *um* e *mesmo* poema.[105]

O compromisso da arte não é com os fatos, mas com a sua
estrutura interna. Conforme o *Solilóquio*, a "verdade" das obras dos
poetas e escritores é dada na "tessitura das suas *mentiras*",[106] ou seja:
a veracidade dos argumentos de um determinado autor está intimamente ligada ao modo como ele os arranja ou os "tece". "O maior
dos críticos (Aristóteles)", lembra Shaftesbury, "disse do maior dos
poetas (Homero) quando o exaltava com a maior profusão: 'que
acima de todos os outros ele entendeu *como* mentir'".[107] Pouco importa se em um poeta encontramos o histórico de várias ações cuja
autenticidade nunca foi comprovada, o que é determinante para
o seu ofício é jamais deixar de unificá-las em uma (ação) central.
Embora uma grande obra como a *Ilíada*, por exemplo, seja constituída de vários eventos, a Guerra de Troia pode ser entendida como
o principal, do qual os outros dependem. O mesmo pode ser afirmado a respeito de *Os moralistas*, onde a figura de Teócles unifica
às de Palemon e Filócles. É essa capacidade de compor que torna
verdadeiro o argumento exposto por um escritor. Existe então uma
relação entre a verdade, a simplicidade e a beleza: aplicados a uma
obra de arte, esses termos designam o reconhecimento de que ela
é um todo, que existe entre as suas partes um perfeito equilíbrio.

---

105 *Op. cit.*, p. 132.

106 *Solilóquio*, p. 177.

107 *Op. cit.*, p. 178, nota 89. Shaftesbury refere-se ao trecho do Capítulo XIV da
Poética, onde se lê: "Aos outros poetas também Homero ensinou o modo de dizer
o que é falso" (*Poética*, p. 98).

SHAFTESBURY E A IDEIA DE FORMAÇÃO DE UM CARÁTER MODERNO   233

Quando se trata de fazer uma pintura simples, é preciso levar em consideração uma diferença em relação às letras. Como nos mostrou o trecho do *Julgamento de Hércules* acima citado, a arte do pintor exige que ele se restrinja a uma única ação a ser imitada. Se ao poeta cabe discorrer e trabalhar com vários momentos de uma história, o pintor deve prender-se a um determinado instante. Para os limites de um quadro, a representação de mais de um evento acarretaria em confusão. Embora pintura e poesia primem pela *unidade do desígnio* (*unity of design*), elas têm as suas próprias maneiras de atingi-la. Mesmo no interior delas é possível perceber diferenças no modo de proceder. A elegia, o epigrama, o poema trágico e o épico "têm, cada um deles, suas medidas e proporções" (*their mesure and proportion*),[108] diz-nos Shaftesbury. Pode-se observar algo semelhante na pintura. Dado um determinado caso, a proporção é fornecida pelo elemento que se escolheu como o principal. Assim, no tipo de pintura chamado de "paisagem" (*landskip*), a medida são os seres inanimados. Aqui, é "a terra, a água, as pedras e as rochas que vivem",[109] tudo o mais será ordenado a partir delas. Nos quadros de animais, os protagonistas serão as "bestas ou as aves de caça".[110] Mas o grau mais elevado de pintura é somente atingido quando se toma o homem como elemento central:

> Mas se, ao contrário, é a *espécie humana* aquela que primeiro se apresenta em um quadro, se é a *vida inteligente* que é posta às vistas, são as *outras espécies*, as *outras vidas* que têm então de render-se e tornar-se subserviente. O meramente *natural* tem de render homenagem ao *histórico* ou *moral*. Toda beleza,

---

108 *Hércules*, p. 132.

109 *Op. cit.*, p. 116.

110 *Idem, Ibidem*, p. 116.

toda graça tem de ser sacrificada pela *verdadeira*
(*real*) beleza *dessa primeira e mais elevada ordem*.[111]

Shaftesbury explica-nos que embora até possamos chamar um quadro do tipo "*natureza morta*"[112] de uma *tablatura*, dada a proporção interna entre as suas partes, o termo apenas é bem aplicado às pinturas onde o gênero humano é representado. E isso porque somente nesse caso um pintor pode produzir uma verdadeira totalidade. Em nossos capítulos anteriores, vimos que o traço distintivo do homem é ser uma criatura que compreende as relações que existem entre as diversas formas da natureza. Somente no e pelo gênero humano pode-se entender o mundo como uma comunidade universal. Imitar ou representar as suas características, maneiras, condutas e opiniões é então revelar a ordem moral do universo. A condição para se pintar a natureza como um todo é ir além do "meramente natural", como dizia o trecho citado acima, e eleger a vida inteligente como o elemento central da obra. Se uma *tablatura* pode ser considerada um quadro histórico, é porque ao narrar determinadas ações de alguns homens em particular, ela desenha o processo pelo qual o universo se forma.

Não obstante o fato de serem essenciais para o entendimento do que vem a ser uma *tablatura*, todas as observações e argumentos apresentados até aqui ainda parecem um tanto gerais e vagos ao autor do *Julgamento de Hércules*. Questões bastante simples necessitam de maiores esclarecimentos. Por exemplo: o texto diz que em uma *tablatura* "não importa a *chave* na qual o pintor inicie sua peça, ele deve estar seguro de terminá-la na mesma",[113] logo

---

111 *Op. cit.*, p. 118.

112 *Op. cit.*, p. 116.

113 *Op. cit.*, p. 110.

SHAFTESBURY E A IDEIA DE FORMAÇÃO DE UM CARÁTER MODERNO   235

é preciso dizer o que significa e como manter uma "chave" (*key*).
Um outro problema: se a mais elevada das pinturas tem de imitar
as ações humanas, como ela faz isso? Quais são as peculiaridades
da imitação pictórica? Uma vez que não existem regras precisas que
indiquem com exatidão como um pintor deve proceder na produção de uma determinada *tablatura*, Shaftesbury resolve tomar um
caso em particular. É preciso escolher uma história humana que
sirva de "chave" para a realização de uma pintura. Só assim o filósofo inglês poderá mostrar ao seu leitor como a *unidade do desenho*
de um quadro é construída. O tema escolhido é o *Julgamento de
Hércules*. Como nos explica Shaftesbury, trata-se de uma referência
ao Livro II dos *Memoráveis* de Xenofonte. Nessa passagem, Sócrates
narra uma história cuja fonte primordial seria o poeta Pródico: o
jovem Hércules encontrava-se em um momento de dúvida acerca
dos rumos que deveria tomar na vida. Solitário, ele parte para um
local afastado e deserto, onde se põe a pensar. Surge-lhe então a
figura de duas mulheres. Uma delas veste-se de branco, sua beleza
era nobre e natural, os gestos eram modestos e os seus olhos estavam
plenos de pudor. A outra utiliza adereços para destacar seus atrativos naturais, procura portar-se de tal modo a parecer mais esbelta
do que era e a todo instante olhava ao redor para se certificar de
que os outros notavam a sua beleza. A primeira delas é a Virtude e
a segunda, a Volúpia.[114] Cada uma delas busca convencer Hércules
de que possui o melhor caminho a seguir. A primeira a falar é a
Volúpia que promete uma vida repleta de prazeres, sem nenhum
grande esforço seja do corpo ou do espírito. A esse discurso segue-se
o da Virtude que condena a vida proposta por sua rival e diz não
ver nele nenhum bem duradouro e digno de louvor. Ela reconhece
que o seu caminho é feito de vários trabalhos, penas e exercícios,

---

114 A versão inglesa do *Julgamento de Hércules* chama esse personagem de *Pleasure*
(Prazer). Optamos por seguir a solução do texto em francês, que a denomina *Volupté*.

mas é também o mais honrado e glorioso e em tudo se distingue da ociosidade da Volúpia. Como se sabe, Hércules opta pela Virtude e perpetua o seu destino heroico.

Uma vez que a pintura é um tipo de arte que deve se limitar a uma única ação ou instante da história que retrata, Shaftesbury começa a apresentar alguns possíveis momentos do *Julgamento de Hércules* que seriam adequados à representação pictórica. Pode-se trabalhar com o instante no qual as duas mulheres (ou *deusas*,[115] como diz o filósofo inglês) abordam o herói, ou quando começam a disputá-lo, ou ainda em meio ao debate. Das três, a última tem de ser considerada como a melhor, pois "expressa *o grande evento* ou a consequente *resolução* de Hércules".[116] A continuidade do argumento de Shaftesbury visa precisar ainda mais essa sua opção e justificar o motivo de tal escolha. Seria possível, diz-nos o filósofo inglês, apresentar o herói no momento em que já havia se decidido pela Virtude, mas isso acarretaria na perda do elemento principal: "É do resultado da controvérsia entre as *duas* que o caráter de Hércules depende".[117] Por isso, o quadro que quiser expor o complexo de elementos que formam esse enredo terá de mostrar o jovem num momento em que, não obstante a dúvida a respeito de qual caminho tomar, já indica a sua preferência pela Virtude. Esse é o motivo pelo qual Shaftesbury considera que a melhor maneira de retratar o *Julgamento de Hércules* é mostrar o herói quando ouve o discurso da Virtude e começa a empolgar-se com ele. Nessa ocasião, o jovem ainda não descartou por completo o estilo de vida que a Volúpia acabara de defender. Ou seja: trata-se de apresentar Hércules no momento em que está prestes a decidir-se, naqueles se-

---

115 "Goddesses". O termo é usado em várias passagens do texto.

116 *Hércules*, p. 78.

117 *Op. cit.*, p. 76.

SHAFTESBURY E A IDEIA DE FORMAÇÃO DE UM CARÁTER MODERNO   237

gundos que antecedem sua resolução. Desse modo, pode-se pintar a história toda em um único quadro. Dada a escolha do instante a ser retratado, é preciso investigar como realizá-lo. Hércules (a figura central) tem de estar no meio das outras duas e sua feição deve indicar que medita e pondera. Atrás da Virtude haverá uma estrada tortuosa que leva ao longínquo topo de uma montanha. Ao lado da Volúpia, um "florido caminho dos vales e campinas".[118] Hércules observa e ouve a Virtude "com extrema atenção",[119] embora alguma parte de seu corpo esteja inclinada para Volúpia. Tal recurso, explica-nos Shaftesbury, indica que a decisão que o herói vai tomar "não lhe custará pouco",[120] isto é: o quadro permitirá ao espectador a percepção do quão difícil é para ele abandonar os prazeres que a Volúpia lhe propõe. É imprescindível que o herói apareça de tal forma que não reste dúvidas de que está completamente absorvido pelo discurso da Virtude, dando sinais de uma admiração e amor crescentes. Se Hércules falasse ou indicasse qualquer tipo de desatenção, isso teria de ser considerado "contrário à ordem, à história, ao *decorum* ou à decência das maneiras".[121] O *decoro* é dado pela adequação à narrativa que se quer contar. É nesse sentido que o pintor *imita* a natureza do tema ou assunto com que trabalha. É o próprio desenvolvimento natural do enredo que exige o cumprimento de certas normas. Um Hércules que desdenha a Virtude perde completamente o seu caráter e deixa de ser quem ele é.

Vemos que cada caso apresenta as suas próprias regras: a medida certa para o equilíbrio que unifica os diversos elementos de

---

118 *Op. cit.*, p. 90.

119 *Idem, Ibidem*, p. 90.

120 *Idem, Ibidem*, p. 90.

121 *Op. cit.*, p. 92.

uma história é sempre diferente da de uma outra. Seguindo a ordem natural ao seu quadro, Shaftesbury diz que a Virtude precisa ser representada como "um excelente orador no ápice e na parte mais importante do seu discurso",[122] olhando fixamente para aquele ao qual se dirige. É então adequado apresentá-la com o dedo em riste, como normalmente fazem aqueles que falam. Essa mesma mão também deve indicar o objeto do discurso: o caminho tortuoso atrás dela. As feições têm de estar de acordo com o seu caráter guerreiro, mostrando um tipo de fadiga que provém da atividade e dos exercícios. Por sua vez, a Volúpia deve apresentar a delicadeza e a preguiça que a distinguem, marcas que lhe dão "um caráter intermediário entre a pessoa de uma *Vênus* e aquela de uma *ninfa* de um bacanal".[123] Representá-la deitada e olhando para Hércules é uma boa maneira de destacar suas características: ao mesmo tempo lânguida e insinuante.

Assim, ao unir as três figuras, o quadro expõe a seguinte cena: Hércules, no centro da cena, olha para a Virtude que discursa à sua direita. À esquerda está a Volúpia que sem poder ver os olhos do herói não percebe que ele está cada vez mais interessado no que sua rival propõe. Segundo Shaftesbury, este é um ponto extremamente importante: a Volúpia ainda está confiante na sua vitória. Embora em silêncio, ela mantém os seus "ares de flerte e cortesia":[124] seus olhos e corpo estão direcionados para Hércules e sua expressão sugere que deseja retomar a palavra. Para corroborar a unidade dessa pintura, o filósofo inglês diz que seria preciso acrescentar alguns elementos emblemáticos. A figura da Virtude pode recuperar algo do modo como as medalhas dos antigos a representavam, isto é: com um pé apoiado

---

122 *Op. cit.*, p. 94.

123 *Op. cit.*, p. 96.

124 *Op. cit.*, p. 104.

no chão e o outro um pouco mais avançado, em cima de uma pedra ou elevação do terreno. Também seria adequado pintá-la segurando uma espada, tendo ao seu lado um capacete e um freio de cavalo, objetos que representam a disciplina e o aspecto guerreiro dessa personagem. Perto da Volúpia, uma ânfora, tigelas ou taças indicariam um banquete e o mundo dos prazeres. Por fim, Hércules deve estar vestido apenas com uma pele de leão, uma sugestão ao embate que ele irá travar com essa fera e ao seu futuro heroico.

No interior de um quadro, os elementos emblemáticos ajudam o pintor a formar o que Shaftesbury chama de "unidade do tempo e ação".[125] De acordo com esse argumento, a melhor maneira de apresentar uma determinada conduta humana é sugerir a relação que ela estabelece com aquela que a antecedeu e a que certamente a seguirá. A pintura histórica (*history-painting*)[126] tem então de trabalhar no limite da representação pictórica e introduzir uma noção de temporalidade ao que, em princípio, era completamente estático. Com os "mesmos meios que são empregados para rememorar *o passado*", diz-nos Shaftesbury, "podemos antecipar *o futuro*".[127] Mas para não ferir a regra do *decorum* e destruir por completo a unidade do quadro, a medida do "futuro" e do "passado" com a qual uma *tablatura* opera tem de ser dada pelo instante da história que ela representa – o "presente" da pintura é o seu ponto de equilíbrio. Mais uma vez, o melhor exemplo para esse processo de composição artística é o próprio quadro do *Julgamento de Hércules*: em uma só cena bem caracterizada e proporcional, vemos o itinerário que leva o herói a adotar uma vida virtuosa.

---

125 *Op. cit.*, p. 82.

126 *Op. cit.*, p. 76.

127 *Op. cit.*, p. 84.

Ao concluir a sua obra, Shaftesbury estabelece uma relação tão íntima entre a ideia de *tablatura* e a descrição do quadro que havia encomendado a Paolo de Matteis, que o leitor já não pode mais separá-los. Todas as notas, cartas e textos sobre o *Julgamento de Hércules* mostram uma confusão a respeito dos motivos que o levaram a produzir esse pequeno tratado. Shaftesbury resolve escrever um texto para servir de instrução para uma pintura que já havia sido planejada, ou é antes o contrário: uma vez escrita, é a letra quem demanda a sua transformação em linguagem pictórica? A *Carta sobre o desenho* – obra que deveria ser uma espécie de introdução para o *Julgamento de Hércules* e anexada aos *Caracteres secundários* como o seu primeiro tratado – é esclarecedora a esse respeito. Nela, o filósofo inglês conta-nos que tendo terminado um texto que apresentava uma noção (*notion*) ou esboço (*draft*) de uma pintura, desejou vê-la em uma tela. Fez-se então uma versão em preto e branco do quadro e o efeito mostrou-se "tão aprazível"[128] que Shaftesbury decidiu "engajar o meu pintor na obra principal":[129] uma verdadeira pintura em cores (*figura 14*). O trajeto narrado na *Carta sobre desenho* confirma todo um processo de elaboração que também foi registrado nas cartas e nos bilhetes da época em que o filosofo trabalhava no *Julgamento de Hércules*: Shaftesbury tinha a ideia de um quadro, mas ela apenas se desenvolve e ganha corpo à medida que encontra em Paolo de Matteis o meio de viabilizá-la. O texto é escrito junto com as conversas e debates acerca de como realizar a pintura: a atividade criativa não pode ser separada de sua análise ou teorização. "Teoria e prática têm de estar de acordo",[130] escre-

---

128 *Desenho*, p. 53, a tradução dos trechos citados da *Carta sobre o desenho* é de Pedro Paulo Pimenta).

129 *Idem, Ibidem*, p. 53.

130 Carta a Paolo de Matteis, 29 de junho de 1712. In: *Letters and Billets on Hercules*, p. 379.

SHAFTESBURY E A IDEIA DE FORMAÇÃO DE UM CARÁTER MODERNO   241

ve o filósofo inglês ao seu pintor. É criticando a ideia do quadro que Shaftesbury a aprimora: todo o seu texto pode ser visto como o exame de uma pintura que não existe previamente e que se desenvolve à medida que é analisada por seu autor ou pelos seus autores, visto que o projeto do *Julgamento de Hércules* sempre pressupõe a presença e a colaboração de Paolo de Matteis. "E assim minha Noção", diz Shaftesbury na *Carta sobre o desenho*, "tão superficial no *tratado*, tornou-se muito substancial no *acabamento*".[131] Porém, a "superficialidade" da letra de Shaftesbury foi capaz de indicar algo extremamente importante para aqueles que têm interesse em compreender as artes plásticas: ao apresentar a maneira adequada de pintar *um* quadro, a palavra escrita também revela os bastidores da produção artística e torna-se um exemplo para todos aqueles que desejam realizar suas próprias obras pictóricas. É por via do seu caráter exemplar que esse texto instrui: o *Julgamento de Hércules* (ao qual os nomes "A educação" ou "A escolha" ou "A decisão de Hércules" também seriam adequados[132]) pode ser visto como um roteiro das decisões que um pintor deve tomar – é preciso escolher uma "chave", o momento mais adequado à representação de uma história, como dispor os personagens na tela, que vestimentas e posturas são condizentes com o seu caráter etc. Embora exerça uma arte distinta da do escritor, o pintor tem de saber conferir um caráter à sua obra e, por isso, também precisa ser crítico e analisar os temas e questões que envolvem seu trabalho. O modo como o *Julgamento de Hércules* compreende a pintura, antecipa um argumento desenvolvido na *Plástica*: a beleza e a proporção de um

---

131 *Desenho*, p. 55.

132 Tal como afirma Shaftesbury em dois trechos: "De modo que naturalmente conferimos a essa peça e história tanto o título de A *educação* quanto o de *a Escolha* ou *Julgamento de* Hércules" e "(…) nós podemos dar com justiça o título de *a Decisão* ou o *Julgamento de* Hércules" (*Hércules*, p. 76 e p. 80).

quadro não podem ser consideradas como um produto casual, resultado do que comumente é chamado de *"je ne scay quoy"*:[133] um "eu não sei o quê". O trabalho do pintor começa pelo *"interior"*[134] (*within*), ele "forma as suas *ideias* e [só] então a sua *mão* [e] suas *pinceladas"*.[135] Assim como a poesia e a composição de texto em geral, a pintura exige dedicação e, sobretudo, estudo.

Na *Carta sobre o desenho*, último de seus textos, Shaftesbury mostra-se bastante otimista acerca do futuro das artes plásticas. Se o *Solilóquio* havia destacado a previsão que Aristóteles fez sobre o término do gênero trágico e a ascensão do cômico, agora é o próprio filósofo inglês que assume um *"espírito profético"*[136] e afirma a opinião segunda a qual a liberdade que então reinava na "Bretanha unida"[137] faria dela a "principal sede das artes".[138] Isso pode ser deduzido a partir do que ocorreu com a música. Há pouco tempo, diz-nos Shaftesbury em uma referência ao reinado de Carlos II, o gosto musical dos ingleses era inferior ao da França. Mas o espírito livre que depois se instaurou na nação ofereceu todas as condições para que as pessoas pudessem estudar essa arte: "investigamos o que a Itália, em particular, produziu, e, no mesmo instante, superamos nossos vizinhos franceses".[139] É, portanto, natural que ocorra algo similar com a pintura. Isso explica a atenção que Shaftesbury deu às artes plásticas: a crescente valorização da pintura era uma tendência da época a

---

133 *Plástica*, p. 186. O trecho todo diz: "Não se trata do *je ne scay quoy*, ao qual os *idiotas* e ignorantes da arte reduziriam tudo".

134 *Op. cit.*, p. 184.

135 *Idem, Ibidem*, p. 184.

136 *Desenho*, p. 55.

137 *Idem, Ibidem*, p. 55.

138 *Idem, Ibidem*, p. 55.

139 *Op. cit.*, p. 57.

SHAFTESBURY E A IDEIA DE FORMAÇÃO DE UM CARÁTER MODERNO 243

qual ele mesmo, como homem do início do século XVIII, não estava imune. Por isso, um estudo sobre esse assunto seria a melhor maneira de mostrar aos seus contemporâneos a importância daquela atividade que Shaftesbury considerava como sendo a principal para a formação do homem: o cultivo da filosofia. Assim, provar a possibilidade de um quadro histórico, de uma pintura que pode ter um sentido moral, é encontrar um meio de trazer as questões filosóficas para mais perto do mundo. O *Julgamento de Hércules* permite-nos entender que não é apenas a postura crítica que pode unir o pintor ao filósofo, mas, sobretudo, o tema que ambos elegem como o principal: as características, as maneiras e as opiniões dos homens.

A última cena

Um mês antes de sua morte, Shaftesbury encomenda a Paolo de Matteis um último quadro. Em uma série de três cartas conhecidas pelo nome de *Esboço para um gênero de retrato moderno (Draft for a kind of modern portrait*[140]), o inglês explica ao pintor napolitano o que planejava. Tratava-se de um quadro cuja figura principal é um "virtuoso, filósofo e autor muito conhecido por seus escritos"[141] no interior de um gabinete. Vê-se que ele está doente e encontra-se em uma cidade estrangeira para se recuperar. Uma janela deixa transparecer uma paisagem onde se destaca uma conhecida montanha que, de acordo com Shaftesbury, será suficiente para revelar a localidade da cena que a pintura apresentará. O homem que o quadro mostra "ainda continua com os seus estudos, [apesar de] mal, exausto e beirando a morte, tal como realmente está".[142] Tanto sua postura e ves-

---

140 *Draft*, p. 415-427.

141 *Op. cit.*, p. 421.

142 *Idem, Ibidem*, p. 421.

timenta, como o interior de seu gabinete (repleto de livros e ornado com peças de artes antigas e modernas) atestam o seu "verdadeiro caráter ou *persona*".[143] Um exemplar com o título O *Julgamento de Hércules* e um desenho sobre o mesmo tema também são vistos.

A figura central está deitada em um sofá ou divã. Sua cabeça está apoiada na sua mão direita e na esquerda há um livrinho. Shaftesbury diz que essa mão deve parecer a "de um homem morto":[144] ela não segura mais o pequeno volume que se mantém pendurado em seus dedos, como que prestes a cair. Os olhos desse personagem indicam que ele medita. Apesar de apresentar os traços da fadiga e das penas impostas pela sua doença, seu rosto revela serenidade e certo langor. Ao seu lado, um homem está sentado em uma escrivaninha e tem uma pena em uma de suas mãos. Essa segunda figura tem os olhos fixos na primeira e "parece trabalhar na função de *amanuense* ou secretário".[145] Para ajudar na composição da figura central, Shaftesbury sugere a Paolo de Matteis que veja o que foi escrito no O *Julgamento de Hércules*, especialmente os parágrafos 10 e 11 do Capítulo 1, onde se trata da questão de como fazer com que os personagens retratados expressem sentimentos ou alteração de temperamento.

Não é difícil perceber que esse novo quadro retrataria os últimos dias da vida de Shaftesbury, passados na cidade de Nápoles. A montanha que se vê da janela do gabinete que o quadro apresentaria é certamente o Vesúvio. De acordo com Robert Voitle,[146] a cena que essa pintura deveria mostrar é a seguinte: a figura principal do quadro estava ditando um texto ou uma carta ao seu secretário, como comumente fazia Shaftesbury. Por um instante ele distrai-se e interrompe sua fala, o

---

143 *Idem, Ibidem*, p. 421.

144 *Op. cit.*, p. 427.

145 *Op. cit.*, p. 423.

146 VOITLE, R. *The Third Earl of Shaftesbury – 1671-1713*, p. 412-413.

SHAFTESBURY E A IDEIA DE FORMAÇÃO DE UM CARÁTER MODERNO 245

funcionário o observa e, com a pena na mão, aguarda a continuidade do ditado. O momento a ser retratado é justamente o dessa interrupção: o exato instante em que Shaftesbury medita. Ainda segundo Voitle, fica evidente que o motivo que leva o autor das *Características* a distrair-se é a morte que se aproxima. Não há registros de que a pintura tenha sido realizada. No entanto, o seu esboço (*draft*) foi tão bem estruturado que, mesmo não tendo sido levado à *mão* (*hand*) do pintor que a executaria, podemos ter uma ideia do *design* que apresenta. É preciso notar que o quadro não deve mostrar o filósofo deixando a vida, mas *como* isso acontecerá. Percebemos que aqui o mesmo recurso de "*antecipação e rememoração*"[147] que atua no *Julgamento de Hércules*: há um presente que indica um futuro e um passado. O "instante" do quadro mostra claramente que a morte está próxima, mas não é apenas ela que pode ser vista: toda a vida anterior do filósofo também está lá. Ele está ladeado de objetos que descrevem toda uma vida de estudos: livros, pinturas, desenhos, esculturas. A presença do secretário confirma que ele ainda trabalha e continuará até o fim sendo um "estudioso",[148] a ponto de morrer segurando um livro.

A disposição e os elementos desse esboço lembram em muitos aspectos uma pintura que Shaftesbury havia encomendado a um pintor inglês chamado John Closterman: O *Retrato duplo com o Terceiro Conde de Shaftesbury*, de 1701 ou 1702 (*figura* 12).[149] Nesse quadro vemos o filósofo em pé segurando junto ao peito um pequeno livro: as *Meditações* de Marco Aurélio, sugere Robert Voitle.[150] Ele está no interior de um gabinete, tendo ao seu

---

147 *Hércules*, p. 84.

148 *Draft*, p. 427.

149 A partir desse quadro foi feita uma gravura que ilustra a edição das *Características* de 1714. Nela não se vê a segunda pessoa presente na pintura (*figura 11*).

150 VOITLE, R. *The Third Earl of Shaftesbury – 1671-1713*, p. 344.

lado vários volumes, em dois deles pode-se ler o nome de Platão e Xenofonte escritos em grego. À direita de Shaftesbury, uma porta que mostra um campo cultivado ao fundo, por ela adentra a cena do quadro uma segunda figura que olha para a primeira. De acordo com Anna Wessely, essa pintura representa Shaftesbury, "o ambivalente autor moderno, vestindo ao mesmo tempo uma toga romana, uma peruca, meias e chinelas de salto alto",[151] isto é: uma roupa que mistura indumentária antiga e moderna. Ao contrário de alguns comentadores, como Voitle,[152] Anna Wessely não acredita que o segundo personagem seja um secretário que adentra o escritório do patrão, sua postura "evoca mais um monumento a um político ativo do que um fiel serviçal".[153] Wessely sugere que o homem que aparece à porta do gabinete do filósofo poderia ser Lorde Somers ou o seu falecido avô, o primeiro Conde de Shaftesbury: ambos foram dois eminentes membros do partido whig, do qual o autor das *Características* também era membro. A pintura mostraria, assim, uma espécie de convocação à vida pública que chega e invade o retiro do pensador. Em 1699, Shaftesbury havia entrado para a Câmara dos Lordes. Nos anos de 1700 a 1702, ele se junta a Lorde Somers e trabalha em uma aliança envolvendo a Inglaterra, a Holanda e os estados Germânicos contra a França.[154] De acordo com Jaffro, a vida de Shaftesbury foi um grande "vaivém"[155] entre

---

151 WESSELY, A. *The knowledge of an early eighteenth-century connoisseur: Shaftesbury and the fine arts*, p. 282.

152 VOITLE, R. *The Third Earl of Shaftesbury – 1671-1713, Preface*, p. XII.

153 WESSELY, A. "The knowledge of an early eighteenth-century connoisseur: Shaftesbury and the fine arts". In: *Hume and the heroic portrait – studies in Eighteenth-Century imagery*. Editado por Jaynie Anderson. Oxford: Clarendon Press, 1986, p. 282.

154 A esse respeito, ver: JAFFRO, L. Introdução à tradução francesa dos *Exercícios*, p. 16-17.

155 *Op. cit.*, p. 18.

SHAFTESBURY E A IDEIA DE FORMAÇÃO DE UM CARÁTER MODERNO   247

as esferas pública e privada, alternando momentos de recesso e estudo àqueles em que cumpria suas obrigações políticas. A sugestão de Wessely para interpretar esse quadro de John Closterman parece então bastante convincente, sobretudo quando notamos que há certa semelhança nos traços de seus dois personagens. A relação de espelhamento na qual as duas figuras se mostram, bem como a divisão entre público e privado ali presente, não deixa de sugerir a prática do solilóquio e, mais uma vez, dar ensejo à leitura que vê no segundo personagem alguém em quem Shaftesbury se reconhece, se inspira ou se espelha. No entanto, independentemente da segunda figura ser mesmo um grande homem público ou a imagem de um exemplo a ser seguido, o certo é que o quadro trabalha com alguns elementos opostos em sua composição: o interior do gabinete e o mundo que a porta aberta permite ver, a modernidade da roupa da segunda figura e os livros antigos da biblioteca. Em meio a tudo isso, encontramos o filósofo, cuja posição e vestimenta indicam uma relação intermediária frente a todos esses elementos.

Outro quadro encomendado a Closterman na mesma época (1701-1702) apresenta uma cena que lembra em muitos aspectos a do primeiro (*figura 13*). A pintura mostra Shaftesbury e seu irmão (Maurice Ashley) vestidos como "filósofos gregos".[156] Os dois estão um ao lado do outro e juntos formam uma só figura principal. À direita, uma construção antiga e por todo lado árvores e plantas retratam um ambiente bucólico. Tudo indica que se trata de uma imagem da Antiguidade e da proporção que lá reinava entre arte (a construção à direita) e a natureza. Embora o gabinete e a leitura não estejam na pintura, eles estão pressupostos: o que vemos no quadro são dois homens modernos que amam a erudição e o estudo dos clássicos. Como se sabe, Maurice Ashley era tradutor de

---

156 WESSELY, A. *The knowledge of an early eighteenth-century connoisseur: Shaftesbury and the fine arts*, p. 282.

grego e foi o responsável por uma versão inglesa da *Ciropedia* (ou *A educação de Ciro*), de Xenofonte. O quadro pode então ser visto como a representação desse "lugar" que une os irmãos: é a paixão pelos clássicos que os aproxima. A cena que parecia externa revela--se interna: a paisagem que ali vemos é o mundo ao qual os irmãos têm acesso quando se trancam em seus gabinetes. Porém, como já dissemos, eles não deixam de ser homens modernos vestidos de gregos. Mesmo quando mostra a familiaridade que tinham com a Antiguidade, a pintura permite vislumbrar o vínculo que mantêm com a época em que vivem.

Segundo Wessely, as duas telas de Closterman são pinturas históricas *avant la lettre*, feitas quase uma década antes da escritura do texto que fundamenta a ideia de *tablatura*: o *Julgamento de Hércules*. Tal argumento torna-se mais consistente quando lembramos que Shaftesbury mantinha com John Closterman o mesmo tipo de relação que depois teria com Paolo de Matteis, isto é: discutia e participava da produção do que encomendava.[157] Fica então evidente que, por volta de 1702, o filósofo inglês já tinha uma noção bastante apurada do que anos depois desenvolveria na Itália.

Se agora voltarmos ao quadro que deveria mostrar o filósofo no leito de morte, vemos que há nele muitos dos elementos presentes nos dois pintados por Closterman: o amor pelos clássicos da Antiguidade, a Modernidade, o mundo exterior que se faz ver pela janela e, sobretudo, a postura estudiosa de Shaftesbury. Em relação às duas outras pinturas que retrataram o filósofo inglês, a grande novidade que essa última apresentaria é a inclusão da ideia da morte. No lugar de aparecer como um elemento mórbido ou negativo, sua presença serve como uma confirmação de toda a "tessitura" (*texture*) que forma o quadro. A pintura teria de mostrar que Shaftesbury

---

157 *Op. cit.*, p. 284 e WIND, E. *Shaftesbury as a patron of art. With a letter by Closterman and two designs by Guidi.*

SHAFTESBURY E A IDEIA DE FORMAÇÃO DE UM CARÁTER MODERNO 249

morreria exatamente como viveu e que existe uma coerência entre esse momento que o quadro antecipa (o do falecimento) e todo o processo que ele pressupõe: a vida do filósofo. Portanto, é possível identificar no homem a ser representado diante da morte a mesma postura daquele que figura nos que Closterman pintou anos atrás.

O projeto de retratar-se no leito de morte lembra a descrição que o filósofo inglês faz de Sócrates nos seus *Exercícios*. Vimos em nosso capítulo anterior que o grande sábio de Atenas é para Shaftesbury um exemplo de virtude, pois, como poucos, soube desenvolver o seu próprio caráter. E isso, diz-nos o filósofo inglês, torna-se mais patente quando analisamos a ocasião de sua morte. Ao aceitar a cicuta, Sócrates afirma todos os princípios que defendia. Por ter sido ele mesmo (*him-self*) até o fim, o sábio de Atenas é um exemplo para todos os homens. O que faz de Sócrates uma figura universal e, em certo sentido, imortal é a sua particularidade: a coerência que manteve por toda a sua existência.

Diferentemente do que acontece com muitos personagens célebres, Shaftesbury morre sem as "famosas últimas palavras".[158] Deixou-nos, entretanto, algo mais interessante: o esboço de uma pintura que confirma a história de seu percurso. Vemos nesse quadro todas as questões que preocuparam e mereceram a sua atenção. Mais do que isso: reconhecemos na imagem do filósofo prestes a morrer a *persona* ou o caráter que unifica as facetas do "estudioso" (*scholar*) moderno que ao longo de sua carreira de escritor soube assumir os mais variados *personagens*, do cético ao dogmático, passando pelo poeta e pelo *virtuoso* ou amante das artes.

---

158 VOITLE, R. *The Third Earl of Shaftesbury – 1671-1713*, p. 412.

CONCLUSÃO

ANTIGO E MODERNO

Foi à Grécia, onde soube evocar o espírito das gera-
ções extintas que deram ao gênio da arte e da poesia
um fulgor que ultrapassou as sombras dos séculos.

Machado de Assis[1]

O FALSO PROBLEMA DE UGOLINO é um dos textos que compõem um pequeno livro chamado *Nove ensaios dantescos*, de Jorge Luis Borges. Nesse texto, o célebre escritor argentino analisa uma passagem de *A divina comédia*: o verso 75 do Canto XXXIII do *Inferno*, no qual o conde Ugolino narra ao poeta a sua história. Ele havia sido traído pelo arcebispo Ruggieri e, junto com dois filhos e dois netos, foi encarcerado em uma torre na cidade de Pisa. Passa-se o tempo e os netos e filhos morrem um a um. E é nesse momento de sua narrativa, quando já estava solitário, cego e faminto, que Ugolino profere a frase que constituí o verso analisado por Borges: "a fome pôde mais que a dor ('Poscia, piú che'l dolor, potè il digirno')".[2]

---

1 MACHADO DE ASSIS, J. M. *Linha reta e linha curva*. In: *Contos fluminenses*. Brasília: Civilização Brasileira/MEC, 1977, p. 216.

2 BORGES, J. L. *O falso problema de Ugolino*. In: *Nove ensaios dantescos*. Lisboa: Editorial Presença, 1982, p. 31. Na tradução de Italo Eugenio Mauro: "depois, mais do que a dor pôde o jejum" (*Divina Comédia, Inferno*, verso 75, p. 219)

De acordo com o autor argentino, essa passagem gerou uma grande controvérsia em meio aos estudiosos e comentadores de Dante Alighieri: o poema estaria dizendo que o conde alimentou-se da carne dos cadáveres de seus familiares? Borges mostra que houve aqueles que negaram tal possibilidade e, a partir do próprio texto, buscaram provar sua hipótese. Por sua vez, outros estudiosos sustentaram o exato contrário desses primeiros e, exatamente como os anteriores, recorreram ao poema para sustentar suas opiniões. Diante dessa *"inútil controvérsia"*,[3] Borges afirma que não há como responder a essa questão. Perde-se por completo o que vem a ser Ugolino quando se diz sim ou não à pergunta: ele alimentou-se da carne de seus filhos e netos? Para o escritor argentino, Dante construiu um personagem a partir de uma dúvida: Ugolino *é* essa questão. O conteúdo do personagem é a própria indefinição que marca a sua história: "Na escuridão da sua Torre da Fome, Ugolino devora e não devora os amados cadáveres, essa ondulante imprecisão, essa incerteza, é a estranha 'matéria' de que é feito."[4]

Borges sugere que essa maneira de conceber Ugolino poderá ser taxada de confusa por alguns. No entanto, ele nos diz, podemos entender o quanto ela é simples quando nos reportamos às figuras históricas. O que é para nós Alexandre, o Grande, a não ser um conjunto de palavras escritas, fragmentos, imagens e esculturas que nos foram legados pela tradição? O que é, por exemplo, um Aristóteles, senão os livros que escreveu, as passagens claras e as obscuras a respeito de sua pessoa, a indefinição acerca da autenticidade de um texto que atribuímos a ele etc.? O relato da vida dos homens pode ser marcado por dúvidas tão ou mais complicadas que aquela de Ugolino. Compreender um personagem não é necessariamente

---

3   *Op. cit.*, p. 32.

4   *Op. cit.*, p. 37.

resolver as questões que o envolvem, mas, sobretudo, entender o percurso no qual elas são formadas. Por mais paradoxal que possa parecer em um primeiro instante, Borges está simplesmente afirmando que Ugolino é o produto de sua história, das linhas e frases que o compõem.

Nosso estudo procurou mostrar que a concepção shaftesburiana de *caráter* não é diferente da de personagem exposta por Borges no texto sobre Ugolino. O *Desenho de uma história socrática* é bastante esclarecedor a esse respeito. Como vimos, esse era o plano para um livro que pretendia recuperar a figura de Sócrates pela tradução e comentário de trechos de obras de autores que se dedicaram a expor as opiniões do sábio de Atenas, entre eles Xenofonte e Platão. O projeto do filósofo inglês prova que ele pensava ser possível chegar àquela marca distintiva que é a própria *persona* de Sócrates a partir de diversas versões de diferentes momentos da vida do pai da filosofia. Ou seja: refazendo o percurso pelo qual Sócrates tornou-se ele mesmo (*him-self*). O *Desenho de uma história socrática* foi abandonado por volta de 1707 e nunca saberemos se o autor voltaria a ele caso tivesse vivido mais; porém, a ideia de *caráter* que o sustentava continuou a vigorar por toda a sua obra e pode ser aplicada em diferentes âmbitos de sua filosofia.

Dizer, por exemplo, que há um caráter que distingue o gênero humano é atestar o processo no qual os homens efetivam e aperfeiçoam sua natureza racional, como vimos em nosso primeiro capítulo. Não obstante a variedade de ações e personagens com os quais trabalham, os poemas de Homero são considerados por Shaftesbury como bem caracterizados, pois há neles uma unidade que se expressa a cada verso. O mesmo ocorre em uma pintura como o *Julgamento de Hércules*: toda a composição do quadro é feita em torno da sua figura principal. Em todos esses casos, vemos a ideia de um histórico: um percurso no qual deve se manifestar uma unidade. O termo *caráter* designa um movimento de caracterização no interior do qual as várias partes ou elementos confirmam (a cada instante do processo) seu vínculo direto com os demais. Forma-se, assim, um todo coerente, uma identidade.

Para entender o traço distintivo de algum tema ou assunto, basta seguir o seu movimento de formação, isto é: criticar e estudar suas manifestações particulares ou características. Assim, se desejamos compreender o que vem a ser um *caráter moderno*, temos de nos perguntar por aqueles elementos que o compõem. Dentre todas as questões que envolvem o conceito de Modernidade, aquela que, sem dúvida, mais preocupou Shaftesbury é a seguinte: o que é a Antiguidade? Em uma interessante passagem dos seus *Exercícios*, o filósofo inglês repreende um desejo que ele mesmo parece ter tido: um homem moderno não pode querer ser um antigo, pois, ao fazê--lo, é sempre obrigado a reconhecer que apenas alguém que não faz parte daquele universo poderia ter tal desejo.[5] Há aqui um paradoxo que revela muito do caráter dos tempos modernos: ao querer atingir a Antiguidade, Shaftesbury atesta a diferença que o separa dessa época e afirma a sua Modernidade. Somente um homem moderno poderia fantasiar-se de antigo, como fizeram Shaftesbury e seu irmão no quadro de Closterman (*figura 13*). Um grego ou um romano não tinham consciência de que eram parte da Antiguidade, somos nós que os vemos nesse "lugar". Sócrates, Aristóteles, Epiteto ou Marco Aurélio nunca se disseram "autores antigos", ao contrário de Shaftesbury que, para se autodenominar "moderno", tem de chamá-los assim. No limite, não existe Antiguidade antes da Modernidade. Evidentemente, isso não quer dizer que Grécia ou Roma são ficções, mas que o modo como nós as entendemos (por

---

5   Ver: *Exercícios*, p. 148. São várias as passagens dos *Exercícios* onde a relação entre a Modernidade e a Antiguidade é trabalhada (por exemplo: p. 29, p. 48, p. 144-149, p. 176-177).

SHAFTESBURY E A IDEIA DE FORMAÇÃO DE UM CARÁTER MODERNO   257

oposição ao que chamamos "moderno") é algo típico do nosso tempo. Se o pensador da Modernidade é um ser ambíguo que transita entre o mundo do presente e o do passado, tal como podemos ver nos dois quadros que Closterman pintou de Shaftesbury (*figuras 13-14*) e no estilo *miscellaneous* defendido nas *Características*, é porque, paradoxalmente, esse é o seu caráter. Assim como o embate entre a Volúpia e a Virtude é indispensável à caracterização de Hércules, o conflito que a noção de "antigo" estabelece no interior do homem moderno lhe é necessário e próprio. É preciso que ele pergunte: o que é a Antiguidade? Ao pôr-se essa pergunta, o pensador moderno já estará demarcando o domínio de sua época:

> Os antigos merecedores terão sempre uma forte influência em meio aos sábios e eruditos de todas as épocas. E a memória de estrangeiros de valor, assim como a daqueles de nossa própria nação, será tratada com carinho pelos nobres espíritos do gênero humano.[6]

Nem tudo o que é grego ou romano é merecedor de estima, assim como certos feitos e ações de homens de um passado recente podem ser tão dignos do nosso apreço quanto os exemplos mais virtuosos dos helenos. Em um sentido mais preciso, o conceito de Antiguidade designa uma noção de beleza e simplicidade que poderá se manifestar nas mais diferentes épocas. Por certo, como vimos em nosso segundo capítulo, foi na Grécia que Shaftesbury identificou o momento no qual esse "espírito livre" floresceu, mas isso não significa que ele não continue presente em outros tempos:

---

6   *Solilóquio*, p. 140-141.

Eles (os poetas gregos) sobreviveram à sua nação e vivem, embora em uma língua morta. Quanto mais a época é esclarecida, mais eles brilham. A fama deles tem de necessariamente durar tanto quanto as letras, e a posteridade sempre reconhecerá o seu mérito.[7]

O que torna os gregos imortais é uma ideia de beleza clássica e proporção que reinavam em suas obras e condutas. Não se trata de um cânone fixo e inflexível, mas, para usar um termo empregado por Shaftesbury, de uma regra de *decorum*. Como mostra o *Julgamento de Hércules*, é preciso encontrar para cada caso uma medida ou chave adequada que ajuste os elementos que formam uma totalidade. Ao encomendar essa pintura a Paolo de Matteis, Shaftesbury sabe que o seu quadro será uma obra moderna e, no entanto, ele a produz tal como uma peça antiga. O que torna o *Julgamento de Hércules* uma obra digna dos mestres da Antiguidade é o modo como foi composta: a simplicidade que exprime. O mesmo pode ser dito de Rafael que foi para o filósofo inglês o exemplo do pintor estudioso, capaz de formar a sua ideia e, então, sua mão.[8] Embora moderno, o pintor alcança a Antiguidade ao realizar quadros tão belos e tão próprios de sua época quanto os melhores exemplos de arte grega.[9]

---

7 *Op. cit.*, p. 139.

8 "Assim, Rafael morrendo jovem. Sua ideia antes de sua mão. Todos os outros mestres, suas mãos antes de suas ideias" (*Plástica*, p. 184).

9 Sobre Rafael, Goethe afirma algo muito parecido com o modo como Shaftesbury entendia a obra do pintor italiano: "A força da mente e a força ativa encontram-se nele em um equilíbrio tão decisivo que podemos bem afirmar que nenhum artista moderno pensou tão pura e perfeitamente quanto ele e se expressou tão claramente. Aqui temos novamente um talento que nos envia a mais fresca água a partir das primeiras fontes. Ele jamais greciza, mas sente, pensa e age completamente como um grego.

SHAFTESBURY E A IDEIA DE FORMAÇÃO DE UM CARÁTER MODERNO 259

Se agora compararmos a própria Modernidade a um quadro como o *Julgamento de Hércules*, teremos então de vê-la como a história das escolhas de seu protagonista: o homem que ao assumir-se como moderno começa a formar não apenas o seu caráter individual, mas também o de sua época. Similar ao que ocorre no âmbito da identidade pessoal, como vimos em nosso segundo capítulo, em primeiro lugar seria preciso tomar a Modernidade *upon trust*, isto é: seria necessário acreditar nela para que se pudesse colocá-la em questão. Assim, para assumir e exercer o caráter moderno, é necessário que se dê um crédito à Modernidade, o suficiente para que se faça dela o problema que incita, mantém e organiza o processo no qual ela mesma se forma. Em outros termos: considerá-la como uma prolepse ou prenoção a ser desenvolvida e que, por isso, tem de ser criticada. Nesse trajeto, a Antiguidade assume a função de um parâmetro: ela designa o gosto natural que os tempos modernos se esforçam para aperfeiçoar.[10] A noção de "antigo" é um elemento indispensável à pintura em que figura o homem moderno na medida em que representa a ideia da boa medida ou da proporção requerida para a composição de toda a sua história. Personagem ou caráter (*character*) tão complexo quanto o Ugolino de Dante, o homem moderno encontra a sua simplicidade quando compreende que se caracteriza pela própria questão que o torna problemático. E assim como a identidade pessoal depende do reiterado exercício que tem na pergunta "quem sou eu?" (*who am I?*) o seu princípio e motor, é o cultivo da questão "o que é a Modernidade?" que garante a manutenção e a unidade dos elementos que formam um

---

Nós vemos aqui o mais belo talento, desenvolvido num período igualmente feliz como o que ocorreu, sob condições e circunstâncias análogas, na época de Péricles" (GOETHE, J. W. *Antigo e moderno (1818)*. In: *Escritos sobre estética*, p. 235).

10   "Se um *bom* **gosto** natural já não estivesse formado em nós, por que não nos esforçaríamos para formá-lo e torná-lo **natural**?" (*Solilóquio*, p. 174).

caráter moderno. Se é possível reconhecer na própria figura do autor Shaftesbury muito dessa Modernidade exposta em sua obra, não é porque ele a defina ou a esgote, mas porque parte dela, a provoca e a cultiva. Seja de uma época, de um povo ou de alguém, toda formação de caráter depende e se manifesta no exercício ou prática que lhe confere forma e que o confirma a cada instante constitutivo de sua história.

BIBLIOGRAFIA

Obras de Shaftesbury

SHAFTESBURY (Anthony Ashley Cooper), *Characteristicks of men, manners, opinions, times*. Editado em dois volumes por Philip Ayres (volumes que têm por base a segunda edição das *Characteristicks*, publicada em 1714). Oxford: Clarendon Press, 1999.

– Vol.1: *A letter concerning enthusiasm*, Sensus communis: *an essay on the freedom of wit and humor*, Soliloquy or advice to an author, An Inquiry concerning virtue, or merit.

– Vol.2: *The moralists, Miscellaneous reflections.*

_____. *A letter concerning design.* In: *Anthony Ashley Cooper, the Third Earl of Shaftesbury Standard Edition.* Editado por Wolfram Brenda, Wolfgang Lottes, Friedrich A. Uehlein e Erwin Wolff, *Aesthetics*, I, 5, Stuttgard: Frommann-Holzboog, 2001.

_____. *Plasticks, or the original, power and progress of the designatory art.* In: *Anthony Ashley Cooper, the Third Earl of Shaftesbury Standard Edition.* Editado por Wolfram Brenda, Wolfgang Lottes, Friedrich A. Uehlein e Erwin Wolff, *Aesthetics*, I, 5, Stuttgard: Frommann-Holzboog, 2001.

_____. *The judgement of Hercules*. In: Anthony Ashley Cooper, the Third Earl of Shaftesbury Standard Edition. Editado por Wolfram Brenda, Wolfgang Lottes, Friedrich A. Uehlein e Erwin Wolff, Aesthetics, I, 5, Stuttgard: Frommann-Holzboog, 2001.

_____. *Raisonnement sur le tableau du jugement d'Hercule*. In: Anthony Ashley Cooper, the Third Earl of Shaftesbury Standard Edition. Editado por Wolfram Brenda, Wolfgang Lottes, Friedrich A. Uehlein e Erwin Wolff, Aesthetics, I, 5, Stuttgard: Frommann-Holzboog, 2001.

_____. *Draft for a kind of modern portrait*. In: Anthony Ashley Cooper, the Third Earl of Shaftesbury Standard Edition. Editado por Wolfram Brenda, Wolfgang Lottes, Friedrich A. Uehlein e Erwin Wolff, Aesthetics, I, 5, Stuttgard: Frommann-Holzboog, 2001.

_____. *Letters and Billets on Hercules*. In: Anthony Ashley Cooper, the Third Earl of Shaftesbury Standard Edition. Editado por Wolfram Brenda, Wolfgang Lottes, Friedrich A. Uehlein e Erwin Wolff, Aesthetics, I, 5, Stuttgard: Frommann-Holzboog, 2001.

_____. *The picture of Cebes*. In: Anthony Ashley Cooper, the Third Earl of Shaftesbury Standard Edition. Editado por Wolfram Brenda, Wolfgang Lottes, Friedrich A. Uehlein e Erwin Wolff, Aesthetics, I, 5, Stuttgard: Frommann-Holzboog, 2001.

_____. ASKHMATA (*Exercícios*). PRO (Publick Record Office) 30/24/27/10, 27/11, 27/12, 27/13.

_____. *Several letters written by a noble Lord to a Young man at university*. In: Anthony Ashley Cooper, the Third Earl of Shaftesbury Standard Edition. Editado por Wolfram Brenda, Wolfgang Lottes, Friedrich A. Uehlein e Erwin Wolff, *Moral and political philosophy*, II, 4, Stuttgart, Frommann-Holzboog, 2001.

SHAFTESBURY E A IDEIA DE FORMAÇÃO DE UM CARÁTER MODERNO   263

_____. *The life, unpublished letters and philosophical regimen of Anthony, Earl of Shaftesbury*. Editado por B. Rand. Londres/ Sonnenschein/Nova York: Macmillian, 1900.

_____. *Design of a Socratcik History*. PRO (Publick Record Office) 30/24/27/14.

_____. *Preface to the sermons of Dr. Benjamin Whichcote*. In: *The Works of Benjamin Whichcote*, vol. III. Londres/Nova York: Garland publishing, 1977.

_____. *Select sermons of Dr. Whichcot*. In: *Anthony Ashley Cooper, the Third Earl of Shaftesbury Standard Edition*. Editado por Wolfram Brenda, Wolfgang Lottes, Friedrich A. Uehlein e Erwin Wolff, *Moral and political philosophy*, II, 4, Stuttgard: Frommann-Holzboog, 2001.

_____. *Anthony Ashley Cooper, Earl of Shaftesbury (1671-1712) and Le Refuge français – Correspondence*. Editado por Rex. A. Barrel. Lewiston: Edwin Mellen Press, 1989.

_____. *Carta sobre a Arte ou a Ciência do Desenho*. Tradução de Pedro Paulo Pimenta. In: *Revista Terceira Margem 10* (Revista do Programa de Pós-Graduação em Ciência da Literatura da Universidade Federal do Rio de Janeiro). Rio de Janeiro, 2004.

_____. *Exercices*. Tradução francesa de Laurent Jaffro. Paris: Aubier, 1993.

_____. *Oeuvres de mylord comte de Shaftesbury*. Edição de Françoise Badelon. Paris: Honoré Champion Éditeur, 2002.

_____. *Lettres à un jeune homme á l'université*. In: *Oeuvres de mylord comte de Shaftesbury*. Edição de Françoise Badelon. Paris: Honoré Champion Éditeur, 2002.

_____. *Soliloque ou conseil à un auteur*. Tradução francesa de Danielle Lories. Paris: L'Herne, 1994.

_____. *Lettre sur l'enthousiasme*. Tradução francesa de Claire Crignon-de Oliveira. Paris: Le livre de poche, 2002.

Demais autores e estudos sobre Shaftesbury

ALIGHIERI, D. *A divina comédia*. Tradução de Italo Eugenio Mauro. São Paulo: Editora 34, 2003.

ARISTÓTELES. *Poética*. Tradução e notas de Eudoro de Souza. Porto Alegre: Editora Globo, 1966.

_____. *Retórica*. Tradução e notas de Manuel Alexandre Jr., Paulo F. Alberto e Abel do Nascimento Pena. Lisboa: Casa da Moeda, 1998.

BADELON, F. "Introdução". In: *Oeuvres de mylord comte de Shaftesbury*. Paris: Honoré Champion Éditeur, 2002.

BARRELL, J. *The political theory of painting from Reynolds to Hazlitt*. New Haven/Londres: Yale University Press, 1986.

BORGES, J.L. *Nove ensaios dantescos*. Tradução de Wanda Ramos. Lisboa: Editorial Presença, 1982.

_____. *Nueve ensayos dantescos*. In: *Jorge Luis Borges – Obras Completas 3 (1975-1985)*. Buenos Aires: Emecé, 2007.

BIZIOU, M. *Shaftesbury – le sens moral*. Paris: PUF, 2005.

BRUGÉRE, F. e MALHERBE, M (org.). *Shaftesbury – philosophie et politesse (Actes du Colloque)*. Paris: Honoré Champion Éditeur, 2000.

SHAFTESBURY E A IDEIA DE FORMAÇÃO DE UM CARÁTER MODERNO 265

Brugére, F. *Théorie de l'art et philosophie de la sociabilité selon Shaftesbury*. Paris: Honoré Champion Éditeur, 1999.

Caselato, L. *Solilóquio ou conselho a um autor* (Introdução à tradução brasileira da primeira parte de *Soliloquy or advice to an author*). Dissertação de mestrado apresentada ao Departamento de Filosofia da Faculdade de Filosofia, Letras e Ciências Humanas, Universidade de São Paulo. São Paulo, 2001.

Cassirer, E. *A filosofia do iluminismo*. Campinas: Editora da Unicamp, 1994.

Carabelli, G. e Zanardi, P. (org.). *Il Gentleman filosofo – nuovi saggi su Shaftesbury*. Padova: Il Poligrafo, 2003.

Chaimovich, F. *Escrita e leitura: técnica pedagógica e testemunho filosófico na obra de Shaftesbury*. Tese de doutorado apresentada ao Departamento de Filosofia da Faculdade de Filosofia, Letras e Ciências Humanas, Universidade de São Paulo. São Paulo, 1998.

Crignon-de Oliveira, C. *Introdução e Dossier à tradução francesa de Lettre sur l'enthousiasme* (de Shaftesbury). Paris: Le livre de poche, 2002.

Crispini, F. *L'etica dei moderni – Shaftesbury e le ragioni della virtù*. Roma: Donzelli Editore, 2000.

Croce, B. *Shaftesbury in Italia*. In: *La Critica. Rivista di Letteratura, Storia e Filosofia da B. Croce*, 23 [1925]. Edizione digitale. Roma: CSI Biblioteca di Filosofia/Università di Roma "La Sapienza", 2007.

Darwall, S. *The british moralists and internal 'ought'* – 1640/1740. Cambridge, Cambridge University Press, 1995.

DESCARTES, R. *As paixões da alma*. Tradução de J. Guinsburg e Bento Prado Jr. São Paulo: Difusão Europeia do Livro, 1962.

DIDEROT, D. *Article Génie e Beau*. In: *Oeuvres esthétiques*. Paris: Garnier, 1968.

_____. *Ensaios sobra a pintura*. Campinas: Papirus/Editora da Unicamp, 1993.

DOBRÁNSKY, E. *No tear de Palas: Imaginação e gênio no século XVIII – uma introdução*. Campinas: Papirus, 1992.

EPITETO. *Manuel*. Tradução francesa de E. Cattin. Paris: Flammarion, 1994.

FOUCAULT, M. *L'écriture de soi*. In: *Dits et écrits*. Gallimard, Paris, 1988.

_____. "Les techniques de soi". In: *Dits et écrits*. Gallimard: Paris, 1988.

GATTI, A. "Il gentile Platone d'Europa" – *Quattro saggi su Lord Shaftesbury*. Udine: Campanotto Editore, 2000.

GOETHE, J. W. *Escritos sobre estética*. Tradução de Marco Aurélio Werle. São Paulo: Humanitas, 2004.

GREAN, S. *Shaftesbury's philosophy of religion and ethics: a study in enthusiasm*. Ohaio: OUP, 1967.

GROSSKLAUS, D. *Natürliche Religion und aufgeklärte Gesellschaft – Shaftesburys Verhältnis zu den Cambridge Platonists*. Heidelberg: Universitätsverlag C. WINTER, 2000.

HARRIS, J. *The works of Jamis Harris*, vol. I e II. Bristol: Thoemmes Press, 2003.

SHAFTESBURY E A IDEIA DE FORMAÇÃO DE UM CARÁTER MODERNO 267

HADOT, P. *Qu'est-ce que la philosophie antique?* Paris: Gallimard, 1995.

_____. *Eloge de Socrate.* Paris: Éditions Allia, 2007.

_____. *Introduction aux "Pensées" de Marc Aurèle – La cidadelle inté-rieur.* Paris: Fayard, 1997.

HOBBES, T. *Leviatã.* São Paulo: Martins Fontes, 2003.

HORÁCIO. *Arte poética.* Tradução de Dante Tringali. São Paulo: Musa Editora, 1994.

_____. *Art poétique.* Tradução de François Richard. Paris: Garnier, 1950.

HUME, D. *Diálogos sobre a religião natural.* São Paulo: Martins Fontes, 1992.

_____. *A arte de escrever ensaio.* Tradução de Márcio Suzuki e Pedro Paulo Pimenta. São Paulo: Iluminuras, 2010.

HUTCHESON, F. *An inquiry into the original of our ideas of beauty and virtue.* Hildesheim: Georg Olms, 1990.

JAFFRO, L. *Éthique de la communication et art d'écrire – Shaftesbury et les Lumiéres anglaises.* Paris: PUF, 1998.

_____. *La formation de la doctrine du sens moral: Burnet, Shaftesbury, Hutcheson.* In: *Le sens moral – une histoire de la philosophie morale de Locke à Kant.* Organização de Laurent Jaffro. Paris: PUF, 2000.

_____. *Les manuscrits de Shaftesbury: typologie et théorie.* In: *Lire, copier, écrire les bibliothèques manuscrites et leurs usages au XVIIIe siècle.* Organização de Élisabeth Décultot. Paris: CNRS Editions, 2003.

_____. *Le Socrate de Shaftesbury: comment raconteur aux Modernes l'histoire de Socrate?* In: *Socrate in Occidente*. Organização de Ettore Lojacono. Florença: Le Monnier Università, 2004.

_____. *Shaftesbury on the Cogito. An intermediary between Gassendism and the Common Sense School.* In: *Il Gentleman filosofo – nuovi saggi su Shaftesbury*. Editado por Giancarlo Carabelli e Paola Zanardi. Padova: Il Poligrafo, 2003.

_____. *La question du sens moral et le lexique stoïcien.* In: *Shaftesbury – philosophie et politesse*. Organizado por Fabienne Brugère e Michel Malherbe. Paris: Honoré Champion Éditeur, 2000.

KLEIN, R. *Shaftesbury and the culture of politeness – moral discourse and cultural politics in early eighteenth-century England*. Cambridge: Cambridge University Press, 1996.

LARTHOMAS, J. P. *De Shaftesbury a Kant*. Paris: Didier Érudition, 1985.

_____. *Shaftesbury ou le moraliste contre le puritain.* In: *Shaftesbury – philosophie et politesse*. Paris: Honoré Champion Éditeur, 2000.

LEBRUN, G. *Kant e o fim da metafísica*. Tradução de Carlos Alberto R. de Moura. São Paulo: Martins Fontes, 1993.

LEE, R. W. *Ut picture poesis: the humanistic theory of painting*. Nova York: Norton, 1967.

LOCKE, J. *An essay concerning human understanding*. Editado por Peter H. Nidditch. Oxford: Clarendon, 1979.

LONGINO. *Do sublime*. Trad. de Filomena Hirata. São Paulo: Martins Fontes, 1996.

MACHADO DE ASSIS, J, M. *Contos fluminenses*. Brasília: Civilização Brasileira/ MEC, 1977.

MARCO AURÉLIO. *Meditações*. Tradução de Jaime Bruna. São Paulo: Cultrix, 1964.

_____. *Meditações*. Tradução de William Li. São Paulo: Iluminuras, 1995.

MONZANI, L. R. *Desejo e Prazer na Idade Moderna*. Curitiba: Champagna, 2011.

NARCY, M.; TORDESILLAS, A. (orgs.) *Xénophon et Socrate – Actes du Colloque d'Aix-en-Provence*. Paris: Vrin, 2008.

PETIT, A. *Cudworth et l'archaisme antecipateur*. In: *Le sens moral – une histoire de la philosophie morale de Locke à Kant*. Organizado por Laurent Jaffro. Paris: PUF, 2000.

PAKNADEL, F. "Shaftesbury's illustrations of Characteristicks". In: *Journal of the Warburg and Courtauld Institutes*. 37. Londres: 1974.

PIMENTA, P. P. G. A *"linguagem das formas"*: *ensaio sobre o estatuto do belo na filosofia de Shaftesbury*. 2002. 2 vol. e anexos. Tese (doutorado) – Departamento de Filosofia, Faculdade de Filosofia, Letras e Ciências Humanas, Universidade de São Paulo. São Paulo, 2002.

_____. *A linguagem das formas – natureza e arte em Shaftesbury*. São Paulo: Alameda, 2007.

PLATÃO. *República*. Tradução de Anna Lia Amaral de Almeida Prado. São Paulo: Martins Fontes, 2006.

PRINCE, M. *Philosophical dialogue in the british enlightment.* Cambridge: CUP, 1996.

PROBYN, C. T. *The sociable humanist – the life and works of James Harris (1701-1780).* Oxford: Clarendon Press, 1991.

RIVERS, I. *Reason, grace and sentiment. A study of the language of religion and ethics in England, 1660 – 1780.* Cambridge: CUP, 2000.

SCHLEGEL, D. B. *Shaftesbury and the French deist.* Nova York: Johnson Reprint Corporation, 1969.

SCHLEIERMACHER, F. D. E. *Esthétique.* Tradução francesa de Christian Berner, Élisabth Décultot, Marc de Launa e Denis Thouard (a partir dos manuscritos de Schleiermacher). Paris: Les Éditions du Cerf, 2004.

_____. *Friedrich Schleiermachers* Ästhetik. Berlin/Leipizig: Rudolf Oderbrecht, 1931.

SUZUKI, M. *O gênio romântico – crítica e história da filosofia em Friedrich Schlegel.* São Paulo: Iluminuras, 1998.

_____. *O homem do homem e o eu de si-mesmo.* In: *Discurso 30* (publicação do Departamento de Filosofia – USP). São Paulo, 1999.

_____. *Quem ri por último ri melhor. Humor, riso e sátira no "Século das Luzes".* In: *Revista Terceira Margem 10* (Revista do Programa de Pós-Graduação em Ciência da Literatura da Universidade Federal do Rio de Janeiro). Rio de Janeiro, 2004.

TARANTO, P. *O livre-pensamento: um entusiasmo da razão?* Tradução de Rodrigo Brandão. In: *Dois Pontos* vol. 1, n. 2 (Revista dos Departamentos de Filosofia da Universidade Federal do Paraná e da Universidade Federal de São Carlos). Curitiba, 2004.

TORRES FILHO, R. R. *O espírito e a letra – crítica da imaginação pura.* São Paulo: Ática, 1975.

UEHLEIN, F. *Kosmos und subjektivität. Lord Shaftesburys philosophical regimen.* Munique: Alber, 1976.

VERNANT, J-P.; VIDAL-NAQUET, P. *Mito e tragédia na Grécia antiga.* Tradução de Anna Lia A. De Almeida Prado, Maria da Conceição M. Cavalcante e Filomena Yoshie Hirata Garcia. São Paulo: Duas Cidade, 1977.

VOITLE, R. *The Third Earl of Shaftesbury, 1671-1713.* Baton Rouge/ Londres: Louisiana State University Press, 1984.

WESSELY, A. "The knowledge of an early eighteenth-century connoisseur: Shaftesbury and the fine arts". In: *Acta Historica Hungara.* Tomus 41. Budapeste: 1999-2000.

WIND, E. "Shaftesbury as a patron of art. With a letter by Closterman and two designs by Guidi". In: *Hume and the heroic portrait – studies in Eighteenth-Century imagery.* Editado por Jaynie Anderson. Oxford: Clarendon Press, 1986.

WIMSATT, W. K.; BROOKS, C. *Crítica literária – breve história.* Tradução de Ivette Centeno e Armando de Morais. Lisboa: Fundação Calouste Gulbenkian, 1971.

_____. *Literary criticism – a short history.* Nova York: Alfred A. Knof, 1957.

CADERNO DE IMAGENS

Figura 1: o "frontispício redondo"

Figura 2: frontispício do primeiro volume
das *Características* (1714)

Figura 3: frontispício do segundo volume das *Características*

Figura 4: frontispício do terceiro volume das *Características*

Figura 5: frontispício da *Carta sobre o entusiasmo*

Figura 6: frontispício do *Sensus communis:
um ensaio sobre a liberdade do engenho e humor*

Figura 7: frontispício do *Solilóquio ou conselho a um autor*

Figura 8: frontispício da *Investigação sobre a virtude*

Figura 9: frontispício de Os *moralistas*

Figura 10: frontispício das *Reflexões miscelâneas*

Figura 11: retrato de Shaftesbury feito a partir da pintura de Closteman para edição das *Características* de 1714

Figura 12: Retrato duplo com o Terceiro Conde de Shaftesbury (pintura de John Closterman)

Figura 13: Anthony Ashley Cooper (Terceiro Conde de Shaftesbury) e seu irmão Maurice Ashley (pintura de John Closterman)

Figura 14: O julgamento de Hércules (pintura de Paolo de Matteis)

Figura 15: frontispício para o texto O *julgamento de Hércules*

Figura 16: ilustração para edição de Hieronymos Wolf da
Tabula Cebetis (1561)

Esta obra foi impressa em Santa Catarina no
outono de 2012 pela Nova Letra Gráfica &
Editora. No texto foi utilizada a fonte Electra
LH em corpo 10,5 e entrelinha de 15 pontos.